MINDSET
マインドセット
「やればできる!」の研究
The New Psychology of Success

キャロル・S・ドゥエック
Carol S. Dweck, Ph.D.
今西康子 訳

草思社

本書は『「やればできる！」の研究　能力を開花させるマインドセットの力』(2008)の増補改訂版です。

はじめに

私の研究テーマは、人間の信念の力を証明するという心理学の伝統的テーマのひとつである。人間の信念は、本人が意識しているといないとにかかわらず、その人がどんなことを望むか、そして、その望みがかなうかどうかに大きく影響する。また、信念を変えることは――それがどれほど単純な信念であれ――甚大な効果をもたらすことが、すでに実証されている。

本書を読まれれば、自分についてのある単純な信念――私たちの研究で発見された信念――が人生をどれほど大きく左右しているかがおわかりになるだろう。その信念は、人生のありとあらゆる部分にまで浸透している。自分の性格《パーソナリティ》だと思っているものの多くが、じつはこの心のあり方《マインドセット》（＝mindset）の産物なのである。あなたがもし可能性を発揮できずにいるとしたら、その原因の多くは〝マインドセット〟にあると言ってよい。

にもかかわらず、マインドセットについて説明し、それを生活に役立てる方法を示した書籍はこれまでなかった。本書をお読みになれば、たちどころに理解できるようになるだろう――

学問、芸術、スポーツ、ビジネスの分野で偉大な功績をあげた人と、あげられなかった人とでは、いったいどこが違うのか。自分のパートナー、上司、友人、わが子がなぜあんなふうに振る舞うのか。自分やわが子の可能性を最大限に引き出すにはどうすればよいのか。

各章の末尾と終章には、本書で学んだことを実生活にどのように役立てていけばよいかが示されている。つまり、あなたの人生を支配しているマインドセットの存在を認め、その働きをよく理解し、変えたい場合にそれを変えるにはどうすればよいかが記されている。

成長について研究することが、結果として、私自身の成長をうながすことにもつながった。読者のみなさんにとってもそうであってほしいと願ってやまない。

キャロル・ドゥエック

マインドセット 「やればできる！」の研究 目次

第1章

マインドセットとは何か

私の人生を変えてしまうような出来事に出会ったのは、研究者になってまだ間もない頃のことだった。人は失敗したときどうするかということに、かねてから非常に興味のあった私は、子どもたちに難しい問題を与えて、それと取り組む様子を観察することにした。子どもたちを教室に集め、緊張がほぐれたところでパズルを解かせたのである。

まず初めにかなりやさしい問題を解かせ、その後で難しい問題を与えてみた。「うーむ」とうなって頭をひねる子どもたちを観察しながら、どんな心理状態で、どのようにパズルを解いていくかを探った。難問への対処の仕方が子どもによってまちまちであることは予想していたが、そこにまったく予想外の反応を示す子どもが現れたのである。

難しいパズルを出された10歳の男の子は、椅子を引き寄せ、手をもみ、唇をなめながら、元気よくこう言った。「ぼく、なかなかとけない問題って、だいすき！」

汗ばむほどパズルに夢中になっているもうひとりの子は、目を輝かせながらこうつぶやいた。

「このパズルをやると頭が良くなるよ、きっと」

どうなってるの、この子たち？　私はそれまでずっと、成功か失敗か、そのふたつにひとつしかないと思っていた。まさか、つまずきそのものを楽しむ人間がいるなんて。この子たちはエイリアンだろうか。いや、何か重要な秘密を知っている子どもたちかもしれない。

人生の重要な局面で、進むべき道を示してくれる人が「人生の師」だとしたら、この子たちこそが私の師であった。この子たちは私の知らない大切な何かを知っている。それをどうにかして突きとめたい。つまずきを天からの贈り物にしてしまう「マインドセット」とは、どのような心の持ち方なのだろう。

この子たちは、努力すれば頭が良くなると信じている。そして実際、どんどん賢くなっていく。つまずいても落ちこんだりしない。落ちこまないどころか、そもそもつまずくことを失敗とは考えておらず、何かを学びとるチャンスだと思っている。

人間の能力は学習や経験によって伸ばせるものなのか、それとも、石版に刻まれたように変化しないものなのかという議論は、今にはじまったことではない。しかし、**今、あなたがどちらの説を信じるかによって、あなたの未来は大きく変わってくる。**知的能力や人間的資質は磨いて伸ばせるものなのか、それとも、どうにも変えようのないものなのか。

まずは、人間の本性について大昔から激しく戦わされてきた議論をおさらいし、それから、それぞれの説が自分にとってどのような意味を持つかを考えてみよう。

なぜ人間は1人ひとり違うのか

人間は太古の昔から、考え方も、行動の仕方も、生き方も1人ひとり異なっている。当然、次のような疑問が湧《わ》いてくる。なぜ、人には個人差があるのだろう。なぜ、頭の良さや徳性に違いがあるのだろう。その違いを一生規定するような何かが存在するのか、しないのか。専門家は二派に分かれて議論を戦わせてきた。そのうちのひとつが、このような差違は確固たるフィジカルな違いによるもので、避けがたく変えようもないという主張である。そして、そのような違いの根拠として、昔は頭蓋骨の凹凸（骨相学）や頭蓋骨の大きさと形状（頭蓋学）が挙げられてきた。今日では遺伝子がその根拠とされている。

もうひとつは、そのような差違は生まれ育った環境や体験、教育および学習方法に起因するものだという主張である。意外に思われるかもしれないが、知能検査を開発したビネーはこの陣営の旗頭だった。知能検査は、子どもの固定的な知能を測定するものではないのか――じつは、違うのである。

20世紀初頭のパリで教育に携わっていたフランス人、ビネーがこの検査を考案したのは、公立学校の勉強についていけない児童を見つけ出して、特別な教育をほどこし、もとの軌道に乗せてやるためだった。子どもの知的能力に個人差があることは認めながらも、教育や訓練しだいで知能は根本的に改善できるとビネーは信じていた。学習に困難をきたす大勢の子どもたちについての研究をまとめた主著、『新しい児童観』（絶版）の中で彼は次のように述べている。

最近の学者の中には、個人の知的能力は一定であって、向上させることは不可能だと主張する者がいる。このような残酷な悲観論には断固として抵抗しなければならない。……訓練を積み、練習を重ね、そして何より正しい方法を習得すれば、注意力、記憶力、判断力を高めて本当に頭を良くすることができるのである。

どちらの主張が正しいのだろうか。そのいずれでもないというのが、今日の大多数の専門家の見解である。生まれか育ちか、遺伝子か環境かではなく、受胎後、その両方がたえず影響を及ぼしあいながら人間は成長していく。それどころか、著名な神経科学者、ギルベルト・ゴットリープによると、遺伝子は環境と作用しあうだけにとどまらず、自らがうまく機能するように環境からの働きかけを求めさえするという。

また、生涯学習し続ける能力や脳の発達の余地は、従来考えられていたよりも大きいことがわかってきた。もちろん、人間はみな独自の遺伝的資質を持つ。初めのうちは生得的な気質や適性に左右されるかもしれないが、やがて経験や訓練や努力が大きくものを言うようになる。

　知能研究の大家、ロバート・スターンバーグによると、高度な専門性を身につけられるかどうかの最大の決め手は、「あらかじめ備わった固定的な能力にではなく、目的に即してどこまで能力を伸ばしていけるかにある」という。言いかえると、先達のビネーが認めていたように、先頭を切って走りだした者が必ずしも最終的な勝者になるとは限らないのである。

あなたのマインドセットはどちら？

　学問上の論争は、専門家に任せておけばよい。けれども、この2つの説を自分に当てはめるとどうなるか、ということだけはよく理解しておこう。20年にわたる私の研究からわかったことだが、**どちらの説を信じるかによって、その後の人生に大きな開きが出てくる。**自分が望む人間になれるかどうか、自分にとって意義ある仕事を成しとげられるかどうかが、それで決まるかもしれないのである。

　でも、どうして？　見方を変えただけで気持ちががらりと変わり、人生まで変わってしまうなんて、そんなことがあるのだろうか。

自分の能力は石版に刻まれたように固定的《フィックスト》で変わらないと信じている人――「**硬直《こうちょく》マインドセット＝fixed《フィックスト》 mindset《マインドセット》**」**の人**――**は、自分の能力を繰り返し証明せずにはいられない。**知能も、人間的資質も、徳性も一定で変化しえないのだとしたら、とりあえず、人間としてまともであることを示したい。このような基本的な特性に欠陥があるなんて、自分でも思いたくないし、人からも思われたくない。

教室でも、職場でも、人づきあいの場でも、自分の有能さを示すことばかりに心を奪われている人を私はこれまでたくさん見てきた。ことあるごとに自分の知的能力や人間的資質を確認せずにはいられない人たち。しくじらずにうまくできるだろうか、賢そうに見えるだろうか、バカと思われやしないか、認めてもらえるだろうか、突っぱねられやしないか、勝ち組でいられるだろうか、負け犬になりはしないか、といつもびくびくしている。

それとは違った心の持ちようもある。

初めに配られた手札だけでプレイしなくてはいけないと思えば、本当は10のワンペアしかなくても、ロイヤルフラッシュがあるかのごとく自分にも他人にも思いこませたくなる。けれども、それを元にして、これからどんどん手札を強くしていけばよいと考えてみたらどうだろう。それこそが、しなやかな心の持ち方、「**しなやかマインドセット＝growth《グロース》 mindset《マインドセット》**」である。その根底にあるのは、**人間の基本的資質は努力しだいで伸ばす《グロース》ことができるという信念だ。**

持って生まれた才能、適性、興味、気質は1人ひとり異なるが、努力と経験を重ねることで、だれでもみな大きく伸びていけるという信念である。

じつは、ダーウィンもトルストイも、幼少時には周囲から凡庸な子だと思われていた。歴史に名だたるゴルファー、ベン・ホーガンも、子どもの頃は運動神経が鈍くてまるでさまにならなかった。20世紀を代表するアーティストといわれる写真家、シンディ・シャーマンは、初めて受けた写真の授業で単位を落としている。往年の大女優、ジェラルディン・ペイジも、君には才能がないから女優の道はあきらめなさいと諭《さと》された経験がある。

才能は磨けば伸びるという信念が、どれほどの情熱を生みだすか、おわかりいただけたと思う。その気になれば能力はどんどん伸ばすことができるのに、なぜ、現在の能力を示すことばかりにこだわって時間をムダにするのだろう。欠点を克服しようとせずに、隠そうとするのだろう。ぶつかりあう中で自分を成長させてくれる友人やパートナーを求めずに、ただ自尊心を満たしてくれる相手を求めてしまうのだろう。新しいことに挑戦せずに、うまくできるとわかっていることばかり繰り返すのだろう。

思いどおりにいかなくても、いや、**うまくいかないときにこそ、粘りづよい頑張りを見せるのが「しなやかマインドセット」の特徴だ。**人生の試練を乗り越える力を与えてくれるのは、このマインドセットなのである。

同じ出来事なのに結末が大きく異なる

それぞれのマインドセットがどのように働くかを理解するために、次のような状況を思い描いてみよう。あなたは学生。今日はさんざんな目にあった。

朝、授業に出席する。自分にとってきわめて重要で、しかも大好きな科目。ところが、返された中間試験の成績がC+だったのですっかり落ちこんでしまう。夕方、帰宅しようとして車に戻ると、駐車違反のチケットが切られている。ガックリきたあなたは、親友に話を聞いてもらおうとして電話をかけるが、何だかそっけなくあしらわれてしまう。

こんなとき、あなたならどんなふうに考えるだろうか。どんな気持ちになるだろうか。どんな行動に出るだろうか。

硬直マインドセットの人に尋ねると、このような答えが返ってくる。「拒絶されているような感じがする」「自分は完全なダメ人間」「負け犬」「価値のない最低の人間」「ろくでなし」。つまり、その日の出来事で自分の能力や価値が決まってしまったように感じるのだ。

そしてこんなふうに考える。「なんてみじめな人生」「生きていてもしかたない」「2階の住人からも嫌われている」「世間のみんなが私をいじめる」「だれかが私をつぶしにかかっている」「私を愛してくれる人なんかいない、みんなから疎《うと》まれている」「人生は不公平、どんなに努力してもムダ」「暗い人生、愚かな自分、いいことなんて何もない」「私はこの世でいちばん不幸な人間」――。

ちょっと待って！　もうダメだの、生きていられないのって、たかが成績や駐車違反や電話のことで？

よほど自尊心が低い人たちなのだろうか、それとも、徹底的な悲観主義者《ペシミスト》なのだろうか。いやいや、この人たちだって、ものごとが順調に進んでいるときは、しなやかマインドセットの人と同じくらい自信にあふれていて、楽天的で、快活なのだ。

ところが、なにかにつまずいたとたんに、「こつこつ地道に努力するなんてまっぴら」「何もしない」「ベッドに寝ころがる」「やけ酒を飲む」「やけ食いする」「他人に八つ当たりする」「チョコレートを食べまくる」「音楽にふける」「部屋にこもる」「他人にけんかをふっかける」「めそめそ泣く」「ものを壊す」「することなんてあるものか」――。

することがないだって！　ひとこと言わせてもらうと、「さんざんな1日」を書くときに私はわざわざ、試験の成績を落第点ではなくC+にしておいたのだ。しかも、最終試験ではなく中間試験。大きな自動車事故を起こしたわけではなく、駐車違反チケットを切られたにすぎない。完全に拒絶されたのではなく、そっけない感じがしただけ。取り返しのつかないことなどひとつも起きていない。それなのに、硬直マインドセットの人はこの程度のことで自分はもうダメ、どうにもならないと思ってしまう。

では、しなやかマインドセットの人たちはどんなふうに考えるのだろう。まったく同じ状況に対してこんな答えが返ってきた。

「もっとしっかり勉強しなくては。車をとめるときは注意しよう。友人はあの日、何かいやなことがあったのかもしれない」

「C+は、もっと身を入れて勉強するようにという警告だろう。でも後半が残っているので、成績を伸ばすチャンスはまだある」

このような反応がほとんどだ。では、どのように対処するのだろう。

「気持ちを入れ替えて次の試験に備える。あるいは、勉強の仕方を変えてみる。罰金を払い、こんど友人に会ったときに、何があったのか尋ねてみる」

「試験のどこがまずかったのかを突きとめて弱点を克服し、罰金を払い、翌日もう一度友人に電話して話を聞いてもらう」

「次の試験に向けてしっかりと勉強し、先生にも相談する。次から車をとめる場所に気をつける。駐車違反チケットに異議申し立てをする。そして、友人に何があったのか調べてみる」

いやなことがあれば、だれでもみな落ちこむ。それはマインドセットとは関係ない。悪い成績を取ったり、友人や恋人からすげなくされたりすれば、だれだってガックリくる。けれどもそんなときでも、マインドセットがしなやかな人は、自分をダメと決めつけてさじを投げたりしない。苦境に追い込まれても、失敗をおそれずに試練に立ち向かい、こつこつと努力を積み重ねていく。

自己洞察力――自分の長所と限界を把握しているのは？

自分だってアインシュタインやベートーベンになれる、とまで勘違いすることはないにしても、しなやかマインドセットの人は自分の能力を過大視して、できもしないことに挑戦したりしないだろうか。

自分の能力を正確に評価するのは、だれにとっても難しいことだが、特にそれが苦手なのはどのような人たちだろうか――最近それを調べる研究をはじめた。その結果、自分の業績や能力に見当違いな評価を下すのは、硬直マインドセットの人たちであって、しなやかマインドセットの人たちは驚くほど正確な判断を下すことが明らかになった。

考えてみれば、これは理にかなったことと言えるだろう。しなやかマインドセットの人のように、能力は伸ばすことができると信じていれば、現時点での能力についての情報を、たとえ不本意であってもありのままに受け入れることができる。さらに、学ぶことに重点を置くとなると、効果的な学習をするためには、現時点の能力についての正確な情報が必要になる。ところが、硬直マインドセットの人のように、もう伸ばしようのない能力が値踏みされていると思うと、どうしても受けとめ方がゆがんでしまう。都合の良い結果ばかりに目を向け、都合の悪いことは理由をつけて無視し、いつの間にか本当の自分を見失ってしまうのだ。

自分のマインドセットを知ろう

あなたのマインドセットはどちらだろう。次の知能にかんする考え方の中で、あなたの考えにもっとも近いものはどれか。あなたの考えに反するものは？

①知能は人間の土台をなすもので、それを変えることはほとんど不可能だ。
②新しいことを学ぶことはできても、知能そのものを変えることはできない。
③知能は、現在のレベルにかかわらず、かなり伸ばすことができる。

④知能は、伸ばそうと思えば、相当伸ばすことができる。

①と②は硬直マインドセットで、③と④はしなやかマインドセットである。あなたはどちらに近いだろうか。両方がまざる人もいるが、たいていはどちらか一方に傾いている。

知能以外の能力についても、人は信念を持っているものだ。「知能」を「芸術的才能」「運動能力」「ビジネススキル」におきかえて考えてみよう。

さらにこれは、各種能力だけではなく、人間的な資質についても言える。次の性格特性についての考え方の中で、あなたの意見にもっとも近いもの、もっとも異なるものはどれだろう。

①どのような人間かはすでに決まっており、それを根本的に変える方法はあまりない。
②現在どのような人間であっても、変えようと思えばかなり変えることができる。
③ものごとのやり方は変えることができても、人となりを本当に変えることはできない。
④どのような人間かという基本的特性は、変えようと思えば変えることができる。

①と③は硬直マインドセットで、②と④はしなやかマインドセットである。あなたはどちらに近いだろうか。

人間的資質に対するマインドセットと知能に対するマインドセットは必ずしも同じとは限らない。後者は、知的能力がかかわってくる場面で影響力を発揮する。他方で前者は、人間的資質がかかわってくる場面、たとえば、頼りがいがあるか、協力的か、思いやりがあるか、社会的スキルに長けているかといったことが問題になる場面で影響力をふるう。

硬直マインドセットの人は、自分が他人からどう評価されるかを気にするのに対し、しなやかマインドセットの人は、自分を向上させることに関心を向ける。

マインドセットをしなやかにするには？

マインドセットについて考えるヒントをいくつか挙げよう。

▼あなたの知人の中でだれか、マインドセットがひどく硬直した人を思い出してみよう。自分が優れていることを示そうと、いつもやっきになってはいないか。間違えたり失敗したりすることにひどく臆病になってはいないか。この人ってどうしてこうなんだろうと不思議に思ったことは（もしかして、あなた自身がそうだろうか）？　少しその理由がわかってきたのでは？

▼マインドセットがしなやかで能力は伸ばせると信じている人をだれか思い出してみよう。その人は、どのように障害に立ち向かってゆくか。全力を尽くしてどんなことをするか。あなたなら、自分を変え、自分の力を伸ばすためにどんな方法を取るだろうか。

▼さて、次のような場面を想像してほしい。外国語を習おうと決心し、ある講座を受講しはじめた。数回目のレッスンで教室の前に呼ばれ、講師の先生から次々と質問をあびせられる。

①自分を硬直マインドセットにしてみよう――自分の能力が評価されているのだ。みなの視線が自分に集まるのを感じるだろうか。あなたを値踏みする先生の顔が見えるだろうか。緊張が高まり、自尊心が危機にさらされて動揺するのを感じよう。そのほかにどんなことを感じたり考えたりするだろうか。

②自分をしなやかマインドセットにしてみよう――あなたは初心者。だからここに学びに来ている。そして、学ぼうとするあなたに力を貸してくれるのが先生なのだと考えてみてほしい。緊張がほぐれていくのを感じよう。心が開かれていくのを感じよう。

おわかりいただけただろうか。マインドセットは自分で変えることができるのだ。

第2章 マインドセットでここまで違う

マインドセットのことがわかりはじめると、新しい世界が開けてくる。能力を固定的にとらえる世界では、自分の賢さや才能を証明できればそれが成功。自分の価値を確認できればそれが成功だ。一方、能力は伸ばせるものと考える世界では、頑張って新しいことを習得できれば成功。自分を成長させることができれば成功なのだ。

能力を固定的に考える世界では、つまずいたらそれでもう失敗。落第点を取る、試合に負ける、会社をクビになる、人から拒絶される――そうしたことはすべて、頭が悪くて才能がない証拠だ。それに対し、**能力は伸ばせると考える世界では、成長できなければ失敗。**自分が大切だと思うものを追求しないこと、可能性を十分に発揮できないことこそが失敗となる。

能力を固定的に見る世界では、努力は忌まわしいことである。挫折と同様に、頭が悪くて能力に欠ける証拠だからである。頭が良くて才能があれば、そもそも努力する必要などない。それに対し、**能力は伸ばせると考える世界では、努力こそが人を賢く、有能にしてくれる。**

どちらの世界を選ぶかは、あなたしだい。マインドセットは信念にすぎない。強いパワーを持つ信念だが、結局のところ心の持ちようであり、それを変える力はあなた自身が握っている。ぜひ本書を読みながら考えてみてほしい。あなたはどちらの世界に生きたいと思うか。そのためにはどちらのマインドセットを選べばよいだろうか。

新しいことを学べたら成功か、賢さを証明できたら成功か

著名な社会学者ベンジャミン・バーバーがこう述べている。「私は人間を弱者と強者、成功者と失敗者とには分けない。……学ぶ人と学ばない人とに分ける」

人間はいつから学ぶのをやめてしまうのだろうか。だれもがみな旺盛な学習意欲を持って生まれてくる。赤ちゃんは日々新しいことをマスターしていく。歩く、しゃべるといった困難きわまりない課題にもどんどんチャレンジする。難しくて無理だとか、努力してもムダだなんて決めつけない。間違ったらどうしよう、恥をかくんじゃないかなんて気にしない。歩いてはつまずき、また起きあがる。よろけながらも、ひたすら前に進んでいく。

このあふれんばかりの学習意欲をつぶしてしまうもの、それこそが硬直したマインドセットなのである。自分自身を評価する力が芽生えたとたんに、チャレンジを恐れる子どもがでてく

る。自分は頭が悪いのではないかと怖じ気《おけ》づくようになるのだ。私は何千人にも及ぶ子どもたちを就学前から追跡調査してきたが、せっかくの学ぶチャンスを退けてしまう子どもがあまりにも多いことに驚かされる。

4歳児に次のように尋ねてみる。「簡単なジグソーパズルをもう一度やる？　それとも難しいのに挑戦してみる？」すると、まだこんなに幼くてもマインドセットがこちこちの子――能力は変わらないと信じている子――は、安心してできる簡単な方を選んだ。そして、「かしこい子はまちがったりしないんだよ」とも言った。

マインドセットがしなやかな子――もっと賢くなれると信じている子――はそうは考えない。「なんでそんなこと聞くの、先生。同じパズルを何度もやりたい子なんているわけないでしょ」。そして次々と難しいパズルに挑戦していった。「あぁ、もっとやりたいなぁ！」幼い女の子が嬉しそうな声をあげた。

ある中学1年の女の子はこう語った。「頭がいいかどうかは初めから決まっているんじゃなくて、頭が良くなるように勉強するんだと思うな。……ほとんどの子は、答えに自信がないと手を挙げて答えようとはしないけれど、私は進んで手を挙げることにしているの。間違っていたら直してもらえるから。手を挙げて『どうやって解けばいいんですか』とか『私にはわかりません、ヒントをください』と言うこともあります。そうやって、頭を良くしていくの」

パズルに限ったことではない

失敗を恐れて、難しいパズルに挑戦しそびれるだけならまだしも、将来にかかわる大切な機会を逃してしまうことはないだろうか。

それを調べるために、特殊な状況を利用して調査を行なった。香港《ホンコン》大学ではすべてが英語で行なわれる。授業も英語、テキストも英語、試験も英語。入学してくる学生の中には英語が苦手な者もいるが、早い時期に英語力アップをはかれば、大きなメリットになる。

新入生が初年度の手続きにきたとき、明らかに英語が苦手とわかる学生に、「英語力アップが必要な学生のための講座を設けたら受講しますか」と質問した。

同時に、その学生たちのマインドセットを判定した。次のような意見にどの程度賛成するかを尋ねたのだ。「知能の量は一定で、それを根本的に変える方法はあまりない」という意見に賛成する学生は、硬直マインドセットの持ち主。それに対し、「知能はいつになってもかなり伸ばせる」という意見に賛成する学生は、しなやかマインドセットの持ち主と考える。

そのあとで、どの学生が英語講座を受講すると答えたかを調べた。その結果、しなやかマインドセットの学生は迷うことなく受講を希望したが、硬直マインドセットの学生は英語講座にあまり興味を示さなかったことが明らかになった。

学ぶことを重視するしなやかマインドセットの学生は、学べるチャンスをしっかりとらえて逃さなかった。ところが、硬直マインドセットの学生は、自分の弱点をさらすのを嫌った。つまり、目先のことにとらわれるあまり、大学生活を危機にさらして平気でいたのだ。

硬直マインドセットは人間を学習から遠ざけてしまうのである。

違いは脳波にも現れる

マインドセットの違いは脳波にも現れる。両方のマインドセットの人たちに、コロンビア大学の脳波実験室に来てもらった。難しい問題に答えさせ、それが正解か否かを知らせて、どのようなときに興味や注意が喚起されたことを示す脳波が現れるかを調べた。

硬直マインドセットの人たちの関心が高まるのは、「あなたは正解です」と言われたときだった。答えが正解か否かを告げられる瞬間に最大の注意が払われることが、脳波から明らかになった。一方で、学習に役立つ情報が提示されても興味を示す気配はみられなかった。答えが間違っていたときでさえ、正しい答えを知ることに興味を示さなかったのである。

知識を広げてくれる情報にしっかりと注意を向け、学習に重きを置いているのはしなやかなマインドセットの人たちだけだった。

どちらを優先させるか

どちらか一方を選ばなくてはならないとしたら、あなたはどちらを選ぶだろうか。失敗せずにすむ安全な道をゆくか、それとも、苦労を覚悟でチャレンジするか。

このような選択を迫られるのは、知的な領域に限ったことではない。どのような人間関係を求めるかについても、やはり選択を迫られることがある。自尊心を満たしてくれる関係か、それとも、成長への意欲をかきたててくれる関係か。

若者たちに理想のパートナーの人物像を尋ねたところ、次のような答えが返ってきた。

硬直マインドセットの若者が理想のパートナーと考えるのは、

・自分をあがめてくれる人
・自分は完璧だと感じさせてくれる人
・自分を尊敬してくれる人

言いかえると、自分の資質をそのまま温存してくれる人が理想の相手なのである。

しなやかなマインドセットの若者が望むのは別のタイプだった。彼らにとっての理想のパートナーは、

・こちらの欠点をよくわかっていて、その克服に取り組む手助けをしてくれる人

・もっと優《すぐ》れた人間になろうとする意欲をかきたててくれる人
・新しいことを学ぶように励ましてくれる人
もちろん、あら探しをしたり、自尊心を傷つけたりするような人を望んではいなかったが、自分の成長をうながしてくれる人を求めていた。自分は完全無欠な人間で、もう学ぶことなどないとは思っていないからだ。

それでは、マインドセットの異なる2人が一緒になったらどうなるのだろう。

硬直マインドセットの男性と一緒になった、しなやかなマインドセットの女性が、その結婚生活をこんなふうに語っている。


結婚式の後片づけも終わらないうちに、自分が重大なあやまちを犯したことに気づきはじめました。私が「もう少し努力してみましょうよ」とか「決める前に相談してほしいな」と言うたびに、彼はがっくり打ちのめされてしまうのです。そうなったらもう、こちらの提案について話しあうどころではなく、心の傷をケアして元気を回復させるのに、たっぷり1時間かかってしまいます。それだけならまだしも、すぐに母親に電話をかけに行くのです。いつも母親からほめそやされていないとダメなようでした。2人ともまだ若く、結婚生活はどちらにとっても初めての体験。私は話しあえる関係を求めていたのですが。

おわかりのように、夫が理想とする関係――批判せずに、丸ごと受け入れてくれる関係――は、妻の求めるものとは違っていた。そして、妻が理想とする関係――ともに問題に立ち向かってゆく関係――は夫の求めるものとは違っていた。一方にとっての成長が、もう一方にとっては悪夢でしかなかったのである。

CEO病

周囲からあがめられて采配《さいはい》をふるい、完璧な人間と思われたがる――おわかりのとおり、これは「CEO（最高経営責任者）病」と呼ばれているものだ。リー・アイアコッカがその典型だった。1980年代にクライスラー社のトップとして成功をとげたとたんに、彼は先ほどの硬直マインドセットの4歳児そっくりになってしまった。目先を少し変えただけの同じ型の車ばかり作り続けたのである。そんな車はもうだれも買いたがらなかった。

その間に日本の自動車メーカー各社は外観デザインや走行性能の徹底的な見直しをはかっていた。その結果どうなったかは、もうご存じのとおり。あっという間に日本車に市場を席巻《せっけん》されてしまったのである。

CEOは常に選択を迫られている。自分の欠点と向きあうか、それとも、欠点の見えない世界を作り上げてしまうか。アイアコッカは後者を選んだ。自分の崇拝者で周囲を固め、批判する人びとを追放していったのである。たちまち現場の情報が入ってこなくなって、リー・アイアコッカは学ばない人に成り下がってしまった。

しかし、だれもがみなCEO病にかかるわけではない。優れたリーダーの多くは常に自らの欠点と向きあっている。ダーウィン・スミスはキンバリー・クラーク社での素晴らしい業績を振り返りながらこう語る。「私は職務に要求される資質を身につける努力を片時も怠ったことがない」と。このような人びとは、しなやかマインドセットの香港大学生と同様に、補習科目の受講を見送ったりはしない。

CEOはまた別の面でも選択を迫られている。短期利益を追求する経営戦略をとって自社の株価を急騰させ、いっときの英雄を装うか、それとも長期的な業績向上に努めるか。つまり、ウォール街の批判を覚悟で、その後もずっと会社が健全に成長していくための基盤を築くか。

サンビーム社の経営再建のために招かれたアルバート・ダンラップは、硬直マインドセットの持ち主だった。短期戦略を選んだ彼はウォール街の寵児《ちょうじ》となる。株価はいっとき急上昇したものの、結局、サンビームは経営破綻に陥ってしまった。

IBM社を窮地から救うために呼び寄せられたルー・ガースナーは、しなやかマインドセットの持ち主だった。IBMの企業文化や方針を徹底的に改めるという、とてつもない課題に着手したとたんに株価が低迷。彼はウォール街の冷笑を浴び、さんざん失敗者呼ばわりされた。けれどもそれから数年後、ＩＢＭはふたたび業界トップに返り咲いたのだった。

可能性の限界に挑む

マインドセットがしなやかな人は、自ら進んで困難に挑戦するだけでなく、それを糧《かて》にしてどんどん成長してゆく。立ちはだかる壁が厚ければ厚いほど、力を振りしぼって頑張ろうとする。それがよくわかるのがスポーツの世界である。選手たちは限界に挑戦しながら実力を伸ばしてゆく。

米国女子サッカー界のスター、ミア・ハムはずばりこう言う。「私は小さい頃からずっと、自分より年長で、体も大きく、技術的にも上で、経験も豊富な、つまり自分よりも優れた選手たちに負けないように頑張ってきたの」。まず兄たちに混じってサッカーをはじめ、10歳のときに11歳の少年チームに入り、やがて米国ナンバーワンの大学サッカーチームに飛びこむ。「まわりのレベルに追いつこうと毎日必死……自分でも驚くほどのスピードで上達したわ」

パトリシア・ミランダは、レスリングの選手らしからぬポッチャリ型の高校生だった。みっともない負け方をして「お笑いね」とからかわれ、初めて涙を流した。「あれで本当に決意が固まったの……ここでやめるわけにはいかない。努力と集中力と信念とトレーニングで本物のレスラーになれるかどうか試してやるって」

彼女のこの不屈の精神はどこで芽生えたのだろう。

ミランダはチャレンジなどとは無縁の幼年期を過ごした。ところが10歳のとき、40歳の母親が動脈瘤《どうみやくりゆう》で他界。ミランダの心にある信条が刻みつけられる。「死ぬ前に『自分は可能性の限りを尽くした』と言って死んでいきたい――母を亡くしたとき、そういう張りつめた思いに駆られたの。楽なことだけして人生を終えたのでは申し訳が立たないと思う」。だから、レスリングが試練を課してきたとき、ミランダにはそれを受けて立つ覚悟ができていたのである。

24歳にして、ついに努力が報われる。米国チームの48キロ級代表としてアテネ五輪に出場し、銅メダルを携えて帰国した。そのあとどうしたか。なんと彼女はイエール大学ロースクール（法科大学院）に入学したのである。そのままトップの座にとどまればよいのにと惜しまれつつ、もう一度ゼロから出発して自分の可能性を試してみる道を選んだのだった。

安全確実なことはお手のもの

しなやかマインドセットの人が意気揚々としているのは、言うまでもなく、何かに全力で取り組んでいるとき。では、硬直マインドセットの人はどんなときだろう。ものごとが完全に自分の手中にあって、順調に進んでいるときである。手に負えなくなると――自分を賢い、デキると感じられなくなると――たちまちやる気が失せてくる。

それを目の当たりにしたのは、医学生の化学の成績を1学期のあいだ追跡調査したときだ。医師をめざして頑張ってきた学生たちばかりだが、この課程を修了しなければその道は閉ざされてしまう。しかも、化学は難関コースの中でも特に苦労する科目。A以外の成績など取ったこともない学生たちなのに、試験の平均点は毎回C+だった。

化学の授業がはじまった当初は、大多数の学生が意欲満々だった。ところが学期の途中で異変が生じた。硬直マインドセットの学生は、すんなりうまくいっている間だけは関心が保たれていたが、難しくなったとたんに興味もやる気もガクンと落ちこんだ。自分の賢さが証明されないと、面白く感じられないのである。

ある学生はこう語った。「難しくなると、読書や試験勉強がたいへんになる。前は化学が面白くてたまらなかったのに、今は化学のことを考えるたびに胸がむかつく」

それに対して、しなやかマインドセットの学生は、勉強が大変になってもやる気が低下することはなかった。「想像していたよりはるかに難しいけれど、それは望むところ。ますますやる気が湧いてくる。きみには無理だと言われると、やってやるぞという気になる」

手ごわいほど、興味をそそられるのだ。

もっと年少の子どもたちの間でも同じ現象がみられた。小学校5年生に楽しいパズルを与えると、全員が面白がってやろうとする。ところがパズルを難しくすると、硬直マインドセットの子はまったく興味を示さなくなり、家に持ち帰ってやりたいとも言わなくなった。「もうやったからいい」と嘘をつく子も現れた。そんなに早く終わるはずはないのだが……。

パズルが得意な子でもそれはまったく同じだった。パズルの才能があっても意欲の低下は避けられなかったのである。

それに対して、しなやかマインドセットの子どもたちは難しい問題に釘付けになった。すっかり気に入って、家に持ち帰りたがった。「このパズルの名前を教えてくれる？　全部終わっちゃったら、ママに別のを買ってもらえるように」と言ってきた子もいる。

先ごろ、ロシアの偉大な舞踊家・指導者であるマリーナ・セミョーノヴァにかんする記事を読んでいて、たいへん興味をそそられた。彼女は、独自に編みだした選考方法で、志願者のマインドセットをテストしていたのだ。元生徒の話によると「志願者にはまず仮入学期間が与えられます。その期間に、先生は、志願者がほめられたときや欠点を指摘されたときにどのように反応するかを観察し、指摘された点をしっかりと直す者を選ぶのです」

つまり、セミョーノヴァは、楽なこと——すでに習得していること——を好む生徒と、難しい課題に挑戦することに喜びを感じる生徒とを選別しているのだ。

私は、自分の口から初めて、「これは難しくて、面白い」という言葉が出たときのことをけっして忘れない。それは、自分のマインドセットが変化しつつあるのを自覚した瞬間だった。

自分を賢いと感じるのはどんなときか

硬直マインドセットの人は、とりあえずできたくらいでは満足しない。ちょっと頭が良く有能そうに見えただけではダメ。完璧にできなくてはいけない。しかも、即座に完璧にこなせなければいけないのである。

小学生から10代後半までの人たちに「どんなときに自分を賢いと感じますか」と尋ねたところ、明らかな違いが現れた。硬直マインドセットの人の答えは、

「ひとつも間違えずにできたとき」

「何かをすばやく完璧にこなしたとき」

「人にはできないことが自分には簡単にできるとき」

つまり、即座に完璧にこなせるときなのだ。他方、しなやかマインドセットの人の答えは、

「すごく難しくても本気で頑張って、以前にはできなかったことができたとき」

「ずっと考えていた問題の解き方がようやくわかりはじめたとき」

即座に完璧にできたときではなく、時間をかけて何かを習得しているとき、困難に立ち向かいながら前進しているときなのだ。

能力があるのなら、学ぶ必要なんてない？

学ばなくても、能力はおのずと現れるもの。結局、能力のある人はあるし、ない人はない――硬直マインドセットの人がそう考えるのを、私はいつも目の当たりにしている。

コロンビア大学心理学部では、世界中の入学志願者の中から、毎年6名の大学院生を受け入れている。みんな驚くほど試験の点数が良く、成績はほぼ完璧で、有名教授のべたぼめの推薦状を携えてやってくる。他の一流校からの誘いも受けていたりする秀才ぞろいである。

ところがたった1日で、自分を別人のように感じはじめる学生がいる。昨日まで自信満々の優等生が、今日はみじめな劣等生。いったいどうしたというのだろう。教授たちの長い出版物リストを見ては「うわぁ、自分にはとてもそんなことはできない」。学会で発表する論文を提出したり、助成金申請のための研究計画案を作成している上級生を見ては「うわぁ、自分にはとても無理」。試験の点数やA評価の取り方は知っていても、どうすればこんなことができるのかはまだ知らない。学生たちはこの「まだ」という点を忘れているのである。

まだ知らないから、それを教わるために学校があるのではないか。そのやり方を学ぶために入学したのであって、すでに何もかも知り尽くしているから来たわけではない。

60年代によく言われた言葉に「完成品より途上品」（Becoming is better than being）という言葉が

あるが、凝り固まった《フィックスト》マインドセットは、こつこつ学んでいく贅沢を許さない。すでに完成していることを求めるのである。

1回のテストで決まってしまうのか

硬直マインドセットの人はなぜ、今すぐ完璧にできなくてはいけないと思うのだろうか。それは、1回のテストや1回の評価で自分の価値が永遠に決まってしまうと思っているからだ。

ロレッタは、20年前、5歳のときに家族とともに米国に移住してきた。その数日後、母に連れられて新しい学校に行き、さっそくテストを受けさせられたのを覚えている。そして次に思い出すのは、幼児クラスに入れられたこと——でもそこはエリート幼児クラスの「イーグル」ではなかった。

その後、ロレッタはイーグルクラスに移されて、高校卒業までずっとイーグルで過ごし、その間に数々の成績優秀賞を獲得した。にもかかわらず、彼女は自分をイーグルの一員だと思ったことは一度もない。あの最初のテストで、自分の固定した能力が測定されて、イーグルではないとの判定が下されたのだと思いこんでしまった。

よく考えてみれば、当時まだ5歳。しかも、慣れない国に来て急激な変化を体験したばかり。もしかしたら、当座はイーグルに空きがなかったのかもしれないし、やさしいクラスの方がなじみやすいだろうという学校側の配慮だったのかもしれない。考えられる理由はいろいろあるのに、残念ながらロレッタは勘違いをしてしまった。硬直マインドセットの世界では、イーグルになるなんてことはありえない。本当にイーグルならば、試験で満点を取ってすぐにイーグルに入れてもらえたはずなのだ。

こんなふうに考えてしまうのは、ロレッタだけだろうか。それとも、案外多くの子どもたちが同じように考えるのだろうか。

それを調べる実験をしてみた。小学校5年生に、閉じたボール紙の箱を見せて、「この中にテストが入っています」と伝える。そして、「このテストは学校での重要な能力を評価するものです」とだけ言って、それ以上のことは一切言わずにおく。その後で、そのテストについていくつか質問する。まず、こちらの説明が伝わったかどうかを確かめるために、「このテストは学校での重要な能力を評価するものだと思いますか」と尋ねる。全員がこちらの説明を言葉どおりに受けとめていた。

次に、こう尋ねてみる。「このテストは、現在どのくらい頭が良いかを測定するものだと思いますか」「このテストは、将来どのくらい頭が良くなるかを予測するものだと思いますか」

しなやかマインドセットの児童は、こちらの言葉どおり、そのテストは重要な能力を評価するものだと受けとめていたが、現在どのくらい頭が良いかを測定するものだとは思っておらず、ましてや、将来どのくらい頭が良くなるかを予測するものだとは全然思ってもいなかった。「わかりっこないよ！　テストでそんなこと」と言った子もいる。

ところが、硬直マインドセットの児童は、そのテストで重要な能力が評価できると信じていただけではない。現在どのくらい頭が良いかも、さらに、将来どのくらい頭が良くなるかもわかると確信していた。

彼らは1回のテストで、現在と将来の基本的な知的能力がわかると信じていた。つまり、そのテストで自分の価値が決まってしまうと思っており、だからこそ、彼らは1回でもしくじるわけにはいかないのである。

潜在能力とは

ここで「潜在能力」についてもう一度考えてみよう。私たちの持つ潜在能力や可能性、それから将来どうなるかということまで、テストでわかるのだろうか。硬直マインドセットの人はイエスと答えるだろう。現在の固定的な能力を測定すれば、将来のことまでわかってしまう。テストを受けて専門家に尋ねれば、水晶玉なんて必要ないと。潜在的な可能性も今の時点でわかると思っている人は少なくない。

しかし、今の時代に大きなことを成しとげた人の多くは、その道の専門家からまったく見込みがないと思われていた人びとである。ジャクソン・ポロック、マルセル・プルースト、エルヴィス・プレスリー、レイ・チャールズ、チャールズ・ダーウィンみなしかり。その分野の潜在能力など皆無に等しいと思われていた。たしかに、最初からキラリと光るものなどなかったのだろう。

けれども、潜在能力とは、こつこつと時間をかけて自分の技能を伸ばしていく能力のことではないのか。だとしたら、努力と時間でどこまで到達できるかなんてどうしてわかるのだろう。ポロック、プルースト、プレスリー、ダーウィンらの駆けだし時代の腕前などだれも知らないが、まだ、あのプルーストやプレスリーではなかったはずだ。

しなやかマインドセットの人は、潜在能力が開花するには時間がかかることを知っている。

最近、私たちの調査に参加したある教師からお怒りの手紙をいただいた。その調査とは、数学のテストで65点を取ったジェニファーという架空の生徒について、あなたならどのように指導しますかと、先生方に尋ねる調査だった。

硬直マインドセットの先生方は喜んで答えてくれた。テストの得点をみれば、ジェニファーがどんな子かも、どれだけの能力を持っているかもすっかりわかると思っているからだ。さまざまな提案がなされたが、リオーダンという先生は憤慨して、次のような手紙をくれた。

関係各位殿

先日の調査にお答えはしましたが、私の答えは除外していただきたい。研究そのものが科学的根拠に欠けると思うからです……残念ながら、この調査は誤った前提のもとに行なわれています。たった一度のテストの点数にもとづいて、ある生徒について考えよとのことですが……1回の評価ではその子の力はわかりません。1点だけが与えられても、そこから伸びる直線の傾きは決まらないように、時間軸上の1点だけでは、その子の傾向も、進歩のぐあいも、努力する子かどうかも、数学的才能の有無もわかりません。

マイケル・D・リオーダン

わが意を得たりとはまさにこのこと。私はリオーダン先生の批判が嬉しかった。ある一時点での評価は、人の能力を知るのにほとんど役立たない。いわんや、これから伸びていく潜在能力などわかるはずもない。

困ったことに、そうは考えていない教師が多い。それを調査するのが研究の目的だったのだ。

1回の評価で先々のことまでわかってしまうと思うから、硬直マインドセットの人は切迫感に駆られる。今すぐに完璧にできなければいけないと思ってしまうのだ。すべてがここで決まってしまうというときに、これから少しずつ学んでいこうなんて、だれがそんな悠長なことを考えるだろうか。

ところで、なにか潜在能力を測定する方法はないものだろうか。NASA（米航空宇宙局）も同じことを考えて、宇宙飛行士候補生を募るときに、順風満帆の人生を歩んできた人は採用せず、大きな挫折体験からうまく立ち直った人を採用するようにした。また、ゼネラル・エレクトリック社（GE）の名高いCEO、ジャック・ウェルチは、経営幹部を選ぶにあたって成長の可能性を秘めた人を選んだ。著名なバレエ指導者のマリーナ・セミョーノヴァもまた、欠点を指摘されて発奮する生徒を入学させた。

こうした人たちはみな、能力を固定したものとは考えず、マインドセットに注目して人材を選んでいたのである。

特別であることを証明したい

硬直マインドセットの人が、成長よりも成功することを選ぶのは、いったい何を証明したいからなのだろう。それは、自分は特別だということ、人よりも優れているということだ。

彼らに「自分をかっこいいと感じるのはどんなときですか」と尋ねると、多くの人が、自分を特別な人間のように感じるとき、人と違っていて、人よりも優れていると感じるとき、と答える。

テニスのジョン・マッケンローは硬直マインドセットの人だった。才能がすべてだと思っており、学ぶことが嫌いだった。逆境を糧にして奮起するのではなく、うまくいかなくなるとすぐに酒に逃げこんだ。だから、本人いわく、可能性を出し切ることができなかった。

とはいっても、並みはずれた素質の持ち主だったので、4年間、テニス界の世界ナンバーワンの座にとどまり続けた。当時の様子を本人が次のように語っている。

マッケンローは試合中、手の汗を吸収するためにおがくずを使っていた。そのおがくずが気に入らなかったときのこと。彼はおがくずの缶に近づいていき、ラケットで殴ってそれをひっくり返した。エージェントのゲーリーが驚いて駆け寄ってきた。

「注文したのは君だろ」。ぼくは怒鳴りつけていた。「おがくずが細かすぎるぞ。これじゃまるで猫いらずじゃないか。ちゃんとしたのを持ってこい」。ゲーリーは飛びだして行って、20分後、もっと粗いおがくずの入った新しい缶を持って戻ってきた……ポケットから20ドルが減っていた。組合従業員に金を払って、断面5×10センチの木材を挽《ひ》いてもらったのだ。世界ナンバーワンの実態はこんなものだった。

また、接待してくれた品位ある日本人女性に難癖《なんくせ》をつけたこともあった。翌日、その女性は詫びの品を携えて頭を下げに来た。

「すべてが自分を中心にまわっていた……『ご入り用なものはございませんか。不都合なことはございませんか。これはわたくしどもが支払いましょう。それはわたくしどもがやって差し上げましょう。どんなことでもいたしますよ』と言われて、自分はやりたいことだけをやっていればよく、それ以外のことは『とっとと失せろ』。長いこと、それを当然のように思っていた。あきれてしまうけれど」

なぜ、そんなふうに思ってしまうのだろう。成功している人間は、人よりも優れている。だから、人をこき使っても、ひれ伏させてもかまわない——硬直したマインドセットの世界では、このような考え方が自尊心の名のもとにまかり通ってしまうのだ。

それとは対照的なマイケル・ジョーダンを見てみよう。彼はしなやかなマインドセットを持った超一流の運動選手。だれもが一様に「スーパーマン」「人の姿をした神」「バスケットシューズをはいたイエスキリスト」とほめたたえる。

自分を特別だと思っても不思議はない人間がいるとしたら、彼をおいてほかにない。それなのに、バスケットボールに復帰するという噂がセンセーションを巻き起こしたとき、ジョーダンはこう語った。「試合に復帰するくらいでこんなに騒がれるなんて……カルトの教祖か何かみたいに持ち上げられて恥ずかしくてたまらない。ごく普通の人間なのに」

ジョーダンは、自分が努力によって能力を伸ばしてきた人間であることを知っていた。苦労を重ねながら成長をとげてきた人であり、生まれながらに秀でた人間ではなかった。

トム・ウルフは『ライト・スタッフ』の中で、マインドセットが硬直したエリート空軍パイロットたちの姿を描いている。次々に厳しいテストに合格するうちに、彼らは自分を特別な人間だと思うようになっていく。生まれながらにして人よりも賢くて勇敢な人間なのだと。しかし、『ライト・スタッフ』のヒーロー、チャック・イェーガーはそれに異を唱える。「生まれつきのパイロットなんていやしない。私にどれほど適性や才能があっても、熟練パイロットになるのは並大抵のことじゃない。それこそ一生かけて学び続けるのさ……ベスト・パイロットはだれよりも飛行経験が多い。だからこそベスト・パイロットなのさ」。マイケル・ジョーダンと同じく彼も人間だった。限界を超えてまで能力を高めた人間だった。

話をもとに戻すと、**能力を固定したものと思っている人は、しくじってはならないという切迫感にいつも駆られている。そして成功すると、誇らしさが優越感にまで膨れ上がる。なぜなら、成功するのは、固定的な能力が人よりも優れている証拠だからである。**

けれども、硬直したマインドセットの自尊心の裏には、単純な疑念が潜んでいる。それは、成功すればひとかどの人物だが、失敗したらどうなるのかということだ。

マインドセットしだいで変わる失敗の意味

マーティン夫妻は3歳の息子のロバートがご自慢で、いつもその手柄話ばかりしていた。こんなに聡明で創造力あふれる子は見たことがないと。ところがその後、ロバートが許しがたいことをやらかしてくれた。ニューヨークでいちばんの幼稚園に入れなかったのである。それ以来、マーティン夫妻はロバートに冷たく当たるようになり、それまでのように息子について話すことも、誇りと愛情を持って接することもなくなった。もはや才能輝くロバート坊やではなく、親の面目を丸つぶれにしてくれた信用のならない子。ロバートはわずか3歳にして失敗者の烙印《らくいん》を押されてしまったのである。

これは『ニューヨーク・タイムズ』の論説記事にあった話だがそこで指摘しているように、近年、「失敗」の意味あいに変化が生じている。私は失敗した、というひとつの出来事に過ぎなかったものが、私は失敗者だ、というアイデンティティにまでなってきているのだ。とりわけ、硬直マインドセットの人の場合にはその傾向が著しい。

偉大なるゴルファー、アーニー・エルスも、敗北者になってしまう不安を語っている。出る試合、出る試合、負け続けた時期を経て、ようやく5年ぶりにメジャートーナメント優勝を果たした。けれども、もしこの大会も落としていたら「自分は違う人間になっていただろう」と彼は言う。負け犬になっていただろうと。

毎年4月になると、大学からぺらぺらの封筒――不合格通知――が届いて、全国津々浦々に無数の失敗者が発生する。優れた才能を持つ何千という若き学徒たちが、「プリンストン大学に入れなかった女の子」「スタンフォード大学に落ちた男の子」になってしまうのである。

しなやかマインドセットの人にとっても、失敗がつらい体験であることに変わりはない。けれども、それで「失敗者」になってしまうことはない。彼らにとっての失敗とは、それに立ち向かい、それと取り組み、そこから教訓を得るべきものなのだ。

アメリカンフットボールチーム、ミネソタ・ヴァイキングズの元ディフェンスプレーヤー、ジム・マーシャルは、もう少しで失敗者になりかけたときのことを語っている。サンフランシスコ・フォーティーナイナーズ戦でのこと、転がるボールを拾ったマーシャルは走り切ってタッチダウン。観衆は沸きたった。けれども走る方向が逆だった。彼は相手チームに点を入れてしまい、その大失態が全国ネットのテレビで放映されてしまった。

人生最悪の瞬間。あまりの恥ずかしさに打ちのめされそうになった。けれどもハーフタイム中に考えた。「ミスをしたら、その分を取り返さなくては。ただ悲嘆に暮れていることもできるけれど、挽回《ばんかい》することもできる。すべては自分次第じゃないか」。すっかり立ち直って後半を迎えたマーシャルは、選手生活屈指の素晴らしい働きをしてチームを勝利へと導いた。

それだけで終わらなかった。大勢の人々にその体験を語ったのである。その勇気に励まされて、やっと自分の恥ずかしい失敗を告白する気になった人々から、続々と手紙が寄せられた。マーシャルはその一通一通に返事を書く一方で、試合中、集中力を高めることに努めた。失敗体験のなすがままにされるのではなく、それを逆手にとって自分を鍛えたのだ。失敗を糧にして、プレーヤーとしても、人間としてもひとまわり成長したと彼は思っている。

「どうせ～」「～のせい」では成功は逃げていくばかり

マインドセットが硬直していると、挫折が大きな心の傷として残るだけでなく、それを乗り越える手立てを見つけることもできない。失敗するのは、自分が能力や可能性に欠ける――失敗者である――証拠だとしたら、もうどうしようもないではないか。

中学1年生に、学校の勉強でしくじったとき――新たにはじまった科目のテストで悪い点数を取ったとき――にどうするかを話してもらった研究がある。しなやかマインドセットの生徒たちは、予想どおり、次のテストに備えてもっとしっかり勉強すると答えた。ところが、硬直マインドセットの生徒たちは、次のテストの勉強はあまりしないだろうと答えた。能力がないのに勉強したって時間のムダではないかという。冗談ではなしにカンニングの方法を工夫すると答えた生徒もいた！　能力がないのだから、何か別の手を探すしかないと考えたのだ。

硬直マインドセットの生徒たちは、失敗から学んで次に挽回しようとせずに、ただ自尊心を満たすことばかり考えようとする。たとえば、自分よりもさらに出来の悪い者を探して安心するといったやり方だ。

試験の成績の悪かった大学生に、他の学生の答案を見る機会を与えたところ、しなやかマインドセットの学生は、自分よりもはるかに成績の良かった学生の答案に目を向けた。いつものように、自分の欠点を改めようとしたのだ。ところが、硬直マインドセットの学生は、全然できなかった学生の答案にばかり目を向けた。みじめな気持ちを少しでも和らげる方法を選んだのである。

ジム・コリンズは、著書『ビジョナリー・カンパニー2 飛躍の法則』（日経BP社）の中で、企業について同じようなことを述べている。プロクター・アンド・ギャンブル社が紙製品事業で躍進をとげたとき、当時業界トップのスコットペーパー社はただ手をこまぬいているだけだった。総力を結集して戦いに乗りだすのではなく、「まあ、この業界にはうちよりも業績の悪いところだってあるんだし」というぐあい。

硬直マインドセットの人が失敗したときに、自尊心を取り戻すために用いるもうひとつの手は、何かのせいにしたり言い訳したりすることだ。ジョン・マッケンローの場合をもう一度見てみよう。

マッケンローは自分の落ち度で試合に負けたことは一度もない。あるときは、熱のせい。あるときは、腰痛のせい。あるときは、過大な期待がプレッシャーになったせいで、あるときは、大衆ゴシップ紙のせい。あるとき、友人と対戦して負けたのは、相手が恋愛中で自分はそうでなかったから。あるときは、試合直前に食事をとったせい。あるときは、太りすぎのせいで、あるときは、やせすぎのせい。あるときは、気候が寒すぎたからで、あるときは、暑すぎたから。あるときは、練習不足のせいで、あるときは、練習しすぎのせい。

今でも思い出すと夜眠れなくなるほどくやしい敗北を喫したのは、1984年の全仏オープン決勝戦だ。2セット先取でイワン・レンドルをリードしていながら、なぜ負けたのだろう。マッケンローいわく、それは自分のせいではなかった。NBCのカメラマンにヘッドホンをはずされて、コートサイドの騒音が耳に入ってきたからなのだ。悪いのは自分ではない。だから、集中力を高める訓練も感情をコントロールする努力もしなかった。

伝説的なバスケットボールコーチ、ジョン・ウドゥンは、**失敗を何かのせいにしないかぎり、その人は失敗者ではない**と語る。つまり、**自分が間違いを犯したことを認めることができれば、そこから教訓を得てまだまだ成長していける**ということなのだ。

以前、米国のエネルギー販売最大手のエンロン社が放漫経営のせいで倒産したのは、いったいだれの落ち度だったのだろうか。エンロンを巨大企業に導いた当事者で、CEOでもあったジェフリー・スキリングは、断じて自分の過ちではない、悪いのは世の中だと主張して譲らなかった。エンロンのやろうとしていることを世間が理解してくれなかったのがいけないのだという。では、会社ぐるみの粉飾決算を司法省が調査したことについてはどう考えているか。それは「魔女狩り」だという。

しなやかマインドセットのCEO、ジャック・ウェルチは、GEの失策に対してまったく違った反応を示した。1986年、GEはウォール街の投資銀行、キダー・ピーボディーを買収した。ところが、その取引終了直後に、キダー・ピーボディーは大がかりなインサイダー取引疑惑で打撃を被ることになる。それから数年後にも同社のジョセフ・ジェットの件でまたしても災難に見舞われる。このトレーダーは総額何億ドルにもおよぶ空取引で私利を得ていたのだ。この2回とも、ウェルチはGEの経営陣14名に電話してその悪いニュースを伝え、1人ひとりに謝罪した。「今回の不祥事の原因は私にあります」と。

マインドセットと抑うつ

心理学者であり教育者でもある私は、抑うつという状態にたいへん興味を持っている。大学のキャンパスにはこれが蔓延《まんえん》しており、とりわけ2月、3月には猛威をふるう。冬が居座っていて、夏はまだまだ遠く、勉強や仕事がたまってきて、人間関係のもめごとに悩まされがちな時期だからだ。

けれども、ずっと以前から、はっきり気づいていることがある。それは、抑うつに陥ったときの対処の仕方が、学生によってまったく異なるということだ。投げやりになってしまう学生がいる一方で、落ちこみながらも、めげずに頑張り通す学生もいる。そういう学生は、何とか授業に出席して勉強に遅れないようにし、身のまわりのこともきちんとやっているので、復調したとき生活に何の支障もきたさずにすむ。

そこで、このような対処の仕方の違いに、マインドセットが関与しているかどうかを調査することにした。まず、学生たちのマインドセットを評価し、2月から3月にかけての3週間、学生たちにオンライン日記をつけてもらった。毎日、気分はどうか、何をしたか、問題にどう対処しているかという質問に答えてもらったのだ。その結果、次のことが明らかになった。

まず、硬直マインドセットの学生たちの方が抑うつの程度がひどかった。その原因を分析したところ、自分の問題点や失敗が頭から離れないせいであることがわかった。もっと言うと、失敗したのは自分が無能で役立たずの証拠だ、という思いで自分を苦しめていたのだ。「おまえはバカだという言葉が頭の中でぐるぐるまわり続ける」「自分はろくでなしだという思いにつきまとわれる」。やはり、失敗者という烙印を押されて、そこから抜け出せなくなっていたのである。

そして、気分が落ちこめば落ちこむほど、ますます投げやりになり、問題解決の手段を講じようとしなくなった。たとえば、しなければならない勉強をさぼる、課題を期限までに提出しない、掃除や洗濯などの雑事をほったらかしにする、などだ。

調査期間が抑うつのピークシーズンだったので、硬直マインドセットの学生ほどではないにせよ、しなやかマインドセットの学生の中にも、かなり暗い気分に陥る学生が大勢いた。ところがここで、私たちはじつに意外なことを発見したのである。しなやかマインドセットの学生は、気分が落ちこめば落ちこむほど、なおいっそう問題解決の手立てを講じ、勉強に遅れないように注意し、身のまわりのことに気を配っていた。気が滅入れば滅入るほど、ますます意志を強く持とうと奮起していたのだ！

たぶん、彼らの行動を見ただけでは、本人がどれほど意気消沈しているかはわからなかっただろう。ある男子学生が次のような話をしてくれた。

ぼくは1年生で、家を離れるのはこれが初めてでした。まわりは知らない人ばかりだし、授業は難しいし、時がたつにつれてどんどん気分が落ちこんでいき、とうとう朝ベッドから起きられないほどになりました。でも毎朝何とか起きあがって、シャワーを浴び、ひげを剃り、やらなくちゃいけないことをこなしていました。ある日、もう本当にどん底まで落ちこんだぼくは、助けを求めようと思って、心理学科の助手の先生を訪ねて相談したんです。

「授業には出ていますか」と聞かれたので、

「はい」と答えました。

「必読書はちゃんと読んでいますか」

「はい」

「試験で及第点を取っていますか」

「はい」

「それなら、あなたは抑うつではありませんよ」

いや、彼はたしかに抑うつ状態だったのだが、しなやかマインドセットの人がたいていそうであるように、気持ちをしっかり持ってそれに対処していた。

このような違いには、気質が大きく影響しているのではないだろうか。人によって、生まれつき気を病みやすい人もいれば、わりあい平気でいられる人もいるのではないか。

たしかに気質の影響もあるにはあるが、ここでもっとも重要なのはマインドセットなのだ。

しなやかなマインドセットを教えられた人は、気分がふさぎこんだときの身の処し方ががらりと変わってくる。気分がふさげばふさぐほど、ますます奮起して、立ちはだかる問題と取り組むようになる。

人間の資質は変わりようがないと信じていると、失敗したら最後、それで自分の評価が決まってしまう。頭が良かろうが才能があろうが、マインドセットが凝り固まっているかぎり、そこから抜けだす手立ては見出せない。

人間の基本的資質は伸ばせるものだと信じていても、失敗すればつらいのは同じこと。しかし、それで自分の評価が決まってしまうことはない。能力を伸ばすことができるのなら――自分を変化させ、成長させることができるのなら――成功への道筋はまだまだたくさん残されているからだ。

マインドセットが変われば努力の意味も変わる

子どもの頃に読んだ「ウサギとカメ」の物語では、足は速いけれどもそそっかしいウサギと、足はのろいけれども着実なカメが競争すると、地道に努力するカメの方が勝つんだよと教わった。でも、実際、カメになりたいと思った子なんていたのだろうか。

だれもが望んだのは、もう少し慎重なウサギ。疾風のごとく足が速くて、ゴール前でうっかり昼寝などしないウサギ。勝つためには、やはり足が速くなければいけないことくらい、みんな知っている。

ところで、この「ウサギとカメ」の物語は、地道な努力の大切さを教えることを意図していながら、結果として、努力というものによくないイメージを与えてしまった。つまり、努力はのろまなやつがすることだが、たまにできるやつがヘマをすると勝利が転がりこむこともある、という印象を与えてしまったのだ。

このような物語の難点は、天賦《てんぷ》の才の持ち主か、才能に恵まれない努力家か、そのいずれかでしかないと思わせてしまうところにあるが、これこそが硬直マインドセットの考え方なのだ。「努力なんて才能に恵まれない人のすること。頑張らなければできないのは能力に欠ける証拠。真の天才ならばおのずとできて当たり前」と、硬直マインドセットの人は思っている。

著述家で、『ニューヨーカー』ライターのマルコム・グラッドウェルによると、私たちの社会では、骨を折って何かをなしとげるよりも、苦もなくあっさりやってみせる方が高く評価されるという。とてつもないことを、こともなげにやってのける超人的能力の持ち主こそが、現代のヒーローなのだ。これぞまさしく、硬直マインドセットの考え方にほかならない。

デューク大学の研究者たちは、「苦労せずに何でも完璧」でありたいと望む女子学生に不安や抑うつが蔓延しているとして警鐘を鳴らしている。彼女たちは泥臭い努力などせずに（少なくとも、そういう臭いを感じさせずに）、美しさ、女らしさ、教養と三拍子そろった女性を演じなくてはいけないと思いこんでいる。

努力の価値を軽んじるのは、アメリカ人に限ったことでない。ワイン醸造所を経営するフランス人、ピエール・シュヴァリエもこう述べている。「あくせく働くなんてフランス人の流儀ではない。商売のコツをつかめば、骨を折らなくてもやっていける」

しなやかマインドセットの人はそうは考えない。天才であっても、何かをなしとげるためには汗を流して努力する必要があると思っている。「才能があるってそんなに偉いこと？」と言うかもしれない。才能があればたしかに素晴らしい。けれども努力を侮ってはいけない。どれほど才能があろうとも、放っておけばそのまんま。努力することによって初めて才能に火がつき、そこから素晴らしい業績が生まれるのだから。

本気で努力するのが怖い

努力は欠陥人間のすることだ、というのが硬直マインドセットの考え方だ。自分の欠点を自覚している場合はともかく、自分を完璧な天才のように思っている場合には、努力などしたら自分の価値を下げることになりかねない。

ナージャ・サレルノ・ゾネンバーグは弱冠10歳でフィラデルフィア交響楽団のヴァイオリン奏者としてデビューした。といっても、優れたヴァイオリン教師、ドロシー・ディレイの指導を受けるためにジュリアード音楽院に入ったときには、まだ、とんでもない癖がたくさんあった。指使いや弓使いもおかしいし、ヴァイオリンの持ち方も間違っていた。けれども、どうしてもそれを改めようとしなかった。何年かすると、他の生徒たちに追い越され、10代の後半には自信を失ってぼろぼろになってしまう。「それまで、成功して当たり前、新聞に神童と書かれて当たり前だと思っていた私が、敗北者の気分を味わうことになった」

この神童は努力することを恐れていた。

「頑張ろうとすると怖くなった。やってみてやっぱりダメだったら、と思うと恐ろしかった。……オーディションを受けて落ちても、本気で挑戦したのでなければ、とことん練習して臨《のぞ》んだのでなければ、全力を尽くしたのでなければ、まだ言い訳ができる。……でも、『自分のすべてを出し切ったのに、やはりダメだった』と言わなくてはならなくなったら、それ以上つらいことはない」

精一杯やってもダメだったら、言い訳しようのない状況に追い込まれたら、という、硬直マインドセットにとって何より恐ろしい不安に駆られた彼女は、レッスンにヴァイオリンを持ってくることすら止めてしまったのだ！

いつか立ち直ることを信じて、何年間もじっと見守ってきたディレイ先生だったが、とうとうある日、こう言いわたした。

「いいですか、来週もヴァイオリンを持ってこなければ、私のクラスから出て行ってもらいます」。サレルノ・ゾネンバーグは冗談かと思った。けれども、ディレイ先生は椅子から立ち上がって穏やかに言った。「私は本気ですよ。才能をみすみす台無しにするような人に協力するつもりはありません。もうやめにしましょう」

なぜ、努力することがそんなに怖いのだろうか。

理由はふたつある。まずひとつには、硬直マインドセットの人は、才能に恵まれている者に努力は不要だと思っている。だから、努力が必要というだけで自分の能力に疑念を抱いてしまうのだ。もうひとつには、サレルノ・ゾネンバーグが述べているように、言い訳のしようがなくなるからである。それほど頑張ったわけでなければ「やればできたはずなのに」と言える。けれども懸命に努力した結果がそうだと、もう何も言い訳はできなくなってしまう。

サレルノ・ゾネンバーグにとって、ディレイ先生に見捨てられる以上に恐ろしいことはなかった。そんなことになるくらいなら、一か八か、死に物狂いで頑張ってみよう。やってみてダメなら潔くあきらめよう——ようやく腹がすわった彼女は、次のコンテストに向け、ディレイ先生について練習をはじめた。生まれて初めて、持てるかぎりの力を注いで練習に励んだ。ちなみに、結果は優勝。当時を振り返って彼女はこう語る。

「ようやくわかったの。大好きなことに努力を惜しんじゃいけない。音楽を愛しているのなら、捨て身で挑まなければいけないんだと」

ほんとうに恐ろしいのはどちらか

心から望んでいることを実現できるチャンスがあるのに何もせずにいるなんて、しなやかマインドセットの人には考えられないことだ。「やればできたのに」なんて、その方がよっぽどつらい。

１９３０年代から50年代にかけての米国で活躍した女性の筆頭といえば、クレア・ブース・ルース。作家・脚本家として名を成しながら、下院議員に二度当選し、イタリア大使も務めた。その彼女がこう語っている。

「私には『成功』という言葉の意味がよくわからない。みんなが私のことを成功者だと言うけれど、いったいどこが成功なのだろう」

公務と私生活のごたごたに追われて、心から愛する脚本の仕事には戻れずじまい。『ウィメン』などの戯曲で大成功を収めていながら、政界の大物になってからはもう、辛辣なセクシーコメディを書いている余裕などなかった。

独創的な作品を生みだすことにこそ最大の価値を置いていたのに、それとは無縁の政治の世界に身を投じてしまった彼女は、来た道を振り返っては、演劇への情熱を追求しなかった自分を許せない気持ちに駆られた。「自伝を書くとしたら、タイトルは『失敗者の自伝』しかないといつも思っていた」

アメリカの女子プロテニス選手、ビリー・ジーン・キング（キング夫人）は、「人生を振り返ったときに何と言いたいか、それですべてが決まる」と言う。

私もその通りだと思う。使わずじまいの才能を大事そうに磨きながら「やればできたのに……」とぼやくのがよいか。それとも、「自分が価値を置くことに全力を注ぎこんできた」と胸を張って言えるのがよいか。よく考えてマインドセットを選びとろう。

もちろん、硬直マインドセットの人だって、次のような教訓をたれる本を読んでいるはずだ。「成功とは自分の最善を尽くすこと。他人に勝つことにあらず」「失敗を嘆くなかれ。失敗こそチャンスなり」「努力こそ成功のカギ」――。

ところが、頭ではわかっても、なかなか実行に移せないのはなぜか。それは、信念の根本にあるマインドセット――硬直マインドセット――がまるで正反対のことを語っているからなのだ。「成功を決するのは才能。失敗は能力が劣る証拠。努力は才能なき者の悪あがき」と。

マインドセットにまつわる疑問に答えます

ここまでの話の中で疑問に思われたことがあるのではないか。それに答えよう。

Q　人間の資質は変えようがないと信じている人は、自分の賢さや才能を一度証明できたら、もうそれでいいのでは？　なぜ、ずっと証明し続けなくてはならないのか。勇敢であることを証明した王子さまは、お姫さまと末永く幸せに暮らしました。毎日ドラゴンをやっつけに行かねばならなかったわけではありません。自分の有能さを証明できた硬直マインドセットの人が、生涯心安らかに暮らせないのはなぜですか？

それは、日々新たな、より手強いドラゴンが現れるからだ。昨日証明した能力では、今日の相手には太刀打ちできないかもしれない。たとえば、代数は解けても微積分は解けなかったり、マイナーリーグではピッチャーが務まってもメジャーではダメだったり、校内新聞にはそこそこの記事が書けても『ニューヨーク・タイムズ』では無理だったり。

毎回自分の力量を示すことにこだわっていたらどうなるだろう。当座は安心した気分になるが、いつまでもたってても堂々めぐり。結局、めざす場所には行き着けずに終わるのではないか。

Q　マインドセットは人となりの一部で、変えようがないのでしょうか、それとも、自分の意志で変えることができるのでしょうか？

マインドセットは性格の重要な一部分だが、自分の意志で変えることもできる。2通りのマインドセットの違いがわかれば、今までとは違った考え方や反応ができるようになる。マインドセットがこちこちのときは、失敗すると自分はもうダメだと思いこんだり、努力が必要になると落ちこんだり、せっかくの学ぶチャンスを逃してしまったり。ところが、マインドセットがしなやかになると、試練をしっかりと受けとめて、失敗から学びつつ、こつこつと努力を続けられるようになる。

それからもうひとつ重要なのは、マインドセットがこちこちの人でも、いつもそうとは限らないということだ。実際、私たちは、マインドセットをしなやかにする研究を数多く行なってきた。たとえば、「能力は伸ばすことができます。この問題にチャレンジすれば頭が良くなります」と教えたり、あるいは、しなやかマインドセットの偉力を伝える科学記事——天賦の才には恵まれずとも素晴らしい能力を発揮した人たちの話——を読ませたりするとどうなるか。その人はマインドセットがしなやかになって、少なくともしばらくの間は、しなやかなマインドセットの人と同じ行動を取るようになる。

最後の章では、マインドセットを変えることに成功した人の話や、マインドセットを変えるために考案されたプログラムを紹介する。

Q　両方のマインドセットが半々という人もいるのでしょうか。私の中には両方が混在しているような気がするのですが？

ほとんどの人が両方のマインドセットを併せ持っている。単純に2つに分けて説明しているのは、話をわかりやすくするためにすぎない。

同じ人でも分野ごとにマインドセットが異なる場合もある。私自身はどうも、芸術的才能に対してはこちこち、知能についてはしなやかな考え方をするようだ。また、性格は変えようがないけれども、創造力は伸ばせると思っているふしがある。**能力は伸ばせると信じている分野の能力は、実際に伸びていく**ことが、私たちの研究からわかっている。

Q　努力の大切さはわかりましたが、失敗するのはどんな場合でも本人のせい、つまり努力が足りなかったからなのでしょうか？

そんなことはない。努力が大切なのは確かだが、だからといって、努力ですべてが解決するわけではない。恵まれた境遇にある人もいれば、そうでない人もいる。

たとえば、お金に余裕のある人や親から経済的援助を受けられる人は、生活のことを気にせずに納得のいくまでチャレンジを続けることができる。十分な教育を受けられる人、知り合いに有力者がいる人、力の入れどころを心得ている人は、同じだけの努力を投じても大きな成果が得られる。財力、教育、人脈が、努力の効果を倍増させるのである。

境遇に恵まれない人は、最善を尽くしているにもかかわらず、さんざんな目に遭うこともある。たとえば、長年実直に勤めてきた地元の工場が突然閉鎖され、その折も折、子どもが病気になって借金を抱えこんでしまう。それに追い打ちをかけるように、妻が子どもたちと請求書類を残したまま、なけなしの貯えを持って家を出て行った——なんてことになったら、もう夜、学校に通うどころではない。

そんなわけで、努力すれば何でもうまくゆくわけではないこと、努力しても同じように報われるわけではないことも心に留めておこう。

Q　しなやかなマインドセットの力で素晴らしい業績を上げ、トップにまで上りつめた人の話をいろいろ聞いてきました。でも、しなやかマインドセットの人が目指すのは、他人に勝つことではなく、自分自身の成長ではないのですか？

トップに上りつめた人の例を取り上げたのは、しなやかマインドセットの偉力を示すため、つまり、**才能は伸ばせると信じていると潜在能力が最大限に発揮される**ことを示したかったからだ。

さらに言うと、勝敗にこだわらず、自分に納得のいく生活を送っている人の例を挙げても、硬直マインドセットの人には説得力に欠けるからでもある。楽しく生きるか、人に勝つか、ふたつにひとつなら、やはり人に勝つ方がよいと思うかもしれない。

しかし何と言っても重要なのは次の点だ。つまり、マインドセットがしなやかな人は、自分のやっていることを愛していて、困難にぶつかってもいやになったりしないことだ。マインドセットのしなやかなスポーツ選手、実業家、音楽家、科学者はみな、自分のやっていることを心から愛していた。それが、硬直マインドセットの人たちとの違いである。

しなやかマインドセットの人には、その道のトップになろうなんて考えてもいなかった人が多い。好きで好きでたまらないことに打ち込んでいるうちに、いつの間にかそうなっていたのだ。何とも皮肉な話だが、硬直マインドセットの人が必死で追い求めているトップの座を、情熱を傾けて取り組んだことの余得として手に入れてしまうのである。

もうひとつ重要なことがある。**硬直マインドセットの人にとっては、結果がすべてなので、失敗したり1位になれなかったりすると、それまでの努力がすべて水泡に帰する。他方、しなやかマインドセットの人は、結果がどうなろうとも、今、力を注いでいることそれ自体に意義**

を見出すことができる。たとえば、ガンの治療法を求めて研究を重ね、結局は有効な治療法が見つからなかったとしても、研究してきたことそれ自体の価値が薄れることはない。

ある弁護士は、預金をだまし取られたと主張する預金者にかわり、州最大手の銀行を相手取って訴訟を起こした。7年の歳月をかけた闘いの末に敗訴したとき、こう語った。「この裁判に悔いはない。どうしても闘うことが必要だったのだから。そうでなければ最初から提訴などしなかっただろう」

Q　出世街道まっしぐらの仕事人間で、マインドセットがこちこちではないかと思われる人を大勢知っています。自分はデキる人間であることをひけらかしたがりますが、仕事は熱心だし、チャレンジ精神も旺盛です。硬直マインドセットの人は努力を嫌うというお話と矛盾しませんか？

硬直マインドセットの人はだいたいが、労せずして成功することを好む。自分の才能を見せつけるにはそれがいちばんだからである。けれどもおっしゃるとおり、人の資質は変わらないと信じ、たえず有能さを示そうとしながらも、精力的に仕事に取り組む人も大勢いる。ノーベル賞に人生を賭けている人や、世界一の大富豪を目指している人はそうかもしれない。目標の達成に必要ならば努力をいとわないのだ。

この種の人たちは、懸命に努力することが能力に欠ける証拠だとは思っていない。けれども、それ以外の硬直マインドセットの特徴はすべて持ち合わせている。たえず才能をひけらかす。才能がある分だけ自分は人よりもエライと思っている。ミスや失敗、批判をひどく嫌う、などである。

ちなみに、しなやかマインドセットの人だってノーベル賞や巨富が嫌いなはずはない。けれども、そういうものを手に入れることで、自分の価値を確認したり、自分の優越を誇示したりしようとは考えない。

Q　自分の硬直マインドセットに不満を感じていない場合はどうなのでしょう。自分にはどのような能力や才能があり、それがどの程度のもので、何ができそうか、そうしたことがよくわかっている場合でも、マインドセットを改める必要があるのでしょうか？

満足しているのならば、どうぞそのままで。本書の目的は、2つのマインドセットとそれが生みだす世界を描きだし、どちらの世界に住みたいかを考えてもらうこと。重要なのは、**マインドセットは自分の意志で選びとることができる**という点なのだ。

硬直マインドセットだと、自分のことがすっかりわかっているような気分になれるので、その方が気が楽かもしれない。どうせ才能がないのだから努力しても仕方ないとか、才能があるのだから必ずうまくいくとか、そんなふうに考えられるからだ。

けれども、硬直マインドセットの落とし穴に注意しよう。自分の才能を過少評価してせっかくのチャンスを逃したり、逆に、才能にあぐらをかいて成功の機会を逃したりということにもなりかねない。

ところで、しなやかマインドセットを選んだからといって、無理して何かを追求する必要はない。能力は伸ばすことができると言っているだけで、実際にどうするかは自分で決めればよいことだ。

Q 努力しだいで自分のすべてを変えられるのでしょうか。変えられる点は何もかも変えようと努力しなければいけないのでしょうか？

能力は伸ばすことができると信じるのがしなやかマインドセットだが、どれくらい伸ばすことができ、どれほど時間がかかるかについては何も述べていない。また、すべてを変えられると言っているわけでもない。好みや価値観など、なかなか変わらないものもある。

変えられる点は何もかも変えなければ、と思う必要はない。だれにでも、どうしようもない欠点がある。自分の人生や他人の生活に差し障りがなければ、あえて変える必要はない。

硬直したマインドセットは成長や変化の妨げになる。マインドセットをしなやかにすれば変化への道が開けてくる。けれども、どの部分を変えるのがもっとも有意義かは、自分で判断すべきことだ。

Q　硬直マインドセットの人は、単に自信不足なだけではないのですか？

ノー。硬直マインドセットの人もしなやかマインドセットの人も、自信の量に違いはない。といっても、それはものごとが順調に運んでいる間だけ。何かに失敗したり、努力が必要な場面に出くわしたりしたとたんに、硬直マインドセットの自信はもろくも崩れ去る。

ジョセフ・マルトキオは、コンピューターの短期訓練コースを受講する従業員を対象にある実験を行なった。受講者の半数には「上達するかどうかは生まれつきの能力によります」と告げて、硬直マインドセットを植えつける。残りの半数には「練習しだいでどんどん上達します」と言って、しなやかマインドセットを植えつける。それぞれのマインドセットが定着したところで訓練に入った。

コンピューター技能にかんする自信の程度を調べたところ、スタート時には両グループで差は見られなかったのに、コース終了時には大きな差が生じていた。しなやかマインドセットの従業員は、学習すればするほどコンピューター技能に自信をつけていった。どんなにミスをしても自信は損なわれなかった。ところが、硬直マインドセットの従業員は、そうしたミスを気に病んで、学習するほどに自信を失っていったのである!

硬直マインドセットの人が自信を守ろうとやっきになるのは、そういうところに原因がある。それほどにもろい自信なのだ。ジョン・マッケンローが言い訳ばかりしていたのも、崩れそうになる自信を何とか食い止めるためだった。

女子ゴルファーのミシェル・ウィーは、ティーンエージャーながら、世界中の一流男子プレーヤーが集まるPGAツアー、ソニー・オープンにエントリーした。硬直マインドセットの人たちはこぞって彼女を止めにかかった。もし手も足も出なかったら、自信を失って立ち直れなくなるかもしれない。あまり若いうちから強豪相手に惨敗を繰り返すと、後で伸びなくなるおそれがある、と。著名なプロゴルファー、ビジェイ・シンは、「勝てない試合に出てもダメージを受けるだけ」とツアー出場を見合わせるよう警告した。

けれどもミシェル・ウィーは承知しなかった。自信をつけようなどとは少しも考えていなかった。「ジュニアトーナメントで一度優勝すると、ジュニアではもう楽に勝ててしまう。だからこのツアーに出場して今後に備えたい」。彼女が望んでいたのは学習体験だった。世界の強豪たちとプレーする実戦の雰囲気をつかんでおこうとしたのである。

試合後、ウィーの自信は少しも揺るがなかった。求めていたものをしっかりつかんで帰ってきた彼女は「世界に伍《ご》して戦えることがわかった」と述べている。勝者の仲間入りをするのはしばらく先のことだが、もう試合の勘をつかんでいた。

何年か前には、世界レベルの競泳選手から次のような手紙をいただいた。

ドゥエック先生

私はずっと、自信が持てなくて悩んできました。コーチにはいつも「100パーセント自分を信じろ。疑念の入りこむ隙を与えるな。自分が人より優れている点だけを考えろ」と言われました。でもどうしても、自分の欠点や、試合で必ずやらかす失敗のことが頭に浮かんでしまう。自分は完璧だと思おうとすればするほど、ますますダメ。そんなとき、先生の本を読んで気づいたのです。失敗から学んで前進することだけに専念すればよいのだと。それ以来、私はすっかり変わりました。欠点があるなら治せばよい。ミスを犯すのを恐れることはない。そう思えるようになりました。それを教えてくださった先生にお礼を言いたくてお手紙を差し上げました。どうもありがとうございました。

メアリー・ウィリアムズ

注目すべきことに、**マインドセットがしなやかならば、必ずしも自信など必要としない**ことが、私の研究から明らかになった。

つまり、得意だとは思っていないことにでも、果敢に飛びこんでいってやり抜いてしまえるのだ。得意ではないからこそ、あえて挑戦しようとすることさえある。これはしなやかなマインドセットの素晴らしい特徴のひとつと言えるだろう。うまくできる自信がなくても、尻込みせずに、楽な気持ちでトライできるのだ。

マインドセットをしなやかにするには？

▼人はみな、学ぶことが大好きで生まれてくるのに、硬直したマインドセットのせいでそれが嫌いになってしまう。さあ、何かを楽しくやっていたときのことを思い出そう。クロスワードパズル、スポーツ、ダンス、なんでもよい。ところが難しくなるといやになって、急に疲れを感じたり、めまいがしたり、退屈になったり、何か食べたくなったりしたのではないか。今度そうなっても、自分を責めないこと。それは硬直マインドセットのしわざなのだから、しなやかなマインドセットに切り替えればよい。**困難に打ち克って何かを学ぶたびに、脳に新たな回路が形成されていく様子を思い描こう。**その習慣を続けていこう。

▼私たちはどうしても、自分を完璧だと思える世界を作り上げたくなる。パートナーを選ぶと

き、友だちを作るとき、人を雇うとき、自分には欠点などないと思わせてくれる人を選ぶこともできる。けれども、それでは人間的な成長は望めない。今度、追従者に取り巻かれたくなったら、あえて建設的な批判を求めるようにしよう。

▼自分の価値がもう決まってしまったように思った経験はないだろうか。テストで赤点を取った、人に冷たくあしらわれた、仕事をクビになった等々。そのことに注意を集中しよう。そのときに湧いてきた感情をすべてもう一度味わおう。さあ今度は、しなやかマインドセットの世界からそれを眺めてみよう。自分の置かれている立場をありのままに認めた上で、自分の知的能力や人間的資質がそれで決まってしまうわけではないことを理解しよう。肝心なのは次の点だ。**その体験から何を学んだか、あるいは学べるか？　どうすればそれを成長に結びつけることができるか？**　そう考える習慣を身につけよう。

▼気分が落ちこんだとき、あなたはどのように行動するだろうか。普段以上に日々の生活をきちんとこなそうとするか、ほったらかしにするか。今度気分が落ちこんだら、しなやかマインドセットに切り替えよう――失敗から学び、試練を受けとめ、それに立ち向かうのだ。努力を重荷と考えずに、何かを生みだす前向きの力だと考えよう。そして行動に移そう。

▼**いつもやりたいと思っていながら、うまくできる自信がなくて、やらずにいたことはないだろうか。それを実行に移してみよう。**

第3章

能力と実績のウソホント

トマス・エジソンの姿をできるだけ具体的に思い描いてみよう。

「どこで何をしていますか」「ひとりですか」――そう尋ねると、たいていこんな答えが返ってくる。

「作業場で装置に囲まれて蓄音機を作ろうと奮闘しています。あっ、音が出ました！　［エジソンはひとりですか？］はい、何を作りたいのかがわかっているのは彼だけですから」

「ニュージャージーのどこかにある、実験室のような部屋で、白衣を着て電球の上にかがみこんでいます。あっ、明かりが点《つ》きました！　［エジソンはひとりですか？］はい、ひとり部屋にこもって機械をいじりまわすのが好きな人ですから」

実際はどうだったのだろうか。記録を調べてみると、想像とはまったく異なる人物で、仕事の進め方もまるで違っていたことがわかる。

エジソンはひとりでいるのを好む人ではなかった。白熱電球の発明のために、熟練科学者を含めた助手を30人も擁し、企業が資本提供する最新技術の実験室で、24時間通して研究を続けることも珍しくなかった。

また、ある日突然、成功を手にしたわけでもない。白熱電球の発明は、素晴らしいアイデアがひらめく瞬間の象徴となったが、実際には発明成功の「瞬間」など存在しない。白熱電球は単一の発明ではなく、多数の発明を組み合わせてできあがったもので、その1つひとつが化学者、数学者、物理学者、技師、ガラス吹き職人たちの努力のたまものなのである。

エジソンは、無邪気に機械をいじくりまわす人でも、浮き世離れした研究者でもなかった。この「メンロパークの魔法使い」は、自分の発明の商業的価値を知り尽くしていた抜け目のない企業家だった。マスコミに取り入るのもうまく、自分の売り込み方を十分に心得ていたので、競争相手を押しのけて単独発明者におさまることもあった。

彼はたしかに天才だった。けれど、最初からそうだったわけではない。

入手できる限りの資料を精査した伝記作家のポール・イスラエルによると、エジソンはあの時代のあの地域に暮らす、まあ普通の少年だったらしい。幼い頃の彼は実験や機械が（たぶん並みはずれて）好きな子ではあったが、メカいじりなら当時の中西部の少年がだれでもやっていたことだ。

彼を最終的に、その他大勢から引き離したもの——それは並みはずれたマインドセットと意欲だった。機械をいじくりながら次々と新しいことに挑戦する少年の好奇心をいつまでも失わなかったのだ。

同世代の若者たちがみな就職してしまった後もずっと、列車に乗って町から町へと移動しながら、電信についてとことん学んでいった。独学と工夫を重ねるうちに電信係に引きたてられるが、それから後も彼の向上心と発明への情熱は尽きることがなかった。

輝かしい能力や業績は神話化されやすい。並みはずれた才能の持ち主が、単独で、突然、驚くべきものを作りだしたように語られる傾向がある。

けれども実際にはそうではない。ダーウィンは名著『種の起源』を書き上げるまでに、チームを組んで何年間もフィールド調査を実施し、同僚や指導者たちと何百回となく議論を交わし、草稿をいくたびか書き直しているのであって、そうした努力がようやく実を結ぶまでに半生を捧げている。

モーツァルトは、10年以上の苦しみの末にようやく、今日たたえられているような音楽を生みだすにいたった。それ以前の作品には、あのような独創性も魅力もなく、他の作曲家のフレーズを借りてきて継ぎはぎしたような曲ばかりだった。

本章では、輝かしい業績を生みだす本当の要素は何なのかを探っていく。周囲の期待ほど能力を伸ばすことができずに終わる人もいれば、予想以上のことをやりとげる人もいる。その違いはいったいどこにあるのだろう。

マインドセットは成績に影響する

モーツァルトだのダーウィンだの、雲の上の人の話はこのあたりで切り上げて、もっと身近なところでマインドセットと成績との関係を考えてみよう。マインドセットがしなやかな生徒がぐんぐん伸びていく様子を見ると、モーツァルトやダーウィンの話を聞く以上に感銘を受ける。自分のことに重ねやすいからだろう。今の自分を考え直してみる参考にもなるし、子どもの可能性を引き出す手がかりにもなる。

私たちは、これから中学に進学するという生徒たちを対象に、マインドセットと成績の関係を調査した。頭の良さは生まれつきだと思っているか、努力しだいで頭は良くなると思っているかを尋ねてマインドセットを判定し、そのあと2年間にわたって、生徒たちの成績や行動を追跡調査したのである。

小学校から中学校への移行期は、多くの生徒が試練を経験する時期だ。学習内容がぐんと難しくなり、成績のつけ方も厳しくなって、手取り足取り教えてはもらえなくなる。同時に、思春期を迎えて大きく変化する自分の身体や役割にうまく対処していく必要にも迫られる。成績の下がる子が少なくない。といっても、みんながみんな下がるわけではない。

私たちの調査で成績が落ちたのは、最初のマインドセットの評価で「硬直」と判定された生徒たちだけだった。中学入学直後から成績が下がりはじめ、2年間にわたって、徐々にだが着実に低下していった。一方、「しなやか」と判定された生徒たちは、2年間ずっと成績がアップし続けた。

中学入学の時点で両群の成績に差はなかった。つまり、小学校の環境では成績にも試験の点数にも違いはなかったのに、中学で難しい問題にぶつかったとたんに、両群の成績に差が現れはじめたのだ。

硬直マインドセットの生徒たちは、成績低下の理由をどう説明しただろうか。「ぼくはバカだから」「私は数学がダメだから」と自分の能力をなじる生徒が多かった。また、そのような気持ちを隠して、「数学の教師はデブでいやなやつ、英語の教師はカッコつけてばかり」「先生の教え方がへたくそだから」と責任を転嫁する生徒も少なくなかった。そんな言い訳をしても道は開けてこないのに。

それに対し、しなやかマインドセットの生徒たちは、同じような不安に苛《さいな》まれながらも、全力で課題と向きあった。もうダメかと思うときもあったが、やるべきことから逃げずに勉強に励んだのだという。

努力しない病

硬直マインドセットの生徒たちは、小学校から中学への移行期を「脅威」と感じていた。実際、硬直マインドセットの生徒にとって、思春期は自分の優劣が決まってしまう審判のときだ。自分は頭が良いか悪いか。美しいか醜いか。スマートかダサいか。勝ち組か負け組か。しかも、マインドセットがこちこちだと、敗者になったら最後、ずっと敗者のままでいるしかない。

当然、思春期の子どもの多くが、あの手この手を使って、学ぶのではなしに自我を守ろうとする。よく使われる手のひとつが努力をしないこと。この年頃には、ナージャ・サレルノ・ゾネンバーグのように、優れた才能があっても努力を止めてしまう子が出てくる。

こうした「努力しない病」は、思春期の子どもが大人からの自立を主張する手段だと考えられているが、それは硬直マインドセットの子どもの自己防衛策でもある。「さあ、おまえを秤《はかり》にかけて能力の程度を調べてやろう」と言ってくる大人に、「そんなことされてなるものか」と抵抗しているのだ。

しなやかマインドセットの生徒たちは、そんな手を使ったりはしない。努力をやめても何の意味もないからだ。しなやかマインドセットの生徒にとって、思春期はまさにチャンスのとき。新しいことを学んで、自分の好きなこと、将来なりたいものを見つける時期なのだ。

私たちは中学生にしなやかマインドセットを植えつけて、その生徒がどうなるかを調査する研究を行なった。それについては後ほどくわしく述べるが、ここでは、マインドセットがしなやかになった生徒に、学習への意欲がよみがえってきたことを伝えておきたい。

ある日、研究に参加してくれる生徒たちにしなやかマインドセットについて説明していると、突如、ジミーという、どうにも無気力で投げやりな生徒が目に涙を浮かべてこう言ったのだ。

「ぼくはバカだと決まったわけじゃないんだね」

その日を境にしてジミーはがらりと変わった。夜遅くまで宿題と格闘するなんて、生まれて初めてのこと。そうやってきちんと早めに宿題を提出するようになったので、返されてから間違いを見直すこともできるようになり、ジミーはめざましい進歩をとげた。それまでジミーは、必死に頑張らないとついて行けないのは恥ずかしいことだと思っていたのだが、頭はそうやって賢くしていくものだとわかったのだ。

高校から大学へ

高校から大学への移行期もまた重大な転機となる。大学には高校の秀才たちが集まってくるので、昨日までのお山の大将が、その他大勢になる。

とりわけ厳しいのが医学生だ。不安と希望が渦まく中、初めて化学を受講する学生たちを追跡した研究のことはすでに前章で紹介した。化学の成績には進学の可否がかかっているので、絶対に落とせない。

学期の初めに学生たちのマインドセットを評価した後、受講中ずっと、成績の推移を追いながら、どのように学習しているかを尋ねた。この調査でもやはり、しなやかマインドセットの学生の方が成績が良かった。試験で一度失敗しても、すぐに立ち直って次の試験に備えることができたのだ。一方、硬直マインドセットの学生は、一度失敗するとなかなか立ち直ることができなかった。

どの学生もよく勉強したが、勉強方法に違いがみられた。大多数の学生がやっているのは、まず教科書と授業ノートを読んで、わかりにくければもう一度読み返し、掃除機さながらに片っ端から丸暗記していく方法である。硬直マインドセットの学生の勉強法はまさにこれだった。それで良い点が取れないと、化学は苦手だと思いこんでしまう。「やれることはすべてやったんだから」と。

とんでもない。しなやかマインドセットの学生の勉強法を知ったらびっくりするのではないか。私ですら驚いたのだから。

しなやかマインドセットの学生は、学習意欲をかきたてる方法を自分で工夫していた。やみくもに丸暗記するのではなく「講義全体のテーマや基本原則をつかむ」努力をし、「ミスしやすいところは完全にマスターできるまで反復学習」した。試験で良い点を取ることにではなく、しっかりと理解することに目標を置いていた。じつは、これこそが良い成績をとれた理由なのであって、もともと頭が良かったわけでも、予備知識が豊富だったわけでもない。

興味気ない授業やわかりにくい授業のときでも、「興味を持とうとした」「前向きな気持ちで授業に臨んだ」「勉強する意欲を失わないようにした」。教科書が退屈であっても、講師の話がつまらなくても、やる気を失わず、その分よけいに自分を発奮させようとしていた。

しなやかマインドセットの学生は、「学ぶ」ことに重きを置いているので、効果的な学習方法をいろいろと試して工夫する。それに対し、硬直マインドセットの学生は、良い成績を取ることばかりに気を取られて、どうしても学習のプロセスをおろそかにしがちなのだ。

だれでもみな「やればできる」のか

マインドセットさえしなやかならば、だれにでも素晴らしい成績が上げられるのだろうか。たとえば、もし地域の底辺校で大学レベルの微積分法を教える機会を得たとしたら、本人のマインドセットと教師の教え方しだいで常識を覆すことも夢ではない、ということになる。

ガーフィールド高校は、ロサンゼルスで最低レベルの高校だった。生徒たちにはやる気のかけらもなく、教師たちは疲れはてていた。ところが、このメキシコ系が多いスラム街の高校に赴任してきた教師、ハイメ・エスカランテは、ためらうことなく大学レベルの微積分法を教えはじめたのだ（映画『落ちこぼれの天使たち』で有名な実話）。しなやかなマインドセットを持つこの教師は、「教えられるだろうか」ではなく「どのように教えたらよいだろう」と考え、「生徒たちに理解できるだろうか」ではなく「どうすれば理解しやすくなるだろう」と考えた。

さらに、同僚のベンヤミン・ヒメネスとも協力して、彼はこの高校の数学のレベルを全米のトップレベルにまで高めた。１９８７年、数学のＡＰ（大学単位認定）テストの受験者数が全米の公立高校中、第４位となる。これは、スタイベサント高校やブロンクス高校など、理数教育に力を入れているニューヨークのエリート校に次ぐものだった。

しかも、ガーフィールド高校生のほとんどが、大学単位認定を受けられる高得点をあげたのだ。この年、メキシコ系アメリカ人で認定を受けられた者は全米で数百名にすぎない。これは裏を返せば、**潜在能力を過少評価され、知能を開花させられずにいる生徒がいかに多いか**ということでもある。

マーヴァ・コリンズの教育法

通常の教育では、みんなに遅れをとった子――たとえば落第した子――には、レベルの低い内容しか教えようとしない。高度なことなど理解できるはずもないし、頭が鈍いのだから同じことを繰り返したたきこむしかないという、硬直マインドセットの考え方からである。けれども、新しいことを学ぶのではなく、すでに習ったことを丸1年かけて繰り返したところで、思わしい結果など得られはしない。

マーヴァ・コリンズのやり方は違っていた。公立学校で落第したシカゴのスラム街の子どもたちを引き取って、才能豊かな子どもと同じように教育したのである。その多くが「学習障害」「発達遅滞」「情緒障害」などのレッテルを貼られた子どもたちで、コリンズのもとに来た当初は何事にも無関心。眼に輝きはなく、表情もどんより暗かった。

小学2年生のクラスを受けもったコリンズが最初に用いたのは、これ以上簡単なものはないというくらい簡単な読み物だった。けれどもその後、アリストテレス、イソップ、トルストイ、シェークスピア、ポー、フロスト、ディキンソンと進んで、学年末には5年生用教科書の半ばにまで到達した。

コリンズはやがて、自ら学校を創設する。『シカゴ・サンタイムズ』のコラムニスト、ザイ・スミスがその学校に立ち寄ってみると、4歳児が「おいしゃさんにみてもらいなさい」「いそっぷのかいたおはなしです」といった文を書き、「二重母音」だの「発音記号」だのとしゃべっているではないか。また、小学2年生の教室では、シェークスピアやロングフェロー、キプリングの一節を暗誦していた。スミスがつい最近訪れた裕福な郊外の高校には、シェークスピアなんて聞いたこともないという生徒がぞろぞろいたのに。「えっ、その高校の生徒たちは、シェークスピアが1564年に生まれて1616年に死んだことも知らなかったの？」とコリンズの教え子のひとりが言った。

コリンズの学校の子どもたちは夏休み中にも膨大な量の本を読んだ。6歳で「発達遅滞」と診断されて入学してきた子が、4年後には、『二都物語』や『ジェーン・エア』など、夏期休暇中に23冊もの本を読破。読み方も深く、よく考えながら読んでいた。3〜4歳児たちがダイダロスとイカロスの物語を読んでいるとき、4歳児のひとりが大きな声で言った。「コリンズ先生、ぼくたちもちゃんと勉強しないと、イカロスみたいにどこかわからないところに飛ばされちゃうよね」。『マクベス』についての熱い議論もごく普通に行なわれていた。

アルフレッド・ビネーは、人の頭脳の質は変えられると信じていたが、それはどうも本当らしい。この子たちは、知識の幅広さから見ても、標準テストの成績から見ても、頭脳の質が完全に変化していた。

著名な教育心理学者、ベンジャミン・ブルームは、ピアニスト、彫刻家、オリンピック水泳選手、世界的テニスプレーヤー、数学者、神経学者など、ずば抜けた実績を持つ120名についての調査を行なった。それによると、その大多数が幼少時には凡庸な子で、本格的な訓練を受けるようになるまで、きわだった才能は見られなかったという。思春期初期の段階でもまだ、将来の成功を予見するのは難しかった。さまざまな人びとに支えられながら、たゆみない努力と精進を重ねてはじめて、頂点にまで上りつめることができたのである。

ブルームはこう結んでいる。「米国および他の国々の学校教育について、40年間にわたる綿密な調査を行なった結果、まず第1にわかったのは、**学習できる環境があるかぎり、世界中のほとんどだれでも能力を伸ばすことが可能だ**ということである」。この中には、重症の障害を持つ2〜3パーセントの子どもと、何もしなくてもできてしまうような1〜2パーセントの子どもは含まれていない。けれどもそれ以外の子はすべて、やればできる、と彼はいう。

現在のレベルと将来の伸び

でもやはり能力差はあるのでは？　テストの点数や成績はその子の能力レベルを示すものでは？　そう思われる方も多いだろう。でも思い出してほしい。テストの点数や成績は、その生徒の現在のレベルを示すものであって、将来どこまで伸びるかを予測するものではない。

ドイツの研究者、ファルコ・ラインベルクは、教師のマインドセットの影響が生徒にどう現れるかを比較検討した。教師の中には、クラスがスタートした当初の学力差がずっと続くと信じている、硬直マインドセットの教師もいる。

「私の経験では、生徒の成績は1年を通してほとんど変わらない」

「生徒の知能がわかれば、学校での成績が正確に予測できる」

「生徒の知的能力に、教師としての私が影響を及ぼすことはない」

こうした教師たちは、硬直マインドセットの考え方で生徒たちを指導していた。そのクラスの生徒はどうなっただろうか。学年の初めに成績良好群にいた子は、学年末にも良好群に、学年の初めに成績不振群にいた子は、学年末にも不振群にいた。

それに対し、どんな子でも学力を伸ばすことができると信じている教師たちは、しなやかマインドセットの考え方で生徒たちを指導した。すると、そのクラスでは不思議なことが起こった。学年の初めに成績良好群、不振群のいずれにいたかに関係なく、どの子もみな学年末には成績良好になっていたのだ。

このような結果を見るととても勇気づけられる。やればできるという信念を持って指導にあたった教師のもとでは、生徒の学力差がなくなっていった。それは、その教師たちが「できない」生徒の心をとらえて動かす方法を心得ていたからである。

芸術的才能は天賦のものか？

知能は生まれつきだと思っていても、訓練しだいで伸ばせますと言われれば、そうかなとも思う。知能には言語能力、理数能力、論理的思考能力などいろいろな側面があるので、どれか1つくらいは伸ばせるような気がしないでもない。けれども、芸術的才能はやはり天賦の才ではないだろうか。たとえば、絵を描くのが生まれつき上手な人と下手な人とがいるのではなかろうか。

『脳の右側で描け』（河出書房新社）を読むと、そんな思いは吹き飛んでしまう。この本には、著者ベティ・エドワーズの短期デッサン講座に参加した人たちの受講前と後の自画像が、掲載されている。左側が講座初日に描いたもので、右側が5日後の講座終了時に描いたものだ（次頁参照）。

驚くべき進歩ではないだろうか。初日の絵を見るかぎりでは、それほど芸術的才能に恵まれた人たちには思えない。ところがほんの数日間の訓練で、全員がこんなに腕を上げるとは！　上手な作品だけを選んで載せたわけではない、とエドワーズは念を押している。それにしても、こんなに上達するものなのだろうか。

エドワーズも認めるように、大多数の人が、デッサン力は選ばれたひと握りの人だけが操れる、または操れるようになる魔法の力だと考えている。けれどもそれは、デッサン力の要素を——それが習得可能なものだということを——理解していないからなのだ。それは描くスキルではなく、見てとらえるスキルなのだとエドワーズは言う。線の角度、空間、位置関係、陰影

明暗、そして全体をとらえる力。そういった個々のスキルを習得した上で、それらを同時に働かせることができてはじめて絵が描ける。日々の暮らしの中でこうしたスキルを自然に身につけてしまう人もいれば、努力して学びとって、統合しなければならない人もいる。けれども、受講後の自画像を見ればわかるとおり、それはだれにでもできることなのである。

つまりこういうことだ——訓練をほとんど、あるいはまったく受けなくてもできてしまう人もいるが、だからといって、それ以外の人は訓練を受けてもできないというわけではない（場合により、もともとできた人よりもはるかにうまくできるようになる）。この点をしっかり心に留めておく必要がある。なぜなら、初期の作品を見ればもう、その人の才能や将来性までがわかると思いこんでいる、硬直マインドセットの人があまりにも多いからである。

危険なほめ方——優秀というレッテルの落とし穴

「やればできる、自分にはそれだけの潜在能力があるのだから」という気にさせるにはどうすればいいのだろう。「頑張ってみよう、自分にはそれだけの価値があるのだから」と思わせるにはどうすればいいのだろう。ほめればいいのだろうか。

私たちの調査では、8割以上の親が、子どもに自信をつけさせて成績を伸ばすには、子どもの能力をほめる必要があると答えている。その考え方にはたしかに一理ある。

けれども本当にそれでいいのだろうか。これまで見てきたとおり、硬直マインドセットの子はすでに、自分の能力に関心が向きすぎるくらい向いている。「自分は頭が良いだろうか」「賢く見えるだろうか」と。もしここで能力をほめたら、ますますそこに関心が集中してしまうのではないだろうか。「重要なのは能力があるかどうか」「成績から潜在能力までもわかる」とわざわざ告げているようなもの。それはとりもなおさず、硬直マインドセットを刷りこむことではないだろうか。

作詞・作曲家のアダム・ゲッテルは、ブロードウェイ期待の新星と呼ばれてきた。彼は『オクラホマ！』や『回転木馬』のような名曲を残した作曲家、リチャード・ロジャーズの孫にあたる。息子の才能をほめちぎる母親をはじめ、だれもがこぞってゲッテルをほめそやす。『ニューヨーク・タイムズ』の論評でも「大型新人の才能を見せつけてくれる」と絶賛された。だがはたして、このような賛辞によって人は勇気づけられるものなのだろうか。

この疑問に答えるべく、思春期初期の子どもたち数百人を対象に実験を行なった。まず生徒全員に、非言語式知能検査のかなり難しい問題を10題やらせた。ほとんどの生徒がまずまずの成績。終わった後でほめ言葉をかけた。

ほめるにあたっては生徒を2つのグループに分け、一方のグループではその子の能力をほめた。「まあ、8問正解よ。よくできたわ。頭がいいのね」といったぐあい。そう言われた子どもたちは、アダム・ゲッテルと同じく、有能というレッテルを貼られたことになる。

もう一方のグループでは、その子の努力をほめた。「まあ、8問正解よ。よくできたわ。頑張ったのね」といったぐあい。自分には何か優れた才能があると思わせないように、問題を解く努力をしたことだけをほめるようにした。

グループ分けをした時点では、両グループの成績はまったく等しかった。ところが、ほめるという行為をおこなった直後から、両グループの間に差が出はじめた。懸念されたとおり、能力をほめられた生徒たち〈能力群〉と呼ぶことにする）は、たちまち、硬直マインドセットの行動を示すようになったのだ。次に取り組む問題を選ばせると、新しい問題にチャレンジするのを避けて、せっかくの学べるチャンスを逃してしまった。ボロを出して自分の能力が疑われるかもしれないことは、いっさいやりたがらなくなったのである。

努力をほめられた生徒たち〈努力群〉と呼ぶことにする）は、その9割が、新しい問題にチャレンジする方を選び、学べるチャンスを逃さなかった。

次に、生徒全員になかなか解けない難問を出した。〈能力群〉の生徒たちは、自分はちっとも頭が良くないと思うようになった。頭が良いから問題が解けたのだとすれば、解けないのは頭が悪いからということになる。

〈努力群〉の生徒たちは、当然のように、なかなか解けないのだから「もっと頑張らなくちゃ」と考えた。解けないことを失敗とは思わず、自分の頭が悪いからとも考えなかった。

ところで、生徒たちは問題を解くことを楽しいと感じていただろうか。問題がうまく解けたあとは、全員が楽しいと答えたが、難問を出されたあと、〈能力群〉の生徒たちは面白くないと答えるようになった。自分は頭が良いという評価が崩壊の危機に瀕しているときに、どうして楽しいなんて思えるだろうか。

〈努力群〉の生徒たちは、難問を出されてもいやになったりせず、むしろ難しい問題の方が面白いと答える子が多かった。

では、問題の出来はどうだっただろうか。難問が出されてから、〈能力群〉の生徒の出来はガクンと落ち、その後ふたたびやさしい問題が出されても成績は回復しなかった。自分の能力に自信が持てなくなり、スタート時よりもさらに成績が落ちてしまったのだ。一方、〈努力群〉の生徒の出来はどんどん良くなっていった。難問に挑戦したことでスキルに磨きがかかり、その後ふたたびやさしい問題が出されたときにはすらすら解けるようになっていた。

この調査は知能検査の問題を用いて行なっているので、**能力をほめると生徒の知能が下がり、努力をほめると生徒の知能が上がったことになる。**

ところで、このほめ方の影響力の調査から、もうひとつショッキングな事実が明らかになった。生徒全員に「私たちはこれから他の学校に行きます。その学校の生徒に、どんな問題が出たかを教えてあげてください」と言って紙を配った。その紙には自分の得点を書きこむ欄も作っておいた。

信じがたいことに、〈能力群〉の生徒の4割近くが、得点を高めに偽《いつわ》って書いていた。硬直マインドセットの子にとっては、間違えるのは恥ずかしいことなのだ。頭が良いのなら、なおのこと。それで点数をごまかしたのである。「頭が良い」と言われると、普通の子どもでもウソをつくようになったことに不安を抱かざるをえない。

子どもに「あなたは頭が良い」と言ってしまうと、その子は自分を賢く見せようとして愚かなふるまいに出るようになる。私たちはそんなことを望んで「頭が良い」「優秀」「才能がある」とほめるわけではない。子どもからチャレンジ精神を奪い、成功への道を閉ざしてしまおうなんて、そんなつもりは毛頭ない。けれども、実際にはそういう結果につながる危険をはらんでいるのである。

私の研究を読まれた方からお便りをいただいた。

ドゥエック先生

先生の論文を読むのはつらかった……まさに私のことが書かれていたからです。

子どものころ、私は英才児協会の会員で、いつも頭が良いとほめられていました。能力への期待に応えられないまま、はや49歳。でもようやくひとつの仕事に打ち込めるようになってきました。失敗しても自分をダメな人間と決めつけず、それを糧にして技能を磨いていけばよいのだということもわかってきました。新たな角度から自分を見られるようになったのは、先生のおかげです。

セス・アブラムズ

優秀な子というレッテルの落とし穴について述べてきたが、それにはまらないようにする方法もある。のちほど、第7章でもう一度、この話題を取り上げる。

ネガティブなレッテルほど強くはびこる

私は昔、数学がものすごく得意だった。高校時代には代数で99点、幾何で99点、三角法で99点を取り、数学クラブにも所属していた。空軍の視空間能力試験で男子をしのぐ成績をあげたものだから、それから毎年、私のもとに空軍の募集要項が送られてくるようになった。

ところがちょうどその頃、ヘルマン先生という、女子に数学はできないと信じている先生に教わるようになって、私の成績は落ち、以来ずっと数学から遠ざかっている。苦手のレッテルを貼るのが良くないことはだれでも知っている。けれども、その影響力の根深さはあまり認識されてない。

たとえば、アフリカ系アメリカ人は知能が低いと思われ、女性は数学や理科が苦手とされている。このような型にはまった一般通念《ステレオタイプ》は、本人が気づかないうちに心の中に忍びこむらしい。クロード・スティールとジョシュア・アロンソンの研究によると、人種や性別のチェック欄に印をつけただけでも、心に染みついたステレオタイプが呼びさまされて、試験の成績が下がるという。自分は黒人（あるいは女性）であると意識させるようなことはすべて、黒人（あるいは女性）には苦手とされる科目の試験成績を大幅に下げてしまうのだ。しかし、ステレオタイプが喚起されなければ、黒人と白人、女性と男性の試験成績に差は生じないことが多数の研究から明らかになっている。

なぜこのようなことが起こるのだろう。ステレオタイプが呼びさまされると、その通りになるのではという不安が生じて心が動揺する。通常、本人はそのことに気づいていないが、もはや試験でベストを尽くせるほどの精神力は残されていない。

といっても、だれもがこうした影響を受けるわけではない。影響されるのはだいたいが硬直マインドセットの人たちだ。「おまえは一生、能力の劣った集団の一員だ」というメッセージに、硬直したマインドセットの人だけが共鳴してしまうのである。

つまり、マインドセットがこちこちだと、どんなレッテルを貼られても平静ではいられないわけだ。優秀というレッテルを貼られたら貼られたで、それがはがれたらどうしようかとおびえ、ネガティブなレッテルを貼られたら貼られたで、その通りだったらどうしようかと恐れる。

これが、マインドセットがしなやかならば、そうしたレッテルに振りまわされることはない。一般通念などはね返してしまえるからだ。しなやかマインドセットの人は、自分は一生ダメだなんてけっして考えない。たとえ今はダメでも、努力すればきっと苦手や欠点を克服できると信じている。

しかも、マインドセットがしなやかならば、不利な立場におかれても、そこから吸収できること、吸収すべきことを吸収して成長の糧にすることができる。それを示す実験結果もある。私たちはアフリカ系アメリカ人の学生に、論文コンテストに出す小論を書いてもらって提出させたあと、それを審査するのはアイビーリーグの有名教授で白人体制派の代表格、エドワード・コールドウェルであることを知らせた。

コールドウェルの審査評は辛辣《しんらつ》だがたいへん示唆に富むもので、学生たちの反応はさまざまだった。硬直マインドセットの学生たちは、彼の評価を脅しや侮辱あるいは攻撃だと見て、まったく受けつけようとしなかった。

たとえば、ある硬直マインドセットの学生はこう述べている。「偏見に満ちていて、公正に見てくれない。私を嫌っているんです」

こう述べた学生もいる。「もったいぶったいやなやつ……ケチをつけたくてアラ探しをしたのだと思う」

評価に難癖をつけた学生もいる。「論旨明快な私の主張を理解してくれない。じっくり読んでくれないから曖昧だと感じるんじゃないですか。彼は独創的な意見を嫌ってますよ」

コールドウェルの審査評から何かを学びとろうとした者はひとりもいなかった。

一方、しなやかマインドセットの学生たちは、やはり彼のことをうっとうしく思いつつも、その審査評には一目置いていた。

「評価をもらうまでは、横柄で押しつけがましい人かと思っていました。「評価を受けてからは?」まず思い浮かぶのが『公明正大』という言葉……新たな課題を提示されたような気がします」

「傲慢《ごうまん》で威圧的で、相手を見下すような人だという印象を受けた。「評価については?」評価は正当で的確だと思う。より良い小論を書くための刺激になります」

「尊大なまでにプライドの高い人らしい。「評価は?」辛辣きわまりないけれど、明快でとても参考になるし、学ぶところが多いと思います」

マインドセットがしなやかなアフリカ系アメリカ人の学生たちは、エドワード・コールドウエルをも目標に近づくための戦力にしていた。教育を得るために大学に来ている以上、評者の人柄がどうであれ、吸収すべきものは吸収しようとしたのである。

帰属感と疎外感

ステレオタイプの見方は、人の能力を損なうだけではなく、「ここは自分のいるべき場所ではない」という疎外感で人をつぶしてしまう。大学を中途退学するマイノリティや、理数科目についてゆけなくなる女子学生の多くは、能力そのものにではなく、疎外感や違和感にドロップアウトの原因がある。

どうしてだろうか。それを突きとめるために、微積分コースを取っている女子学生の意識を追跡調査した。この講座の成績は、数学や数学にかかわる職業の適性を判断する材料に使われることが多い。受講中、女子学生たちに、数学に対する感情（数学のことを考えると楽しくなるか、不安になるか、数学を得意だと思っているか、苦手だと思っているか）や帰属感（クラスに溶けこんでいるか、浮いている気がしているか）を報告してもらった。

努力しだいで数学の力は伸びると信じているしなやかマインドセットの女子学生たちは帰属感がかなり強くて安定していた。周囲から、女子は数学が苦手だと思われているのを感じても、その帰属感が薄れることはなかった。ある学生はこう語っている。「新しい解法を用いて解いているのに、女子だからと、不正解にされてしまいました。どうも納得がいかず、論証の正しさを認めてくれない講師に不満を感じました。でも、仲間同士で励ましあい、斬新なアイデアを出しあっては議論したので、楽しく学ぶことができました」

ステレオタイプの見方をされて不愉快な思いはしても、それが疎外感や自信喪失につながることはなかった。一般通念をはね返すことができたのである。

ところが、硬直マインドセットの女子学生たちは、授業が進むにつれてますます帰属感が薄れていった。授業中に女子は数学が苦手だと思われているのを感じれば感じるほど、学習意欲がしぼんでいった。

その理由について、ある学生はこう述べている。「授業で正解するといつも教授に『よく当たったねえ』と言われるので、何だかバカにされている気がしました」

マインドセットがこちこちだと、一般通念に引きずられて、自分はこんなものと思ってしまい、その結果、やる気や自信がそがれていったのだ。一般通念に引きずられる本人が悪いと言うつもりはない。偏見は、根の深い社会的問題であり、その犠牲になっている人たちを責めようとは思わない。ただ、マインドセットがしなやかならば、周囲からどう見られていようとも、それをありのままに認めた上で、自信や能力を損なうことなくその偏見に立ち向かっていくことができるのだ。

他人の評価を真に受けてしまう

女性の多くはステレオタイプの見方に影響されているだけでなく、他人の評価を真に受けやすいという欠点をも抱えている。

能力が高く、成績優秀な女性には、叩かれるとすぐにへこんでしまう人が多い。なぜだろう。こうした女性たちほど幼い頃、だいたいがお利口さんで、みんなからほめられて育ってきた。お行儀がいいわね、なんて可愛いんでしょう、よくお手伝いするのね、ものわかりのいい子だ、等々。こうした女の子たちは他人の評価を疑うことを知らずに育つ。

「いつもみんながほめてくれるのだから、もし批判されたら、私が悪いにちがいない」と思ってしまうのだ。米国の一流大学の女性たちでさえ、他人の評価は自分の能力をはかる良い目安になる、と述べている。

男の子はしょっちゅう叱られたり、お仕置きされたりしている。小学校の教室で観察したところ、男の子が叱られる回数は女の子の8倍に上った。男の子は仲間同士でもしじゅうバカだのアホだのと言いあっていて、それに慣れっこになっている。

私は以前に、男性の友人から「バカ」と言われてショックを受けたことがある。彼を夕食に招いたとき、食事中、ブラウスに食べ物をこぼした私を見て、彼が「バカじゃないの」と言ったのだ。そのとき初めて気づいたのだが、それまで私にそんなことを言う人はひとりもいなかったのである。男同士ではいつもそういう言葉をぶつけあっている。冗談とはいえ、言われて嬉しかろうはずがない。けれどもそのおかげで、他人の評価をそのまま真に受けたりせず、自分でよく考え直すようになる。

成功の頂点をきわめた女性でさえ、他人のちょっとした言動がもとで自己不信に陥ることがある。フランシス・コンリーは世界的な脳神経外科医で、米国のメディカルスクール（医学部大学院）の脳神経外科で終身在職権を得た初の女性でもある。そんな彼女でさえ、男性の同僚や助手たちがふともらす言葉のせいで自己疑念に駆られることがある。ある日、手術中に男性スタッフから「ハニー」と呼ばれた彼女は、言葉につまって考えこんだ。「ハニーだなんて、しかもこんな場で。私は執刀医としての技量を認められているのだろうか」

マインドセットがこちこちで、ステレオタイプに影響されやすい人が、他人の評価を真に受けるとどうなるか――女性が男性より理数科目に弱い理由はこのへんにあるのかもしれない。

こうしたハンデが如実に現れているのがハイテク業界である。コンピューター技師を志すジュリー・リンチは、中学生の頃からコンピューターのプログラムを書いていた。父親も2人の兄もテクノロジー業界で活躍しており、自分もそうなるのが夢だった。ところが、プログラミングの講師にさんざん難癖をつけられる。彼女の書いたプログラムは支障なく動いたのに、ショートカットを用いたことが講師の気に入らなかったのだ。彼女のコンピューターへの関心は消え失せてしまい、結局、レクリエーションやPRの道に転向していった。

数学や科学の世界は、女性にもっと門戸を広げていく必要がある。一方、女性の側も、このような分野で正当な職を得るためには、できるかぎりしなやかなマインドセットで臨むことが求められる。

マインドセットをしなやかにするには？

▼あこがれの人物を思い浮かべよう。その人は、ほとんど努力せずに、何でもできてしまう、驚異的な能力の持ち主だと思ってはいないだろうか。実際はどうか？　その業績の陰にとてつもない努力があったことを知ろう。そして、その人をいっそう素晴らしいと感じよう。

▼人が自分より優れた業績をあげたときのことを思い出そう。その人は自分よりも頭が良くて才能が豊かだから、そうしたことができたのだと思ったのでは？　次からは、才能の差ではなく、やり方が優れていたから、研究熱心だったから、懸命に練習したから、つまずいても挫《くじ》けなかったからできたのだと考えよう。あなたもやる気を出せば同じことができる。

▼どうせダメだとあきらめて、頭を働かせるのをやめてしまうことはないか？　今度そういう気持ちになったら、しなやかマインドセットに切り替えてみよう。結果を気にするのではなく、学んで向上していくことに関心を向けよう。

▼わが子にレッテル貼りをしてはいないだろうか？　この子には芸術的才能がある、この子には科学者の素質がある、などとほめることが必ずしも良い結果をもたらすとは限らないことに注意しよう。私たちの研究では、子どもの能力をほめると知能検査の得点を下げる結果になった。子どものマインドセットをしなやかにするようなほめ方を考えよう。

▼ネガティブなレッテルを貼られた集団のメンバーが、世の中の半数以上を占めている。まず女性しかり、何かの能力が劣るとされる集団のメンバーはみなそうだ。そのような人たちにとって大きな力となるのが、しなやかマインドセットである。マインドセットがしなやかならば、ステレオタイプな見方をされても、学習への意欲は損なわれない。大人、子どもを問わず、周囲の人びとがみな、しなやかなマインドセットで暮らせる環境を作っていこう。

第4章

スポーツ——チャンピオンのマインドセット

スポーツは素質だ、とだれもが思っている。専門家でさえ、というよりも、専門家ほど素質を重視する傾向がある。実際、アスリートらしい体形と身のこなしでファインプレーを見せてくれる選手には「天性」のものを感じずにはいられない。大勢のスカウトやコーチが逸材の発掘に奔走し、どのチームも莫大な契約金を積んで選手の獲得合戦にしのぎを削るのも、天賦の才を信じるからこそだと言えるだろう。

ビリー・ビーンは生まれながらのスポーツマンだった。だれもがベーブ・ルースの再来と信じて疑わなかった。でも、彼にはひとつ欠けているものがあった。それはチャンピオンのマインドセットである。

マイケル・ルイス著『マネー・ボール』（ハヤカワ・ノンフィクション文庫）によると、ビーンは高校2年生のとき、バスケットボールチームで得点王に輝き、フットボールチームでクォーターバックを務め、野球チームで最優秀打者に選ばれ、米国有数の高校野球リーグで打率5割を記録した。十分才能に恵まれている選手だった。

ところがビーンは、ちょっとでも思い通りにいかないことがあると、八つ当たりして物を壊す癖があった。「負けず嫌いというよりも、負け方を知らなかった」のである。

野球界に入り、マイナーリーグからメジャーに昇格するにつれて、事態はますます悪くなった。打席に立つたびに惨憺《さんたん》たる結果に終わり、屈辱は募る一方だ。打ちそこねるたびに彼は取り乱した。あるスカウトはこう語る。「ビーンは、絶対にアウトになっちゃいけない、失敗しちゃいけないと思っていたんだ」。どこかで聞いたことのある言葉ではないだろうか？

ビーンは前向きに対処したのだろうか？

ノー。なぜなら、ビーンは硬直マインドセットの典型だったからである。天賦の才に努力は無用、努力なんて凡人のすること。努力に頼るのは天才の恥、それは欠陥を認めるようなもの——硬直マインドセットの人は、欠点を分析して練習でそれを克服する、なんてことはしない。そもそも、欠点があることさえ認めようとしないのである。

マインドセットがこちこちのビーンは、才能が仇《あだ》になって身動きがとれなくなってしまった。結局、マインドセットの呪縛から逃れることができないまま、選手生活を終えることになるが、その後、メジャーリーグの球団幹部として信じられないような快挙を成し遂げる。いったいその間に何があったのか。

マイナーリーグでもメジャーリーグでも、ビーンと生活をともにし、隣同士のポジションを守っていた選手がいる。レニー・ダイクストラである。ダイクストラは肉体面の資質ではビーンに遠く及ばなかったが、ビーンの方は、ダイクストラを畏敬の念で眺めていた。ビーンは後にこう語っている。

「彼には失敗という概念がなかった……ぼくとはまるで正反対だった」

ビーンはさらにこう語る。「ぼくにもだんだんと、野球選手とはどういう人間なのかがわかってきた。そして、自分にはその適性がないことも。適性があるのはレニーの方だった」

経験を重ね、考えを深めるうちに、才能よりもマインドセットの方が重要だということがビーンにもわかってきたのである。やがて、球団経営とスカウト戦略に新機軸を打ち出そうとするグループの一員となったビーンは、その確信をいっそう強めていく。チームの得点力を向上させるには、スター選手を集めるよりも、打者が順々に自分の役割を果たしながら、次へとつなげていくやり方を徹底させる方がはるかに有効である、と。

こうした信念を持ってオークランド・アスレチックスのゼネラルマネージャーとなったビーンは、2002年、シーズン103勝をあげて、チームをリーグ西地区優勝に導き、さらにアメリカンリーグの連勝記録に迫った。野球界で最下位から2番目の貧乏球団が成し遂げた快挙だった！　才能ではなく、マインドセットを買う方針が成功をもたらしたのである。

素質——目に見えるものと見えないもの

肉体的な資質は知的な能力とはちがって目に見える。体の大きさも、体つきも、俊敏かどうかも、見ればすぐに分かるし、練習や訓練の様子も、その成果も目に見える。次のような選手たちの活躍を目の当たりにすれば、素質神話が払拭されるのではないだろうか。

米プロバスケットボール（ＮＢＡ）で活躍した身長１６０センチのマグシー・ボーグス。ニューイングランド・ペイトリオッツやサンディエゴ・チャージャーズでプレーした小柄なクォーターバック、ダグ・フルーティー。隻腕の大リーガー、ピート・グレイ。体格には恵まれなかった史上屈指のゴルファー、ベン・ホーガン。子どものときに脚に重症の火傷を負いながらも最強のランナーとなったグレン・カニンガム。敏捷性には欠けていながら素晴らしい活躍をしたラリー・バード——。彼らのように素質に恵まれなくとも輝かしい実績をあげた選手たちは、何か重要なことを教えてくれているのではないだろうか。

ボクシング専門家は、素質ある選手を見つけようとするとき、「巻尺が語る《テイルズ・オブ・ザ・テープ》」という言葉どおり、握り拳《こぶし》、腕のリーチ、胸幅、体重など身体測定値を目安にしていた。モハメド・アリはいずれも不十分で、どう見ても素質がありそうになかった。スピードだけは抜群だったが、優れたファイターの肉体にはほど遠く、パンチの強さに欠け、動きも正統派ではなかった。

実際、アリのボクシングスタイルは基本からまるで外れていたのだ。

たとえば、腕や肘《ひじ》でパンチをブロックするのではなく、まるでアマチュアのようにパンチを連打して反撃した。手の位置が低いので顎《あご》は無防備だったし、繰りだされるパンチをかわすときは、頭を左右に動かすのではなく、上体を後ろに反《そ》らすようにした。アリの評伝を書いたホセ・トーレスはその様子を、「線路の真ん中にいる人が、迫って来る列車を避けようとして、線路のどちらかによけるのではなく、逆方向にバックするようなもの」と形容している。

アリの挑戦相手、世界チャンピオンのソニー・リストンは天性のボクサーで、体の大きさ、強さ、試合経験と、すべてが揃った伝説のファイターだった。だれが見てもアリに勝ち目はなかったので、対戦の日の観客の入りは少なく、アリーナは半分も埋まらなかった。

けれども、アリには電光石火のすばやさに加えて抜群の頭脳があった。筋力だけに頼らずに知力で勝負した。相手の心の動きを読んで、その急所を衝《つ》こうとしたのだ。リストンの拳闘スタイルを研究したのはもちろんのこと、リングの外のリストンがどんなタイプの人間かも細かく観察した。「インタビュー記事はすべて読み尽くし、彼の周囲にいる人や、彼と喋ったことのある人に話を聞いて回った。毎晩ベッドに入ってから、それをみんな足し合わせて、リストンがどんな戦法で来るかを予測した」。その上で闘いに臨んだのである。

アリの勝利はボクシング史上、画期的な出来事だった、ある有名なボクシングジムマネージャーは次のように語っている。

「アリは矛盾をはらんだファイターでした。リング上での肉体パフォーマンスはとても正統とはいえない……けれども、頭では絶えず相手を的確に読んでいました。アリは、私たちに」マネージャー氏はにっこりとほほ笑み、人差指で自分の額をつつきながら「勝利はここから来ることを証明したんですよ」と言い、さらに両手の握り拳を挙げて「ここからじゃないんだ、とね」と語った。

それでも、肉体的資質を偏重する人々の考え方は変わっていない。後から振り返って、やはりアリには偉大なボクサーの肉体が備わっていた、などと考える。鋭い頭脳のことは忘れて、彼の偉大さはやはりその肉体にあったのだと思ってしまうのである。そして、専門家が最初にその偉大さを見抜けなかった理由を理解できずにいる。

史上最高の努力型アスリート、マイケル・ジョーダン

マイケル・ジョーダンも、生まれつきの天才ではなかった。おそらくスポーツ史上、前代未

聞の努力型アスリートだろう。

マイケル・ジョーダンが高校代表のバスケットボールチームのメンバーに選ばれなかった話は有名だ。彼を外したコーチは何を考えていたのだろうと思ってしまう。大学進学の時期になっても、彼の憧れのノースカロライナ州立大学からの誘いは来なかった。州立大はなんて惜しいことをしたのだろう。そして、NBAのドラフト指名権2位までのチームは彼を指名しなかった。とんだ失敗をやらかしたものだ。

今の私たちは、ジョーダンが史上最強のバスケットボール選手であることを知っているから、なぜそれを見抜けなかったのだろうかと不思議に思う。でもそれは、あの「マイケル・ジョーダン」として見るからで、当時はまだ、ただのマイケル・ジョーダンにすぎなかった。

高校代表のバスケットボールチームに入れなかったジョーダンは、がっくりと打ちのめされた。母親は「練習して鍛え直しなさいと言い聞かせたんです」と当時を振り返る。彼はその言葉に従い、毎朝6時に家を出て、始業前の早朝トレーニングに励んだ。

ノースカロライナ州立大学に進学してからも、ディフェンス面やボールの扱い、シュート技術といった弱点の克服に絶えず努めた。どの選手にもまして積極的に厳しい練習に励むその姿にコーチは感心するばかりだった。

シーズン最後の試合で敗北を喫した後に、何時間もシュート練習を繰り返したこともある。

翌年に備えようとしたのだ。成功と名声の頂点に上りつめ、天才プレーヤーと言われるようになってからもなお、粘り強く練習を続けたことが伝説として語り継がれている。ブルズの元アシスタントコーチ、ジョン・バックは彼を「天賦の才を常に磨こうと考える天才」と評した。

成功は精神的な要素によるところが大きいとジョーダンは考える。「精神的な強さと熱意は、さまざまな身体能力よりもはるかに大きな力を発揮する。ぼくはいつもそう言ってきたし、いつでもそう信じてきた」。ところが、他の人々はそうは考えない。マイケル・ジョーダンに、おのずとみごとなプレーが生まれる完璧な肉体を見てしまうのである。

大の練習好きだったベーブ・ルース

ベーブ・ルースの場合はどうだろう。彼はどう見ても理想の肉体にはほど遠い選手だった。世に知られる旺盛な食欲とヤンキースのユニフォームからはみ出すでっぷりした腹。あれで天才をもしのぐ活躍をしたのではないか。一晩中飲み騒いだ翌日、ふらりとバッターボックスにやってきてホームランをかっ飛ばしたのではないか。

彼もやはり生まれつきの天才ではなかった。プロ入り当初のベーブ・ルースはあれほどの好打者ではなかった。たしかにパワーにはあふれていた。毎回全力でフルスイングするバットから生まれるパワーは凄《すさ》まじく、それがヒットにつながったときの威力は息を呑むばかり。けれども、まるで確実性に欠けていた。

ベーブはたしかに、肝をつぶすほどの酒豪で、あきれるほどの大食漢だった。膨大な量の食事をした後に、デザートのパイを丸ごとひとつでもふたつでも平らげた。けれども、節制すべきときにはそれができる選手だった。

冬季のシーズンオフ中には、ジムで厳しいトレーニングに励み、コンディションをすっかり整えて開幕に備えていた。1925年のシーズンには、もうダメかと思われるほどの惨敗を経験するが、その後、徹底的に鍛え抜いて復活。1926年から1931年にかけて、打率3割5分4厘、1シーズン平均本塁打50本、打点155を記録した。

彼の伝記を書いたロバート・クリーマーはこう述べている。「ルースの猛打ぶりは、野球史上類を見ないものだった。……いったん灰となった不死鳥ベーブ・ルースは、ロケットのような迫力で大空に飛び上がっていった」

しかし、その陰には鍛錬の日々があったのだ。

彼もやはり大の練習好きだった。ボストン・レッドソックスに入団した彼が、ルーキーの投手であるにもかかわらず毎日バッティング練習をしたがるので、古参の選手たちが辟易したほどだ。ベーブは後に出場停止処分を受けるが、そのとき彼にとって苦痛だったのは、出場停止そのものより、練習をも禁じられたことの方だった。

投手という立場が彼の打撃力を引き出したのだとタイ・カップは言う。投手であることがなぜバッティングに役立つのか？

「バッターボックスに立って自由に打ってみることができたから」だとカップは言う。「投手ならば、三振しようが凡打しようが、だれも気にしない。だからルースは思いっ切り振ることができた。失敗してもどうってことはない。……そのうちにめきめきと、あの大きなスイングをコントロールしてボールをミートするわざを習得していった。そして、レギュラーの外野手になる頃にはもうすっかり安定した打撃力を身につけていた」

こういう話を聞いてもなお私たちは、スティーヴン・ジェイ・グールド言うところの、「野球選手とは天性の素質がおのずと発揮される肉塊であるという一般通念」を捨てきれずにいる。

病気がちだった地上最速の女性たち

1960年のローマ五輪に出場して、100メートル、200メートル、4×100メートルリレーの合計3つの金メダルを獲得し、地上最速の女性と呼ばれたウィルマ・ルドルフの場合はどうだろうか。

幼い頃のウィルマは、まったく身体的に恵まれない子どもだった。22人きょうだいの20番目として未熟児で生まれ、いつも病気ばかりしていた。4歳のとき、両側肺炎、猩紅熱《しょうこうねつ》、ポリオを長く患って死の淵をさまよう。奇跡的に生還するが、左脚はほとんど麻痺しており、医者から二度と回復の見込みはないと宣告された。けれども8年の間、懸命にマッサージを続けて、ようやく12歳のときに、脚の補助具をはずして普通に歩けるようになった。

これが、努力しだいで身体能力は伸ばせるという教訓でなくて何だろう。

ウィルマはさっそくその教訓を活かして、バスケットボールと陸上競技にチャレンジするが、初めて出場した陸上競技大会ではみごと全敗。しかし、それにも挫けず、驚異的に記録を伸ばすことに成功した彼女は、こう語った。「ひたむきに努力する女性として記憶に留めておいてもらえたらそれでいい」

史上最強の女性アスリートと呼ばれたジャッキー・ジョイナー・カーシーはどうだったのだろう。彼女は1985年から1996年初めまで、七種競技に出場するたびに優勝をさらった。

七種競技とはどんな競技だろうか。連続する2日間に、100メートルハードル、走り高跳び、砲丸投げ、200メートル走、走り幅跳び、槍投げ、800メートル走という合計7種類の競技を行なうものだ。その優勝者が世界最強の女性アスリートと呼ばれることに何の不思議もない。ジョイナー・カーシーは七種競技史上、6つの最高得点をあげ、世界記録を打ち立て、二度の世界選手権と二度のオリンピックで金メダルを獲得するという快挙を成し遂げた（走り幅跳びも加えれば、金メダルの数は6個になる）。

さて、彼女は生まれつきの天才だったのか。たしかに才能はあったが、陸上競技を始めた当初は最下位続きだった。徐々に成績を伸ばしたものの、なかなか優勝には手が届かなかった。なぜ勝てるようになったのだろう。「遺伝的素質だと言う人もいるかもしれないけれど、私は、乗馬道や近所の道や学校の廊下でこつこつと練習を積んできた努力が報われたと思う」

勝ち続けることができた秘訣についてはこう語る。「自分はまだまだ伸びると思えば、意欲が湧いて気持ちが奮い立つの。6個のオリンピックメダルと5つの世界記録を達成した今でもそれは同じ。中学生で陸上競技大会に初めて出場したときもそうだったわ」

最後のふたつのメダル（世界選手権とオリンピック）のひとつは、喘息発作に見舞われながら、もうひとつは、ハムストリング筋をひどく傷め、痛みと闘いながら獲得したものだ。生まれつきの才能でおのずと得られるようなものではない。そこにはマインドセットがあった。

「天才に努力は不要」説はいつ生まれたのか？

ご存知だろうか。一昔前まで、ゴルフに適した体は鍛えて作れるものではなく、やみくもに体力をつければ体の「切れ」を損なうと信じられていたことを。タイガー・ウッズが激しいトレーニングと厳しい修練で腕を磨いてトーナメントを総なめにするまでは、そうした考え方が根強かった。

文化によっては、鍛錬を積むことによって才能の限界を超えようとする者に激しい非難が向けられることもあった。分相応の生き方をせよというわけだ。

そのような文化ではきっと嫌われたにちがいないのがモーリー・ウィルズ。彼は1950〜60年代にメジャーリーガーへの夢を抱いて奮闘した野心旺盛な野球選手である。打撃力に難があったため、ドジャーズと契約するなりマイナーリーグに降格となるが、そんなことは意に介さず「2年したら、ブルックリンでジャッキー・ロビンソンと一緒にプレーするぜ」と友人たちにふれ回っていた。

ところが、それはとんだ誤算だった。きっとうまくなってやると、毎日へとへとになるまで練習に励んだにもかかわらず、8年半もの間、マイナーリーグで浮かばれない選手生活を送ることになる。7年半目に、チームマネージャーがバッティングのアドバイスをしながら、ウィルズに言った。「7年半もスランプやってりゃ、これ以上落ちようがないよな」。その直後のこと、ドジャーズのショートが足ゆびを骨折して、ウィルズにお呼びがかかった。チャンスが巡ってきたのである。

けれども、やはりまだ、彼のバッティングでは通用しなかった。しかし、そこであきらめてしまわずに、一塁コーチに助けを求めたのだった。今まで通りの練習に加えて、さらに数時間、コーチとともに研究を重ねる日々が続いた。

それでもまだダメだった。さすがのウィルズもとうとうあきらめる気になったのだが、今度は一塁コーチの方が止めさせてくれなかった。技術的な基礎はできているのだから、あとは精神面を鍛えるだけだというのだ。

やがて、とうとう打てるようになり始め、俊足を活かした盗塁も決まるようになった。相手の投手と捕手の投球を研究して、盗塁のベストタイミングを見計らうことも覚えた。不意をついて猛然と飛びだし、一気にスライディング！

彼の盗塁に、投手は気が散るわ、捕手は混乱するわで大勢のファンが沸いた。とうとうウィルズは、47年間破られたことのないタイ・カッブの盗塁記録を破って、そのシーズンのナショナルリーグのＭＶＰに輝いたのだった。

スポーツと知性の関係

スポーツ界は、肉体的素質ばかり云々するのをやめて、練習と上達の関係や、知性と実績の関係にもっと注意を払ってもよいのではないだろうか。

だが実際には、そうしたことにはほとんど目が向けられていない。それはたぶん、マルコム・グラッドウェルが言うように、後天的能力よりも先天的資質の方が、人々から高く評価されているからなのだろう。私たちの文化が自己努力や自己陶冶をどんなに強調しても、それと同じくらい、人々は心の奥底で天与の資質をあがめていると彼は言う。

チャンピオンやアイドルは、生まれながらにして自分とは違うスーパーヒーローなのだと思いたがる。自分とほとんど変わりない人間が、努力を重ねてそうなったのだとは思いたがらない。なぜなのだろう。後者の方がずっと素晴らしいと私は思うのだが。

専門家は、スポーツにおける知性の重要性を認めはするものの、それもすべて先天的なものだと主張するのだ！

そのことにショックを受けたのは、マーシャル・フォークの記事を読んだときだ。フォークはプロフットボールチーム、セントルイス・ラムズの優れたランニングバック。4シーズン連続で、ランとパス合わせて2000ヤード以上を獲得し、チームの稼ぎ頭となっていた。

2002年のスーパーボール前日に掲載されたその記事には、フォークの超人的能力のことが書かれていた。各プレーヤーがフィールド内のどこにいるか、彼にはすべてわかってしまうらしい。22人のプレーヤーが入り乱れて、走ったり転んだりしていても、どこにいるかはもちろんのこと、今何をしているか、これから何をしようとしているかまでわかるという。チームメートたちによると、彼は間違えたことがないそうだ。

ちょっと信じがたい。どうしてそんなことがわかるのだろう。

フォーク自身の説明はこうだ。これまで何年間もフットボールの試合を見続けてきた。高校時代には球場で売り子のアルバイトもした。仕事そのものは全然好きじゃないけれど、プロのフットボールを観戦したかったから。試合を見ながらいつも、なぜ？　と考えていた。なぜこういう試合運びになるのだろう？　なぜこういう攻撃方法を取るのだろう？　なぜあんなことをするのか？　なぜこんなことをするのか？

「疑問を持ちながら試合を観戦することで、突っ込んだ見方ができるようになった」とフォークは言う。プロ選手になってからも、常になぜかと問うことで、試合展開を深く探ろうとする姿勢をけっして失わなかった。

明らかに、フォーク自身は自分の技能を、飽くなき好奇心と探究心の賜物だと考えている。では、他のプレーヤーやコーチたちはどう見ているのだろう？

仲間は天賦の才だと思っているようだ。「これまで一緒にプレーしたことのある、あらゆるポジションのプレーヤーの中で、マーシャルのフットボールIQは最高だ」と、あるベテランのチームメートは語る。ディフェンス・フォーメーションを完璧に把握する能力は「天才的」だと評するチームメートもいる。あるコーチは、彼の技能に畏敬の念を抱いて、「天性のフットボールの知能がなければ、あんなことはできるものではない」と語る。

キャラクター——品格・気骨・人となり

生まれつきの才能に恵まれた根っからのアスリートは確かに存在する。けれども、ビリー・ビーンやジョン・マッケンローを見ればわかるように、そうした才能が仇になることもある。いつも才能をほめられていて苦労や努力をする必要がないと、マインドセットが硬直した人間になりやすいからだ。

1976年オリンピックの十種競技の金メダリスト、ブルース・ジェンナーは言う。「もし私が失読症でなかったら、オリンピックで優勝などしていなかったと思う。障害がなければ、すらすらと本が読めて、スポーツの上達も早かっただろう……けれども、人生は前途多難だと覚悟することもなかっただろうから」

才能にあぐらをかいている天才は、懸命に努力することも、挫折を克服することも知らない。ペドロ・マルチネスがそのよい例だろう。ボストン・レッドソックスの異彩を放つ投手でありながら、肝心なときに墓穴を掘るような事件を起こしてしまった。だがあの一件は、努力云々以前の、スポーツマンとしての品格《キャラクター》について考えさせられる事件でもあった。

『ニューヨーク・タイムズ』と『ボストン・グローブ』のスポーツ記者の一団が乗ったボスト

ン行きのデルタシャトル。私もその中にいた。2003年のアメリカンリーグのプレーオフ、ニューヨーク・ヤンキース対ボストン・レッドソックスの第3戦を観に行くところだった。そこで話題になったのが、スポーツマンの気骨《キャラクター》のことで、ヤンキースは気骨あるチームだということでみなの意見が一致した（ボストンの記者たちもしぶしぶそれを認めた）。

みなの脳裏には、2年前にヤンキースがニューヨーク市民に見せてくれた気骨ある姿が蘇っていた。あれは2001年の10月のこと。9・11の同時多発テロ事件を経験し、徹底的に打ちのめされたニューヨーク市民は、何か希望を求めていた。街中がヤンキースのワールドシリーズ進出に希望を託そうとしていた。けれども、9・11を体験して傷つき、疲れ果てているのはヤンキースも同じこと。余力など残されているはずはなかった。ところがどうしたものだろう、ヤンキースは粘り強く戦って、次々と勝ち星をあげていったのだ。勝つたびに、私たちも少しずつ生気を取り戻し、ささやかながら将来への希望を持てるようになった。

ニューヨーク市民の切なる期待を受けて、ヤンキースはアメリカンリーグ東地区優勝を果たし、さらにリーグ戦も制覇。ワールドシリーズに進出した彼らは熱戦を繰り広げて、勝利の一歩手前まで進んだのである。ヤンキースは嫌われもの、みんなからそっぽを向かれてるチームだ。私もヤンキース嫌いのひとりだったのだが、あれ以来、大ファンになってしまった。スポーツ記者たちの言う、気骨あるプレーを見せてくれたからである。

キャラクターとは、困難に見舞われても挫けずに頑張り通す力のことだ。

2年前を思い出しながらそんなことを語りあった翌日、有能だが傲慢なレッドソックスの投手ペドロ・マルチネスが、品格《キャラクター》の何たるかをそれを欠いた行動に出ることで教えてくれた。

ボストン・レッドソックスほど、このアメリカンリーグ優勝を切望していたチームはなかっただろう。「バンビーノの呪い」以来、85年間、ワールドチャンピオンになれずにいた。バンビーノの呪いとは、レッドソックスのオーナー、ハリー・フレイジーが、ブロードウェイ・ミュージカルの制作費を捻出するために、ベーブ・ルースを金銭トレードでヤンキースに放出した事件である。最高の左腕投手（当時ルースは投手だった）を売り渡すだけでも非難は免れないのに、あろうことか、憎きライバルに売り渡したのである。

ベーブ・ルースを得たヤンキースは、球界に恐いものなし。とどまるところを知らぬ勢いで、ワールドシリーズ制覇を重ねた。一方、レッドソックスは、何度かプレーオフを戦い、ワールドシリーズに4回進出したものの、毎回敗退。いつも悲惨な負け方ばかりだった。あと少しというところで優勝を逃していた。

けれども、そんなレッドソックスにもとうとう、呪いを跳ね返して年来の敵を打ち負かすチャンスが訪れたのである。この一戦に勝てば、ワールドシリーズへの切符が手に入る。ペドロ・マルチネスに期待が集まった。シーズン中からすでに、呪いを解いてくれそうな気配を見せていたからだ。

いったんは鮮やかなピッチングを見せたマルチネスだが、その後リードを奪われて、苦しいゲーム展開となった。そのとき彼はどんな行動に出ただろうか。なんと、打者カリム・ガルシアに死球を与え、捕手ホルヘ・ポサダをビーンボールで脅し、72歳のヤンキースコーチ、ドン・ジマーを地面に引き倒したのである。

『ニューヨーク・タイムズ』の記者、ジャック・カリーはこう記している。

「ボストン・フェンウェイパークでの世紀の一戦に、ペドロ・マルチネス対ロジャー・クレメンスの因縁の対決があることはだれもが予想していた……だが、ペドロとガルシア、ペドロとポサダ、ペドロとジマーの騒ぎはまったく予想外だった」

地元の記者でさえ唖然となった。『ボストン・グローブ』のダン・ショーネシーはこう記す。

「レッドソックス・ファンのみなさん、今、あなたはどちらを応援したいだろうか。平静を失わず、怒りを抑えてチームを勝利に導いたロジャー・クレメンスか、リードを奪われたあと、打者の頭部に死球を当て、さらに『次はおまえか』とヤンキース捕手を脅した大人げないマルチネスか。……レッドソックス・ファンは耳をふさごうとするが、マルチネスはとんだ面汚し、野球界の恥さらしである。こんなことが許されるのもペドロだからこそ。レッドソックスのフロントも黙認しているが、彼にはぜひ姿勢を正して自らの非を認めてほしい」

ビリー・ビーンと同じく、ペドロ・マルチネスもフラストレーションに耐える方法を知らなかった。窮地を切り抜け、大きな失敗を大きな勝利へと転じる方法を知らなかった。自分の非を認めて、そこから学ぶことができなかったのだ。マルチネスが癇癪《かんしゃく》を起こしたせいで、レッドソックスは第4戦を落とし、結局、4対3でヤンキースがプレーオフを制することになった。

スポーツ記者たちはみな、これはひとえにキャラクター、品格の問題だと書き立てた。それが何に由来するのかはわからないと述べているが、私たちはもうすでに、品格がマインドセットから生まれることを理解しつつある。

才能を鼻にかけて、自分を特別な人間だと思いこんでいる人がいる。そのようなマインドセットの人は、物事がうまくいかなくなったとたんに、集中力や能力を失い、自分の求めるもの——この場合は、チームやファンの切なる願いでもあった——を台無しにしてしまう。

一方、失敗してもそれを糧にして前向きに進んでいく人もいる。そのようなマインドセットの人は、物事をいちばん良い方向に導いていくことができる。

ところで、先ほどの話の続きだが、その翌年もボストン・レッドソックスとヤンキースがプレーオフを戦った。7試合のうち4試合を先取したチームがアメリカンリーグの覇者となり、ワールドシリーズに進出することになる。ヤンキースが3試合を連取し、レッドソックスの屈辱的な運命がまたもや確定したかに思われた。

しかしその年、レッドソックスは、トレードで放出する選手をもうひとり、チームメートの意見にもとづいて決定する旨をスター選手たちに伝えてあった。スター軍団ではなくチームなのだから、お互いのために最善を尽くし合うようにというメッセージだった。

レッドソックスは、残る4試合をすべて制してアメリカンリーグ優勝を果たし、ワールドシリーズ制覇をも成し遂げた。レッドソックスがヤンキースを倒したのは1904年以来のことだった。これで明らかになったのは、まず、バンビーノの呪いは解けたこと。それからもうひとつ、気骨や品格というキャラクターは学習により身につけることができるということだ。

キャラクターについてさらに

今度はピート・サンプラスを例にとって、もう一度、しなやかマインドセットについて考えてみよう。2000年のウィンブルドン選手権で、サンプラスは13回目のグランドスラム獲得を狙っていた。それがかなえば、四大大会通算12勝を達成したロイ・エマーソンの記録を破ることになる。なんとか決勝まで漕ぎ着けたものの、この大会はあまり好調ではなかったので、パワーあふれるパトリック・ラフターとの決勝には苦戦を覚悟で臨んだ。

サンプラスは第1セットを落とし、第2セットもタイブレークで4－1まで追い込まれた。「もう絶体絶命だと思った」という。マッケンローだったらどうしていただろう。ペドロ・マルチネスだったらどうか。実際にサンプラスはどうしたか？

ウィリアム・ローデンによると「彼はこの窮地を切り抜けるための『参照の枠組』を探した」。サンプラスはこう語る。「チェンジオーバーの間に過去の試合を振り返り、第1セットを落としたあとで挽回して、3セット取ったときのことを思い出してみた。試合はまだまだこれから。そう考えて、同じような状況で難関を切り抜けた過去の体験に照らしてみたんだ」

サンプラスは、5ポイント連取した後、さらに2ポイントを追加、第2セットを取ってピンチを切り抜けた。

ローデンはこう述べている。「昨夜の試合でサンプラスは、チャンピオンの資質を遺憾なく発揮した。第1セットを落とし、敗北寸前にまで追い込まれながら、持ち返して最後に勝利をつかんだのである」

ジャッキー・ジョイナー・カーシーは、選手生活最後の世界選手権で、喘息の発作に見舞われたときのことをこう語っている。十種競技の最後の種目、800メートル走の最中に発作が襲ってくるのを感じた。「とにかく腕の振りを止めちゃダメ」と自分に言い聞かせた。「ひどくはないから振り続けるのよ。大丈夫、重症の発作にはならない。息は吸えている。負けちゃダメ……最後の200メートル、さあ力を振り絞って駆け抜けるのよ、ジャッキー」

勝利のゴールに向けて自分を叱咤激励し続けた。

「あらゆる困難を乗り越えてつかんだ、私にとっての最大の勝利だった……本当に望んでいるものは、どんなに苦しくても手に入れなきゃ」

選手生活最後のオリンピックでも、カーシーは不運に見舞われた。ハムストリング筋に重傷を負い、七種競技への出場を断念せざるを得なくなったのだ。もっとも期待されていた競技に出られなかったショックは相当なものだった。

しかし、その数日後に行なわれた走り幅跳びには果敢に挑戦。5本目までの試技はメダルには遠く及ばなかったが、6本目で銅メダルに食い込んだ。彼女にとっては金以上に貴重な銅だった。「6本目に勝負をかけたあの精神力は、長年、数々の挫折を経験する中で培われたもの……それまでの苦労をすべて結集して最後の1本に賭けたのよ」

ジョイナー・カーシーもチャンピオンの資質を遺憾なく発揮した。痛手を負い、もうダメかというところまで追い込まれながら、気力を立て直して、最後に勝利をつかんだのである。

チャンピオンの資質

チャンピオンの資質とは、練習に打ち込んで、地道に努力を重ね、ここぞという時に底力を発揮する能力である。

マッケンローは、試合に負けるたびに、それを何のせいにしたか。寒すぎた、暑すぎた、嫉妬心に邪魔された、気持ちが動揺していた、と数え上げれば切りがない。けれども、ビリー・ジーン・キング（キング夫人）が言う通り、物事が順調にいかなくなって壁が立ちはだかって平静ではいられないときにこそ、チャンピオンの資質が問われる。キング夫人は次のような場面で、チャンピオンの何たるかを悟ったのだった。

フォレスト・ヒルズの決勝戦の相手は、脂の乗り切ったマーガレット・スミス（結婚後、マーガレット・スミス・コート夫人と呼ばれるようになる）だった。キングはそれまでに何度もスミスと対戦していたが、勝ったのはたった一度だけ。だが、そんなプレッシャーにも負けず、キングは出だしから信じがたいほどの好プレーを見せた。ノーミスでボレーを決めてリードを奪い、瞬く間に第1セットを先取。

第2セットもやはり圧倒的優位のうちに着々と点を重ね、気づいたときにはもう、第2セットを取って勝利を手にしていた。

いったいどうしたことだろう。最初、キングは戸惑った。こんな大きな試合で、これほどの圧倒的リードを奪ったのは初めてだったからだ。けれども次の瞬間、「そうなのか《ユリーカ》！」と、一瞬のうちに、チャンピオンとはどういう人間かを理解したのだ。それは、窮地に立たされたときに、ワンランク上のプレーができる人。ピンチに追い込まれたときに、ふだんの3倍くらいの精神力を発揮できる人なのだと。

ジャッキー・ジョイナー・カーシーも、「そうなのか！《ユリーカ》」という瞬間を体験している。15歳でAAUジュニアオリンピックの七種競技に出場したときのことだ。すべては最終種目にかかっていた。彼女がもっとも苦手とする800メートル走にである。もう体力の限界まで来ているのに、自分が一度も出したことのないようなタイムを持つ中距離ランナーと競わなければならない。そんなタイムを出せるのだろうか。

しかし、彼女はみごとにそれをやってのけた。「天にも昇る気持ちでした。何が何でも勝ちたいと望めば勝てることを証明できたの。……この勝利は私に、米国中の強豪アスリートと互角に戦えることのみならず、意志の力で勝利をつかめることをも教えてくれたわ」

史上最強の女子サッカー選手といわれたミア・ハムは、いつも自分に「ミア、サッカー選手にとっていちばん大切なものは？」と問いかけ、ためらわずに「精神的な強さ《メンタルタフネス》」と答えた。

敵が11人でかかってきても、疲労困憊していても、怪我《ケガ》をしていても、審判に不利な判定を下されても、それをものともせずに跳ね返せる強さ。それは天性の資質ではなく、学んで身につけていかなくてはならない。それこそが「サッカーのもっとも難しい課題のひとつであり、試合のたび、練習のたびに勝ち取っていくべきもの」なのだとハムは言う。

ところで、ハムは自分を世界最強のプレーヤーだと思っていたのだろうか。

ノー。「でも、そういう努力を続けていれば、いつかはそうなれるかもしれない」という。

スポーツではしょっちゅう一か八かの勝負を迫られる。ここいちばんを切り抜けなければ万事休すという場面である。世界的なゴルファー、ジャック・ニクラウスは、長年PGAツアーで活躍する中で、「このショットの成否が明暗を分ける」という場面を何度も経験している。

では、彼がそういう肝心なショットを失敗したことは何回あるだろう。

答えは1回！

それが王者の気迫というもの。それくらいの覇気がなければ、自分よりも才能のある相手と戦って勝ち目はない。伝説的なバスケットボールコーチ、ジョン・ウッデンが素晴らしいエピソードを語っている。

ウッデンがまだ高校のコーチをしていた頃、大会に出場するメンバーに入れずに惨めな思いをしている選手がいた。その選手、エディ・パウェルスキに、どうかチャンスをくださいと乞われ、不憫《ふびん》に思ったウッデンは、「よろしい、エディ、きみにチャンスを与える。明日の晩のフォート・ウェイン・セントラル戦でスタメンにしよう」

「不意にそう答えたのだが」と、ウッデンは当時を振り返る。「言ってしまってから、どこからそんな言葉が出てきたのかといぶかしんだ」。インディアナ州では3チームが王者の座をかけて三つ巴の戦いを繰り広げていた。そのひとつがウッデンのチームで、もうひとつが翌晩の対戦相手、フォート・ウェイン・セントラルだった。

翌日の晩、ウッデンは約束通り、エディをスタメンに起用した。といっても、試合開始から1分か2分もてばいいところ、くらいに思っていた。州最強のプレーヤー、フォート・ウェインのアームストロングが相手ということもあった。

ところが、「エディは文字どおり彼を叩きのめしてくれた」とウッデンは語る。「アームストロングは、選手生活はじまって以来の低い得点しかあげられなかった。一方、エディは12点をあげ、わがチームはシーズンきっての好試合……エディは得点を稼いだだけでなく、ディフェンス、リバウンド、攻撃プレーでもずば抜けた働きをした」。エディはもう二度と控え選手に戻ることはなく、その翌年と翌々年には最優秀選手に指名された。

このような人たちに共通するのは、試練に立ち向かってゆく気骨、キャラクターである。自分を、勝ってあたりまえの才能に恵まれた特別な人間だとは思っていた選手はひとりもいない。みな、懸命に努力して、プレッシャーを跳ね返す方法を身につけ、いざというときに尋常ならぬ能力を発揮した人びとだった。

トップの座を維持する

トップに上りつめたあと、それを維持するには、しっかりした人格、キャラクターが備わっている必要がある。ダリル・ストロベリー（野球）、マイク・タイソン（ボクシング）、マルチナ・ヒンギス（テニス）は頂点に立つことはできても、そこに留まることができなかった。個人的な事情や怪我のせいではないのだろうか。確かにそれも影響してはいるが、怪我や個人的な悩みは何も彼らに限ったことではない。ベン・ホーガンはバスに衝突して瀕死の重傷を負ったにもかかわらず、トップの座に返り咲いている。

コーチのジョン・ウッデンは言う。「能力があれば、頂点にたどり着くことはできる。けれども、しっかりした人格が備わっていないと、そこに留まり続けることはできない。……人はいったん成功すると、ろくに準備などしなくても、おのずと〝魅せるプレー〟ができるかのように勘違いしがちだ。よほどしっかりした人格の持ち主でないと、トップの座についた後も、それまで通りかそれ以上に努力し続けるのは難しい。何度も何度も勝ち続けるスポーツ選手やチームは、〝能力もさることながら、キャラクターが優れている〟のだと思ってほしい」

ここでいうキャラクターとはどういうものか？

しなやかマインドセットとどのような関係にあるのか。もう少し探ってみよう。

スチュアート・ビドルらが青年期から成人初期の人々を対象に、運動能力についての考え方を調べたところ、硬直マインドセットの人は次のように信じていた。

「持って生まれた運動能力のレベルは一定で、それを変えることは不可能に近い」

「スポーツが上手くなるには、天性の資質が欠かせない」

それに対し、しなやかマインドセットの人は次のように考えていた。

「現在のレベルがどうであれ、練習すれば必ず上達する」

「スポーツで優れた成績をあげるには、地道に練習を重ね、技術や技能を学ぶ必要がある」

気骨ある人格、キャラクターを示したのは、しなやかマインドセットの人たちだった。彼らこそ、チャンピオンの資質の持ち主だった。それはどういうことを意味するか、スポーツ研究者たちの研究結果をもとに考えてみよう。

成功とは勝つことか、最善を尽くすことか

研究結果その1――しなやかマインドセットの人にとっての成功とは、自分のベストを尽くし、学んで向上することだった。それはトップアスリートたちの考えとぴったり一致する。

「私にとってのスポーツの喜びは、勝つことにあるのではないの」とジャッキー・ジョイナー・カーシーは言う。「結果に至るプロセスからも、同じくらい大きな喜びが得られる。以前よりも進歩したと確信できるのなら、あるいは、持てる力を出し切ったと思えるのなら、負けてもかまわない。もし負けたら、トラックに戻ってさらに練習を積むだけのことよ」

この自分がなれるベストの状態になるために、最善を尽くすことができれば成功であるとい

う考え方がジョン・ウッデンの生き方を貫いていた。彼はこんなふうにも述べている。「全米チャンピオンに輝いた10回の試合にも負けないほどの喜びを、非常に多くの試合で体験した。十分にトレーニングを重ね、最大限の力を出し切ってプレーできたからさ」

タイガー・ウッズとミア・ハムは、史上まれにみる激しい闘争心の持ち主である。しかし、勝利を愛する2人が何よりも重んじたのは、どれだけ努力したかということ。たとえ勝利に手が届かなくても、最善を尽くしたのであれば、それを誇りに思うことができた。マッケンローやビーンにはできなかったことだ。

1998年のマスターズ・トーナメントで、前年に続いての連勝を果たせなかったときも、ウッズはトップ10に入れたことを良しとして、「ここまで食い下がれたことに誇りを感じている」と述べている。また、全英オープンで3位に終わった後にもこう語った。「いまひとつ調子が出ないとき、スイングがどうもうまくいかないとき、その解決策を考え出すことで、ふだん得られないような満足感が得られることがある」

人並み外れた野心家のウッズが目指すのは世界最高峰のゴルファー、いまだかつてない超一流ゴルファーだ。「でも、それ以上に大切なのは自己のベストを追究すること」だという。

ミア・ハムもこう述べている。「試合や練習を終えて競技場を後にするときに、持てる力のすべてを出し切ったと感じられれば、勝とうが負けようが、その人は成功者なの」。国中の人々が彼女のチームを愛してやまなかったのはなぜか。「私たちが心からサッカーを愛していること、どの試合でも最大限の力を出し合っていることをわかってくれていたからよ」

硬直マインドセットの人にとっての成功とは、自分の優越を確立することでしかない。自分がその他大勢とは違うひとかどの人物であることを見せつけられれば、成功なのである。「練習なんてしようとせずに、ぶっつけ本番で試合するのが好きなやつもいれば、何度も何度も練習してから試合に臨むやつもいる。ぼくは、ぶっつけ本番派だ」とマッケンローは言う。すでに述べた通り、硬直マインドセットの人は、努力することを誇りには思わない。努力は自分の才能に疑惑を投げかけるものだからだ。

失敗したらどうするか?

研究結果その2——しなやかマインドセットの人は、失敗をバネにしてさらに前進しようとした。彼らにとって失敗は、教訓を与えてくれるもの、目を覚ましてくれるモーニング・コールなのである。

マイケル・ジョーダンも一度だけ楽に流そうとしたことがあった。しばらく野球界に身を置いた後、ブルズに復帰した年のことで、彼はそこで痛い教訓を学ぶことになる。ブルズはプレーオフに進出するも、あえなく敗退。「いったん辞めてから復帰して、すぐに試合に勝てるなんて思っちゃいけない。心身ともにこれからしっかり鍛え直そうと思う」。これほど真摯《しんし》な言葉はない。その翌年、NBA優勝を果たしたブルズは、それを皮切りに三連覇を達成する。

ジョーダンは失敗をしっかりと受け止める選手だった。本人も気に入っているナイキのコマーシャルの中で、彼はこう語る。「ぼくがミスしたシュートは9000回以上。負けたゲームは300試合ちかく。そして、勝利を決めるはずのシュートを26回もミスしている」。ミスするたびに、彼は初心に戻ってシュートを100回練習したと思ってまちがいない。

優れたバスケットボール選手、カリーム・アブドゥル・ジャバーが、NCAAにトレードマークのダンクシュートを禁止された（後に解禁されたが）とき、彼はこれでおしまいかとだれもが思った。ところがジャバーは2倍の努力をして、新たなシュートをいろいろと編みだした。バンクショット（訳註：バックボードに当ててバスケットに入れる）、スカイフック（訳註：ディフェンスにブロックされないように、身体の側面から手首を鉤の形のようにさせて行なう）、ターンアラウンドジャンプショット（訳註：インサイドでゴールとディフェンスを背中にしてボールを受け取ったあと、片足を軸にしてゴールの方へフロントターンをして打つジャンプ）。コーチのウッデンのしなやかマインドセットを吸収してきたジャバーは、それをみごとに活かしたのである。

硬直マインドセットの人は、失敗するともう、自分は負け犬だと思ってしまう。

ジョン・マッケンローは、負けることを想像するのも我慢ならなかった。特に友人や身内に負けるなんて絶対に許せなかった。自分の特別さに傷がついてしまうからだ。たとえば、親友のピーター・フレミングと対戦して敗れたマッケンローは、マウイでの決勝でピーターが負けてくれるように必死で祈っていた。はらはらして試合など見ちゃいられないほどだった。シカゴの決勝で弟のパトリックと対戦したときには、心の中でこうつぶやいていた。「ああ、パトリックに負けたりしたらもうおしまいだ。シアーズタワーから飛び降りよう」

負けると彼はどんな反応を示したか。1979年、彼はウィンブルドンで混合ダブルスを戦ったが、それから20年間、混合ダブルスには出場していない。なぜか？　そのときストレートで敗退したからだ。セカンドサーブの失敗までやってしまった。

「あんな屈辱ったらない。もうごめんだ、二度とやるもんかと心に決めたんだ」

1981年、マッケンローは素晴らしい黒塗りのレスポール・ギターを買った。その週に、シカゴのチェッカーボード・ラウンジにバディ・ガイのライブを聴きに行き、感銘を受けた彼はどうしたか。自分もうまくなりたいとレッスンを受けるでもなく、練習に励むでもなく、家に帰るなり、自分のギターをめちゃめちゃに叩き割ってしまった。

やはり優れた才能に恵まれながら、マインドセットに問題のあるゴルファー、セルヒオ・ガルシアは、負けるとどんな反応を示しただろうか。ガルシアは、華麗なショットと奔放なパフォーマンスでゴルフ界に旋風を巻き起こし、タイガーの2代目のように思われていた。

しかし、成績が振るわなくなると同時に魅力も急落。都合の悪いことはすべてキャディーのせいにして、次々とキャディーをクビにした。足を滑らせてショットをしくじったときは靴のせいにし、靴をこらしめるために投げつけたり蹴飛《けと》ばしたりして、あやうく審判員に当たるところだった。硬直マインドセットの選手は失敗するとこんなことまでする。

成功に責任を持つ

研究結果その3——しなやかマインドセットの人はスポーツにおいても（医学生と同じく）、**成功を勝ち取り、それを維持する方法を責任を持って工夫していた。**

マイケル・ジョーダンの技に、歳をとっても衰えが見られなかったのはなぜだろう。スタミナや敏捷性は年齢とともに低下したが、それを補うために、以前にも増してコンディション作りに気を配り、ターンアラウンドジャンプショットや後退しながらのジャンプショットなど、ディフェンスをかわす動きに工夫を重ねたからである。スラムダンカーとしてリーグに登場した彼は、試合に精彩を与えるNBA屈指のプレーヤーとしてリーグを去った。

タイガー・ウッズも成功へのプロセスに責任を持っていた。ゴルフは気まぐれな恋人のよう。

モノにしたと思ったとたんに振られてしまう。ウッズを指導した有名なコーチ、ブッチ・ハーモンはこう語る。「完璧なゴルフスイングを身につけるのは不可能に近い……再現性を高めるだけで精一杯だ。スイングは常に変化し続ける」。それゆえ、どんなスター選手も連勝するのは難しく、長期間、王座を守るのは至難の業と言える（2003年から2004年のシーズンにウッズがやってのけたが）。だからこそ、成功へのプロセスに責任を持つことが非常に重要となる。

それを念頭において、タイガーの父は集中力維持とコースマネジメントの方法を彼に叩き込んだ。幼いタイガーがスイングしようとする瞬間に、大きな音をたてたり物を投げたりして、どんな場合にも気を散らさない訓練をしたという（こんな方法で効果が上がるのだろうか）。タイガーが3歳の頃から父親はもう、コースマネジメントについて考えるように仕込んだ。タイガーが大きな茂みにボールを打ち込んでしまうと、ウッズ氏は幼児に向かって、どうすればいいかな、と尋ねた。

父の薫陶を受けて育ったウッズは、試合のあらゆる要素をしっかりと把握している。つねに試行錯誤を重ねながら、全体を見渡した試合運びを忘れない。「ぼくは自分の試合を知り尽くしている。何を狙うのか、それに至るにはどうすればよいのかもすっかりわかっている」

マイケル・ジョーダンと同じく、ウッズもモチベーションの管理を重視した。それにはまず練習を楽しくすることだ。「打ち出す方向と強さを変えながら、いろいろなショットを試して、安定したショットが自由に操れるようになるのを楽むようにしている」。ウッズは、今どこかにいる、将来の自分のライバルのことを想像するとがぜんやる気が湧いてくるという。「彼は今、12歳。どこかにいるその子に負けてなるものかと、自分を発奮させるんだ」

マッケンローからは、セルフコントロールについての話を聞いたことがない。

頂点に君臨していたときも、その座を守るための努力は聞かれなかった。不首尾に終わっても、反省したり自己分析したりせずに、何かのせいにするばかり。たとえば、1982年に、期待されたほどの成績を上げられなかったときは、「ちょっとした事情で何週間も試合から離れていたものだから、ツアー優勝を逃してしまった」と言い訳している。

いつも彼は外からの力の犠牲者だった。なぜ、みずから責任を引き受けて、何があっても好成績を上げられる方法を身につけなかったのだろう。それはマインドセットが硬直していたからである。不利な要因を克服したり、問題を解決したりせずに、チームスポーツならば自分のアラを隠せるのにと考える。「絶好調でなくてもチームスポーツならば目立たずにすんだ」と。

マッケンロー自身、コートで癇癪を起こしても何の解決にもならず、事態をますます悪化させただけであることを認めている。それで何か対策を講じたのか？ ノー。何もかも人頼みだった。「自分で自分を律することができなければ、だれかが代わりにやってくれる、チームスポーツをうらやましく思うのはそういう点だ……仲間に助けてもらえただろうから」

こんなことも述べている。「暴言を吐いて罰金を科せられるのを見せ物にしようと、主催者や審判がグルになってぼくを増長させ、好き放題させたんだ……まったくうんざりだった」

態度の悪さまで人のせいにするとは！

ねえ、ジョン。あなたの人生ですよ。自分の人生に責任を持とうと思わないの？

思わないのである。マインドセットが硬直している人は、自分の能力やモチベーションを自分でコントロールしようとしない。どんなことも才能だけに頼って切り抜けようとし、壁に突き当たるともうどうしようもないと思ってしまう。自分は成長途上にある人間ではなく、すでに成長の止まった完成品だからだ。完成品は自分を守るために、運命を嘆いたり、人を非難したりはするが、けっして自分に責任を持とうとはしないのである。

真のスター選手に共通する語り方とは？

スター選手はチームに対して、他の選手ほどの責任はないのだろうか。華々しく活躍して試合に勝てれば、それで役割を果たしたことになるのだろうか。それとも、他の選手たちよりも重い責任を担っているのだろうか。マイケル・ジョーダンはどう考えているのだろう。

「地道に自分の役割を果たさずに、ついスーパースターになろうとする選手を見かける」とジヨーダンは言う。スーパースターの才能で試合に勝てないことはないが、チーム力がなければチャンピオンの座を勝ち取ることはできない。

コーチのジョン・ウッデンは自らの力量を、戦術面、戦略面ともに並だったと評価している。ではどうして、全米選手権を10回も制覇できたのだろう。彼によると、大きな理由のひとつは、選手1人ひとりにチームの一員としての役割を全うさせるのが上手かったからだという。「私はカリーム・アブドゥル・ジャバーを大学バスケットボール史上の得点王にすることもできただろう。彼の才能を中心に据えたチーム作りをしていればのことだ。だがそれで、彼のUCLA在学中にNCAA三連覇を果たせただろうか。絶対にできなかっただろう」

硬直マインドセットのアスリートは、自分の才能を証明したがる。それゆえ、チームの一員としてではなく、スーパースターのようにふるまいがちだ。でも、ペドロ・マルチネスがそうだったように、そのような硬直したマインドセットのせいで、チーム全員にとっての大事な勝利を遠ざけてしまうことがある。

バスケットボール選手、パトリック・ユーイングの一件がそのよい例だろう。彼はチャンピオンの素質がありながら、結局のところ、一度も優勝経験のないまま引退するはめになった。ユーイングがドラフトの対象になった年——彼はドラフトの目玉だった——1位指名権を得たニューヨーク・ニックスがユーイングを獲得。これで、身長2メートル10センチを越える、ユーイングとビル・カートライトの「ツインタワー」が完成するはずだった。カートライトは高得点を叩き出すセンタープレーヤーである。この2人がいれば、できないことはない。

ところが、センターからパワーフォワードへのポジションの変更を求められたユーイングは、それを不服とした。センターは花形ポジションだし、もしかしたら、パワーフォワードに求められるアウトサイドショットに自信がなかったのかもしれない。

全力で新たなポジションに取り組むこともできたのだが（野球の名遊撃手、アレックス・ロドリゲスは、ヤンキースに移籍するとき、三塁手への転向を求められてそれを受け入れた）。結局、カートライトがブルズに放出され、ユーイングのニックスは一度も優勝できずに終わった。

フットボール選手、キーショーン・ジョンソンも、しきりに自分の力を見せつけたがる天才プレーヤーだった。試合前のインタビューで、相手チームのスター選手に太刀打ちできるかと尋ねられた彼は、こう答えた。「電球《フラッシュライト》ごときを、スターなんて言ってもらっちゃ困るね。空で永遠に輝き続けるのがスターなんだから」

彼はチームプレーヤーだったのだろうか。「ぼくはチームのメンバーだけど、それよりもまず、一個人だ……フットボールのナンバーワンでなくちゃいけない。ナンバー2やナンバー3ではダメ。ナンバーワンでなければ意味がなく、何の役にも立ちはしない」

その後どうなったか。ニューヨーク・ジェッツはそんなジョンソンを放出。移籍先のタンパ・ベイ・バッカニアーズでは目立たぬ存在になってしまった。

私は面白いことに気づいた。真のスター選手は、試合後にインタビューを受けると、「ぼくらは」「わたしたちは」と語り始める。自分をチームの一員と考えているからである。

ところが、そうでない選手がインタビューを受けると、「ぼくは」「わたしは」と言い、チームメートを自分とは別個の存在のように——自分の偉大さの恩恵に浴している人たちのように語るのだ。

すべてのスポーツはチームスポーツ

じつを言うと、どんなスポーツも、ある意味ではチームスポーツである。たったひとりでできるスポーツなどない。テニスやゴルフといった個人スポーツでさえ、強豪選手にはそれを支えるコーチ、トレーナー、キャディー、マネージャー、メンターから成るチームがついている。

遠泳の世界記録保持者、ダイアナ・ニヤドの話を読んで、私は心底感銘を受けた。水泳ほど孤独なスポーツはなく、無事かどうかを見届けてもらうには小さな手こぎ舟で付いてきてもらうしかない、くらいに思っていたからだ。

ニヤドが挑戦をもくろんだとき、遠泳記録は男女ともに60マイルだった。彼女は何としても100マイルを泳ぎきりたかった。何か月にもわたる厳しいトレーニングを積んで、ついに迎えた本番。しかし、ニヤドはひとりで泳いだのではない。サポートチームが一緒だった。風や海流を測定し障害物を監視するガイド。サメを警戒するダイバー。栄養指導と持久力維持を受けもつＮＡＳＡの専門家（１時間当たり１１００カロリーを必要とし、１回泳ぐと体重が13キロ減る！）。そしてトレーナーが随時話しかけて、抑えがたい悪寒や吐き気、幻覚、絶望感の克服を助けた。

彼女の打ち立てた記録、１０２・５マイルは今日まで塗り替えられずにいる。記録には、ニヤドの名前しか載っていないが、その陰には彼女を支えた51名の人びとの存在がある。

マインドセットを聴き取る

あなたはもう、若いアスリートたちのマインドセットが聴き取れるはずだ。しばし耳を傾けてみよう。

ときは２００４年。イシス・ティリスは、デューク大学女子バスケットボールチームのスター選手で、身長１９６センチのフォワードである。彼女はロッカーに、父親「ジェームズ〝クイック〟ティリス」の写真を貼っている。喝を入れるためだ。「といっても」とスポーツ記者、ヴィヴ・バーンシュタインは語る。「父親に敬意を払ってのことではない。父親のようにはなるまいという決意を新たにするための写真なんです」

クィック・ティリスは1980年代に活躍したボクサーだった。81年には、世界ヘビー級タイトルマッチを闘い、85年には、映画『ザ・カラー・パープル』にボクサー役で出演。86年には、マイク・タイソンと最終ラウンド（10ラウンド）まで闘い抜いた初のボクサーとなる。けれども結局、頂点に立つことはないままに終わった。

大学4年のイシス・ティリスは言う。「何としても今年は全米選手権を勝ち取らなきゃ。さもないと、私も負け犬になってしまう……父の轍を踏んで、結局、何者にもなれずに終わってしまう気がするの」

やれやれ、またあの思考パターンか。勝てば、ひとかどの人物。負ければ、ただの人。幼い頃に自分を捨てた父親への怒りはもっともだとしても、この思考パターンがティリスの成長を妨げている。「体格、スキル、敏捷性をすべて兼ね備え、なおかつ、大学女子バスケについてのビジョンを明確に持っているという点で、ティリスの右に出る選手はいません。ところが、米国の二大エース、コネチカット大のダイアナ・タラージとデューク大のアラナ・ビアードよりも高く評価されることはないのです」とバーンシュタインは語る。ティリスは能力に見合う成績をあげられずにいるのである。

さらに高度なプレーを求める周囲の期待が彼女を苦しめる。「結果を出さなくてはというプレッシャーがつらい。トリプル・ダブル（得点、リバウンド、アシストの3項目で2桁を記録すること）を達成し、３６０《スリー・シックスティ》度オーバーヘッドダンク（飛び上がって、空中で一回転し、ボールをバスケットの上から叩き込むシュート）を決めてやっと、『まあまあ』くらいに評価してもらえるの」

人々は無理なことを期待しているわけではないと私は思う。ただ、優れた素質が１００パーセント発揮されるのを見たいだけ。目標に向かってスキルを伸ばしてゆく姿をぜひ見せてほしいと思っているのである。

負けたら無価値な人間になってしまうと恐れているようでは――そんなマインドセットでいたのでは――チャンピオンの座を勝ち取ることも、守ることもできはしない。ティリスは、道半ばで挫折した父親を見下すのではなく、一か八か挑戦したということに敬意を払うべきなのではないだろうか。

人間の価値は、勝負に勝ったか負けたかで決まるのではない。持てる力を出し切って目標を追求したかどうかが重要なのだ。イシス・ティリスよ、全力を尽くして練習に励み、試合に臨むならば、その結果がどうであれ、あなたは素晴らしい選手なのだ。

それとは正反対のマインドセットを持った選手の場合を見てみよう。身長１９０センチのバスケットボール選手、キャンディス・パーカーだ。シカゴ近郊にあるネーパービル・セントラル・ハイスクールの最上級生だった17歳のとき、名コーチ、パット・サミット率いるレディ・ヴォルズでプレイしようと心に決めて、テネシー大学に入学した。

キャンディスの父は、イシスの父とはまったく異なり、「一生懸命に努力すれば、努力しただけの成果が返ってくる」と教えてきた。

数年前、キャンディスが所属するチームのコーチをしていた父親は、試合中、彼女に雷を落とした。リバウンドは取りに行かないし、遠くからのゆるいシュートばかりで、長身を活かしてバスケットの際から入れようとしないし、ディフェンスには手を抜くし。「本気を出さんか、いいかげんにやるんじゃやない！」と発破をかけられた彼女は、後半、20得点、10リバウンドを記録する。圧倒的な勝利だった。

「父が私の心に火をつけてくれたんです」

キャンディスは今、自分で自分の心に火をつけている。スター選手であることに満足せず、常に上を目指そうとする姿勢を崩さない。スリーポイントショット（訳註：成功したシュートの途中でのファウルに対して与えられるフリースロー。成功すれば3点になる）がうまくいかなかったときは、父親にジムに来てもらって練習に励んだ。

「バスケットボールにしても、毎日の生活にしても、先のことなんて何ひとつわからない。とにかくやってみるしかないのよ」

彼女のそんな言葉を聞いた数週間後、マインドセットにもとづく予想が的中しはじめた。ふたつの出来事が起きたのである。まず、ティリスのチームは残念ながら選手権から脱落。その一方で、キャンディス・パーカーはバスケットボールのダンク選手権で、5人の男子を制し、女子で初めて優勝を飾った。

チャンピオンの品格・気骨・人となり――。優れたアスリートたちが備えているこのような資質は、しなやかなマインドセットから生まれる。結果よりも成長に主眼を置き、努力への意欲を保つことにみずから責任を持つマインドセットである。

たしかにトップアスリートたちは、激しい闘争心を燃やしてナンバーワンをめざすが、その輝かしい活躍はけっして、勝てば英雄、負けたら人間のクズと考えるような硬直マインドセットのエゴから生まれるわけではない。

硬直マインドセットの選手の多くは、いっとき「天才アスリート」と呼ばれても、結局どうなるか。ジョン・ウッデンいわく、そのほとんどが人々の記憶から消え去ってしまう。

マインドセットをしなやかにするには？

▼自分にはできるわけがないと思いこんでいるスポーツはないだろうか。（そんなものはない、という人もいるかもしれないが）。一生懸命に努力してみるまでは、本当にダメかどうかなんてわ

からない。世界的なアスリートだって、みんながみんな初めからうまくできたわけではない。やってみようという気持ちがあるのならば、とにかく努力してみよう。

▼抜きん出た才能が仇になることもある。そのような選手は得てして、マインドセットが硬直していて、逆境に弱い。初めは簡単そうに思えたのに、途中で壁に突き当たったスポーツはないだろうか。しなやかマインドセットに切り替えて、もう一度挑戦してみよう。

▼キャラクター（気骨・品格・人となり）はスポーツの世界で重要視されるが、それはしなやかマインドセットから生まれる。強豪選手を相手に苦戦を強いられたとき、本章で紹介したしなやかマインドセットのチャンピオンたちは、どうするだろうか。今度ピンチに追い込まれたとき、しなやかなマインドセットでいるためにはどうすればよいのか。

▼しなやかマインドセットのアスリートたちは、単に勝負に勝つことを成功と考えるのではなく、学び、向上してゆくことこそが成功だと考える。そのような考え方ができればそれだけ、あなたにとっても、チームメートにとっても、スポーツから得られるものが大きくなる。

第5章

ビジネス
――マインドセットとリーダーシップ

2001年、ビジネス界に衝撃を与える発表があった。時代の寵児であり、未来の企業であるはずのエネルギー企業エンロンが倒産したというのだ。いったい何が起きたのだろう。夢のように有望な会社と思われていたエンロンが、一転して、そんな悪夢のような事態に陥るとは。経営能力に欠けていたのだろうか。それとも汚職が原因だろうか。

問題はマインドセットにあった。マルコム・グラッドウェルが『ニューヨーカー』で述べているように、アメリカの企業は才能偏重の考え方に取りつかれていたのである。実際、米国随一の経営コンサルタント会社、マッキンゼー・アンド・カンパニーの専門家諸氏も次のように主張していた。今や企業が成功するには〝才能重視の姿勢《マインドセット》〟が欠かせない。スポーツの世界に天才がいるように、ビジネスの世界にも天才が存在する。人並み外れた素質を持つ選手獲得のためにチームが多額の契約金を積むように、企業も卓越した人材の引き抜きに金を惜しんではならない。そのような人材こそが競争を勝ち抜く秘密兵器なのだから、と。

グラッドウェルが述べているように、この「〝才能重視の姿勢《マインドセット》〟がアメリカ的経営の新しい定説」になっていた。エンロン文化の土台を築いたのも、そして、その崩壊の種をまいたのもこのマインドセットだったのである。

エンロンは、突出した才能を持つ人材を採用した。そのほとんどが一流大学の学位取得者だった。そのこと自体に問題はない。優秀な人材に多額の報酬を支払っても、それだけならば悲惨な結果に至ることはなかっただろう。エンロンは、才能を盲信したがために、致命的な誤りを犯してしまったのである。才能崇拝の企業文化がつくられて、社員たちは並外れた才能の持ち主であるかのような振りをせざるをえなくなった。

つまり、硬直したマインドセットに陥るはめになったのである。そのあとはもうおわかりだろう。私たちの研究から示されたように、硬直マインドセットの人は自分の欠点を認めないし、改めようともしない。

授業も試験もすべて英語で行なわれる香港大学の学生たちに面接調査を行なった結果を憶えているだろうか。硬直マインドセットの学生は欠点をさらすのを恐れて、英語の補講授業を取ろうとはしなかった。リスクを犯してでも学ぼうと思う世界には住んでいなかったのだ。

頭の良さをほめることによって、生徒たちを硬直マインドセットにした研究を思い出してほしい（ちなみに、エンロンでもエリート社員に対して同じようなことをしていた）。簡単な問題のあとに難しい問題を出し、そのあとで、他の学校の生徒たちにどんなテストを受けたかを伝える手紙を書かせた。その手紙を読んだ私たちはショックを受けた。4割近くの生徒が自分の得点を――すべて実際より高めに――いつわって書いていたからである。硬直したマインドセットのせいで、失敗をどうしても認めたくない心境に追い込まれていたのだ。

グラッドウェルは論説の結びでこう述べている。生まれつきの才能を重んじる環境にいる人間は、有能な人物という自己イメージが脅かされたとたんに危機的状況に陥る。「自分の非を認めて行動の改善をはかろうとはしない。襟《えり》を正して投資者や大衆と向きあい、自分の誤りを認めようとはせずに、嘘をついてごまかす方に走ってしまう」

自己修正能力を失った企業の末路は目に見えている。エンロンの破綻を招いたのが硬直マインドセットだったとしたら、繁栄する企業にはしなやかマインドセットが備わっているのだろうか？　さて見ていこう。

成長する企業と経営の意思決定

ジム・コリンズは、企業を良好《グッド》から偉大《グレート》へと飛躍させる要素は何だろうかと考えた。類似する他の企業がそこそこ良い状態に留まっている中で、超優良への飛躍を遂げたうえに、それを長期にわたって維持できたのはなぜか。

この疑問に答えるために、コリンズ率いる研究チームは、5年におよぶ調査研究に乗りだした。まず、同じ産業の他企業に比べて株式運用成績が大幅に上がり、しかも15年以上、好調が持続している企業を11社選んだ。そして、飛躍した企業と同じ産業で事業を展開しており、保有する資源もそれほど変わらないのに、超優良への飛躍を達成できなかった企業11社を比較対象企業として選んだ。さらに、良好《グッド》から偉大《グレート》への飛躍を遂げながら、それを短期間しか持続できなかった企業についても調査した。

他社を抑えて躍進する企業にきわだつ特徴は何だろう。重要な要素がいくつか挙げられるが、絶対的に重要なのは、どのケースにおいても企業を率いる指導者のタイプであると、コリンズは著書『ビジョナリー・カンパニー2 飛躍の法則』（前掲）で述べている。

偉大な企業への飛躍を持たらした指導者たちは、我が強くて自分を売り込みたがる派手なカリスマ的人物ではなかった。謙虚で控えめで、たえず答えを探して問い続け、その答えがどんな厳しいものであっても直視できる人たちだった。失敗を、それが自分の失敗であっても、真正面から受けとめつつ、その一方で、最後には必ず成功するという確信を失わない人たちだったのである。

どこかで聞いたようなことではないだろうか。コリンズは不思議に思った。偉大な企業へと飛躍させた指導者たちは、なぜ、このような一見相矛盾する資質を併せ持っているのだろう。この指導者たちはいかにして、そうした資質を持つに至ったのだろうか、と。

けれども、私たちにはもうわかっている。マインドセットがしなやかなのだ。人間の成長を信じている。そして、そのことこそがきわだった特徴なのである。

このような指導者は、自分が人より優れていることを証明しようと躍起になったりしない。トップの座についても上下関係にこだわらないし、社員たちの努力の成果を自分の功績にしたりしないし、人をけなすことで権力を感じようともしない。

そんなことよりも、つねに向上することを心がけている。周囲にできるかぎり有能な人材を集め、自らの過ちや欠点をしっかりと見据え、将来自分や自社にとって必要となるスキルは何かを率直に問い続ける。だから、自分の才能に幻想を抱いたりせずに、しっかりと根拠のある自信を持って前進することができるのである。

ロバート・ウッドとアルバート・バンデューラは、マネジメント経験者の多い経営大学院の学生を対象に、興味深い研究を行なった。学生たちのマインドセットを「硬直」または「しなやか」にすることによって、エンロン型の経営者とそれとは正反対のタイプの経営者をこしらえる研究である。

ウッドとバンデューラはこの経営者の卵たちに、家具メーカーの経営をシミュレートするという複雑な課題を与えた。従業員1人ひとりの労働意欲が最大になるように、それぞれを適切な仕事に就かせる業務をコンピューター上で行なうというものだ。もっとも効果的に配置するには、従業員の生産性についてのフィードバック情報をもとに、たえず決定を見直していく必要がある。

ウッドとバンデューラは、学生たちを2グループに分けた。一方のグループには、この課題は生まれつき備わっている基本的能力を評価するものだと説明して、マインドセットを硬直させた。もう一方のグループには、マネジメント能力は訓練によって伸ばせるもので、この課題はその能力を伸ばすチャンスなのだと説明して、そのマインドセットをしなやかにした。

学生たちは苦労して課題に取り組んだ。高い生産性基準を満たさなくてはならず、特に初めのうちは、失敗の連続だった。エンロン社員と同様に、硬直マインドセットの学生たちは失敗経験を生かすことをしなかった。

それに対して、しなやかマインドセットの学生たちは失敗から学び続けた。持って生まれた能力を評価されるのを恐れたり、それをかばったりせずに、失敗をしっかり見据えて、フィードバック情報として利用し、随時戦略を変えていった。従業員の士気を高める配置方法をどんどん会得して、生産性を順調に伸ばし、最終的に、硬直マインドセットの学生たちよりも高い生産性を上げることができた。

それだけではない。この難題に取り組んでいる間もずっと、健全な自信を失わずにいた。

リーダーシップと硬直マインドセット

コリンズの調査した比較対象企業の指導者たちは、硬直マインドセットのあらゆる特徴を、強調された形で備えていた。

硬直マインドセットの指導者は、硬直マインドセットの人々がみなそうであるように、人間には生まれつき優れた人と劣った人がいる世界に生きている。何かにつけて自分の優越性を確認しないと気がすまず、会社はそのための舞台にすぎない。

コリンズの調査した比較対象企業の指導者たちは、「偉大な経営者だという世評」を集めることに執心するあまり、往々にして、自分の引退とともに会社が崩壊するような体制を作ってしまっている。「自分が去った後に会社が転落していくことほど、自分の偉大さを示すものがあるだろうか」とコリンズは述べている。

こうした指導者の3分の2以上は「我が強くて欲が深く」、その点が会社の没落や低迷を招く一因になったとコリンズらは見ている。そのような指導者のひとりが、クライスラーの社長、リー・アイアコッカだった。倒産の危機にあったクライスラーを奇跡的に救ったものの、その後、自分を売り込むことに熱中し、在任期間の後半にクライスラーはふたたび凡庸な企業に逆戻りしてしまった。

このような比較対象企業は、コリンズが言うところの「ひとりの天才を1000人で支える」体制をとっている場合が多かった。良好《グッド》から偉大《グレート》へと飛躍した企業のように、層の厚い強力な経営陣を築き上げることをせず、天才には優れた経営陣など不要で、偉大なアイデアを実行する兵士だけで十分であるという、硬直マインドセットの前提に立った経営がなされていた。

付け加えるならば、このような天才経営者みずからが優秀な経営陣を嫌う。硬直マインドセットの人は、自分だけが突出した存在でいたい。周囲の人と比較して自分の方が上だと思えないと気がすまない。硬直マインドセットのCEOが書いた自伝には、社員の育成法や指導法について紙幅を割いたものは一冊もない。それにひきかえ、しなやかマインドセットのCEOの自伝は、人材育成についての深い関心に裏づけられた詳細な検討がなされているものばかりである。

結局、エンロンしかり、天才経営者たちは自社の欠点を直視しようとしなかった。コリンズはこう述べている。良好《グッド》から偉大《グレート》へと飛躍した食品雑貨チェーン、クローガーは、1970年代に見えてきた危機の徴候——従来の方式の食品雑貨店は絶滅する運命にあるという徴候——に勇敢に目を向けた。

一方、比較対象企業であるA&Pは、かつては世界最大の小売り企業だったが、そのような徴候に目をつむってしまった。たとえば、A&Pが試みに新方式のスーパーマーケット店舗を開いてみると、旧方式の店舗よりも客の受けが良かったにもかかわらず、その店舗を閉鎖してしまった。認めたくない結果だったからだ。対するクローガーは、新しいスーパーマーケットの方式に合わない店舗はすべて閉鎖するか改装するかし、1990年代末にはアメリカ第1位の食品雑貨店チェーンとなったのである。

ちなみにCEOというときまって我の強い人物をイメージするようになったのはなぜだろう。地味で控えめなしなやかマインドセットの人物こそが、企業を飛躍させる真のリーダーであるとしたら、なぜ、多くの企業がこぞって華々しいカリスマ的指導者を求めるのだろう。会社よりも自分の利益を優先させてしまうかもしれないのに。

その原因の一端はアイアコッカにあるようだ。ジェームズ・スロウィッキーがオンラインマガジン『スレート』で述べているところによると、アイアコッカが名を遂げたことにより、アメリカ実業界に転機が訪れる。財界の大立者の時代はとうに過ぎ去り、CEOといえば「型にはまった組織人間で、好待遇・高収入ではあるが、本質的に面白みに欠ける無個性の人」という大衆イメージが定着していた。

そこに現れてイメージを一新したのがアイアコッカだった。以来、ビジネス各誌はこぞって経営トップを「第2のJ・P・モルガン」「第2のヘンリー・フォード」などと呼ぶようになり、硬直マインドセットの経営者たちは、そんなふうに呼ばれるCEOを目指しはじめたのである。

企業スキャンダルの多発はそれが原因であるとまでスロウィッキーは主張する。こうした傾向が続く中、CEOがスーパーヒーロー化したからである。しかし、私利私欲を追求し自分のイメージアップを図ろうとする人間には、長期にわたって健全経営を続けられる企業の育成はできない。

アイアコッカというカリスマ的指導者には、ロックンロールと同様に、文明の堕落をもたらした責任がある。そう言っていいのだろうか。もっとくわしく見ていこう。

さらに、その他の硬直マインドセットのCEO――アルバート・ダンロップ（スコットペーパー社、サンビーム社）、ジェリー・レヴィンとスティーブ・ケース（AOLタイムワーナー社）、ケネス・レイとジェフリー・スキリング（エンロン社）――についても見ていこう。

そうすると、それらのCEOの共通点が明らかになってくる。全員が、人間には優劣の差があるという信念から出発している。全員が、自分の優位性を証明して見せる必要に駆られている。全員が、その証明と誇示のために部下を利用し、部下の成長をはぐくもうとは考えていない。全員が、私利私欲のために会社を破滅に追いやってしまっている。

このような強烈なエゴはいったいどこから生じるのか。それはどんな働きをするのか。なぜそれが自縄自縛になるのか。それを考える手がかりは、硬直マインドセットにある。

硬直マインドセットの有名経営者

リー・アイアコッカ「私はヒーローだ」

リーダーシップ研究の第一人者、ウォーレン・ベニスは、世界的企業の経営者たちにインタビュー調査を行なった。その偉大な指導者たちが異口同音に語ったのは、リーダーになろうとしてなったわけではない、ということだった。自分の能力を証明することにはまったく関心がなく、ただ自分の愛することを並ならぬ意欲と情熱を傾けてやっているうちに、気がついたら先頭に立っていたのである。

アイアコッカはそうしたタイプの指導者ではなかった。たしかに、自動車ビジネスを愛してはいたが、最大の目標はフォード社のお偉方になること。ヘンリー・フォード2世の寵愛を得て、王宮のごとき執務室に座りたかった。それこそが、自分を評価するモノサシであり、ひとかどの人物である証となるものだったからだ。

私は今、王宮という言葉を使ったが、アイアコッカの自伝には実際「〝ガラスの城〟と呼ばれているフォードの本社ビルは宮殿であり、ヘンリー・フォードは王だった」と書かれている。さらにこんな記述もある。

「ヘンリーが帝王なら、私は皇太子」「私は、ヘンリー王殿下が特別に目をかけて下さる秘蔵っ子だった」「私たちフォードの首脳陣はみな、王侯の生活をエンジョイしていた。まるで社会の特等席だった……白い上着を着た給仕が、朝でも晩でも、ボタンひとつでとんで来た。昼食は重役専用の食堂に集まった……ドーバーの舌平目が毎日イギリスから空輸されてきた」

ムスタングの開発と販売促進などでフォードに多大な貢献をしたアイアコッカは、ヘンリー・フォード2世の跡を継いでフォードのナンバーワンになることを夢見ていた。しかし、フォード2世はそれを望んでおらず、結局、アイアコッカはフォードを解雇されてしまう。ここで興味を引くのは、アイアコッカが大きなショックを受けたこと、そして、フォード2世にいつまでも激しい怒りを抱き続けたことである。

そもそも、アイアコッカはヘンリー・フォード2世が経営トップを次々とクビにするのを見てきており、アイアコッカ自身も社員の首切りを容赦なく断行してきた。つまり、フォードのやり口を知り抜いていたはずなのだ。それなのに、硬直マインドセットが目を曇らせてしまった。「私は最後まで、自分だけは違う、自分は〝みんなよりも賢くて運が良い〟という幻想を捨てきれなかった。明日はわが身と悟ることができなかった」

自分は生まれつき人よりも優れているという思いこみにとらわれて盲目になっていたのである。そしてそのとき、硬直マインドセットの逆の面が現れて、彼はこんな疑念に苛まれはじめる。自分はヘンリー・フォード2世に致命的欠点を見抜かれたのではないか。自分はやはり人よりも優れてなどいないのではないか、と。だからそのショックを忘れることなどできなかった。何年もしてから、2人目の妻が彼を諭した。

「あなたはフォードさんがしてくださったことのありがたみがわかってないわ。フォードをクビになったからこそ、今のあなたがあるのよ。財力、名声、影響力ともに高まったのはフォードさんのおかげじゃないの」。それからまもなく彼は妻と別れている。

自分の能力と価値を買ってくれていた王に、欠陥者として追い払われたアイアコッカ。その凄まじいまでの恨《うら》みを原動力に、面目を取り戻す闘いに挑み、その結果としてクライスラーを救ったのだ。かつてフォードと1、2を競っていたクライスラーは倒産寸前の危機にあったが、新CEOに就任したアイアコッカは、有能な人材を引き抜き、新型モデルを発表し、政府の財政援助を求めるなど、迅速に行動して会社を再建した。そして、屈辱を噛みしめつつフォードを去ってからわずか数年で、サクセスストーリーを綴った自伝を書き上げ、その中で「今や私はヒーローだ」と豪語するまでになった。

ところが、すぐにまた、クライスラーは経営不振に陥る。硬直マインドセットのアイアコッカは、自分の偉大さをもっともっと大々的に――自分自身に、ヘンリー・フォードに、そして世間の人々に対して――証明しないと気がすまなくなっていったのだ。クライスラーのCMに出演して自分を売り込もうとしたり、ウォールストリートの関心を惹《ひ》き、クライスラーの株価を吊り上げるために社費を投じた。しかし、新車の設計に投資しようとも、製造工程を改善して長期的な利益の向上をはかろうともしなかった。

アイアコッカは、後世の人にどう評価されるか、歴史にどう名を残すかということも気にしていた。それでいながら、会社を大きく発展させようとはせずに、まったく逆のことをしたのだった。ある伝記作者によると、部下が優れた新車を提案しても、その設計者が手柄を立てるのを恐れて、なかなか認めようとしなかった。部下が経営不振に陥ったクライスラーを立て直そうとすると、新たな救世主と仰がれるのを懸念して、その部下たちの排斥を企《くわだ》てた。自分がクライスラーの歴史から消し去られるのを恐れて、影響力を失ってからもしぶとくCEOの座にしがみついていた。

アイアコッカはもっと偉大な功績を残すことだってできたのだ。ちょうど、アメリカの自動車産業がいまだかつてない深刻な事態に直面している時期だった。日本車が米国市場を席巻しつつあった。日本車の方が見栄えも良く、走行性能も優っていたからにほかならない。ホンダ車を徹底的に研究した部下たちが素晴らしい提案をしてきた。

ところが、硬直マインドセットに陥っているアイアコッカは、日本車の挑戦をしっかり受け止めてもっと優れた車を開発しようとはせずに、非難と言い訳に終始した。日本車を痛烈にこきおろし、米国政府に関税や輸入制限の実施を要求したのだ。『ニューヨーク・タイムズ』は、アイアコッカを批判する社説の中で、「解決への道は、わが国が性能の良い自動車を製造することにあり、日本を叩いてもはじまらない」と述べている。

アイアコッカは社員一同の指導者として成長することもなかった。それどころか、かつて自分が非難したヘンリー・フォード2世そっくりの、すぐに懲罰を科す、料簡《りょうけん》のせまい、孤立した暴君に成り下がっていった。自分を批判する社員をどんどんクビにしただけでなく、クライスラーを救おうと献身的に働いた社員に報いることもしなかった。

大きな収益が上がっても、社員に分配する気はなく、賃金は低いまま、労働条件は劣悪なままだった。その一方で、自分は経営が再び傾いたときでも王侯のような生活を続け、ニューヨークの高級ホテル、ウォルドルフにある社長室の改装に200万ドルを注ぎこんだりした。

ついに、クライスラーの取締役会は、手遅れにならないうちにと、巧妙なやり方でアイアコッカを辞職させた。巨額の年金を与え、多大なストックオプションを提供し、さまざまな役員手当の継続を認めたのだった。それでも彼は気に入らずに怒りをあらわにした。

後任の社長のもとで経営状態が上向いてくるのを見ると、ますます怒りを募らせた。何としても王座を取り戻そうと考えた彼は、乗っ取り屋と手を組んで敵対的企業買収に乗りだした。結局、試みは失敗に終わったが、アイアコッカは会社の利益よりも自分のエゴを押し通す人物であることがだれの目にも明らかになった。

アイアコッカは硬直マインドセットの世界に生きていた。たしかに入社当初は自動車ビジネスを心から愛し、画期的なアイデアにあふれていたのだが、そのうちに、人よりも優れていることを証明したいという欲求がまさってきて、ついに、楽しむ気持ちを殺し、創造性の息の根を止めてしまうまでになる。時とともにますますその傾向は強まり、競争相手の挑戦を受けて立とうとはせずに、非難、言い訳、批判者やライバルの抑え付けといった硬直マインドセットの武器を振り回すようになっていった。

それが災いして、本当は人びとの信望を得たくてたまらないのに、逆に、それを失うはめになってしまう。これは、硬直マインドセットの人がよく陥るワナである。

試験に落ちた学生や、勝負に負けた運動選手は、否応なしに自分のへマを思い知らされる。ところが、権力を手にしているCEOは、自分は正しいと思っていたい欲求を、たえず満たしてくれる世界を作り上げてしまうことができる。どんな警告サインが出ていようとも、自分は完璧だし会社は順調だという耳を喜ばせるニュースだけで自分を取り囲んでしまうことが可能なのだ。これこそが、前にも述べたCEO病——硬直マインドセットの人が罹りやすい危険な病である。

けれども最近私は、アイアコッカはCEO病から回復したのではないか、と思うことがある。革新的な糖尿病研究を支援する基金を設立して、みずから多額の寄付を行なっているし、環境にやさしい自動車の開発にも取り組んでいる。自分の能力を証明しなくてはという縛りから解放されて、自分が心から大切だと思うことに力を注げるようになったのだろう。

アルバート・ダンロップ「私はスーパースターだ」

アルバート・ダンロップは倒産寸前の会社を救った。といっても、本当に救ったと言えるのかどうか。会社が繁栄を続けるための土台を築いたわけではない。何千人にもおよぶ人員削減など、リストラを断行したのちに有利な条件で売却したのである。スコット・ペーパー社の方針転換と売却により、受け取った報酬は1億ドル。CEOを務めた1年半あまりの間に1億ドルである。

「私が稼いだ金か。もちろんそうだ。バスケットボールのマイケル・ジョーダンやロック歌手のブルース・スプリングスティーンと同じく、私はこの業界のスーパースターだ」

アイアコッカは口先だけでも、チームワークを重んじ、一般社員のはたらきに敬意を払ったが、アルバート・ダンロップはそれすらしなかった。「ビジネスの世界に生きるのなら、目的はただひとつ、金儲けをおいて他にない」

ダンロップはスコット・ペーパーの社員集会でのエピソードを得意げに述べている。ある女性が立ち上がって発言した。「会社の業績が上向いてきたところで慈善寄付を再開したらどうでしょう」。それに対して、ダンロップはこう答えた。「あなたが寄付したいのなら、ご自分の金でどんどんやってください。しかし、わが社は今がここいちばんの勝負どころ……つまり、そんな余裕はないということです」

私は、ビジネスは金儲けだけじゃない、などと言うつもりはない。ダンロップがなぜそこまで金儲けに執着したのかを問いたいのである。

自伝にこう書かれている。「この業界で伸していかれるかどうかに私の自尊心がかかっていた。自分の価値を証明したがる子どものようだった……自分の能力を繰り返し証明しないと気がすまないのは今も同じだ」。自分の能力を証明するにはモノサシが必要である。社員の満足度、コミュニティに対する責任、慈善事業への貢献などはモノサシになりにくい。自分の価値を数字で示してはくれないからだ。けれども、株式運用成績ならばそれができる。

彼はこうも述べている。「最近の重役会議でよく耳にする〝ステークホルダー〟という言葉ほどばかばかしいものはない」。ステークホルダーとは、従業員、地域社会、取引先企業（たとえば供給業者）など利害関係者のことだ。「多数のステークホルダーの利益から成功を測ることはできない。成功の程度は株主がどのくらい儲かったで決まる」

ダンロップは長丁場の仕事には興味がなかった。会社のことをじっくりと学び、どのように成長させていくかを考えるなんて、スーパーヒーローには地味すぎて退屈だった。「どこでもかしこでもうんざりさせられた」。自伝の中に「アナリストの注目の的」と題する章はあるが、仕事の苦労を述べた章はない。すべて自分の非凡な能力を証明するために書かれているのだ。

1996年にダンロップはサンビーム社を乗っ取った。「チェンソー《のこぎり》・アル《アル》」と呼ばれる乱暴な経営スタイルで、サンビームの工場の3分の2を閉鎖または売却し、従業員1万2000人の半数を解雇した。皮肉なことに、サンビームの株価は高騰し、会社を売却しようという彼の目論見は崩れ去る。買い手がつかなくなったのである！　こうなったら会社を経営していくほかない。となると、収益を上げ続けるか、その見込みを示すかしなければならない。

ところが、ダンロップはスタッフに助言を求めることも、みずから学ぶこともせずに、不正経理で収入を水増しし、疑問を唱える社員の首を切り、困窮の度を深める経営状況を隠蔽した。結局、自伝でスーパースターを名乗ってから2年も経たないうちに（自画自賛の度をさらに高めた改訂版を出してから1年後に）、ダンロップは失脚して解雇される。同時に、サンビームは証券取引委員会の取り調べを受け、17億ドルにのぼる粉飾決算の疑いが浮上した。

ダンロップは、マイケル・ジョーダンやブルース・スプリングスティーンのことをまるで理解していなかった。このスーパースターは2人とも、たえず努力して、困難に立ち向かい、成長を続けたからこそ、頂点をきわめ、その座に長く留まることができたのだ。ところが、アル・ダンロップは、自分は生まれつき人より優れているのだから学習などしなくてもうまくいくと思いこんでいたのだった。

エンロン——巨大企業の崩壊

アイアコッカに続いて1990年代に財界の大物たちが現れたのは歴史の必然のように思われるが、その最たるものがエンロンの経営者、ケネス・レイとジェフリー・スキリングだった。

エンロン創立者で会長兼CEOだったケネス・レイは、自分を偉大な先見者だと思っていた。『エンロン 巨大企業はいかにして崩壊したのか』（未訳、2005年に映画化）の著者、ベサニー・マクリーンとピーター・エルキンドによると、レイは国王が農奴を見るような目で、会社を実際に動かしている社員たちを見下していた。リチャード・キンダーに対してもそうだった。

エンロン社長のキンダーは、収益目標を達成しようとして会社経営に本気で取り組んでいた。王侯貴族のようなレイの生活はキンダーあってのものだった。キンダーは経営トップの中でただひとり、会社のごまかしを問題にし続けた人物でもあった。「私たちは自分で作ったドラッグに溺れているのでは？　自分で作ったウイスキーに酔っているだけでは？」と。

当然、キンダーの時代は長くは続かなかった。しかし、賢明で判断力に優れた彼は、パイプラインを買い取る手筈を整えた上で会社を去った。パイプラインは、エンロン創業以来の貴重な資産でありながら、同社がその価値を見くびっていた資産である。エンロンを出たキンダーが新たにスタートさせた会社の市場価値は、2003年の半ばには70億ドルにもなる。

ケネス・レイは自分のことしか頭にないにもかかわらず、他人への敬意と誠実さを信条とする「善良で情け深い人」と思われることを望んでいた。エンロンがその犠牲者からうまうまと生活の糧を吸い上げているときでも、経営幹部宛てにこう書いている。「冷酷非情で傲慢なやり方は当社にふさわしくない……顧客や将来顧客となる人たちと率直かつ誠実に向きあうのが当社のやり方だ」。アイアコッカなどと同じく、レイにとって重要なのは世間の受け、すなわちウォールストリートの受けであり、実態はどうでもよかった。

そんなケネス・レイに引き抜かれたのがジェフリー・スキリングだった。スキリングはリチャード・キンダーに替わって社長兼COO（最高業務執行責任者）に選任され、後にCEOに就任する。頭の良さは抜群で、レイに「こんな頭の切れる人物には会ったことがない」「まるで光り輝くようだ」と言わしめたほどだ。

しかし、スキリングはその明晰な頭脳を、学ぶことにではなく、人を怖じ気づかせるために使った。相手に自分ほどの頭脳はないと判断すると（たいていの場合そうだったが）、とたんに冷血漢ぶりを発揮した。加えて、自分に異議を唱える者は、頭が悪くてこちらの考えを理解できないだけなのだと考えた。経営の苦しい時期に、CEO補佐として、並外れた経営手腕を持つ人物が採用されたが、スキリングは「やつには理解できない」と言って相手にしなかった。

金融アナリストやウォールストリートのトレーダーに、そんなうますぎる話はおかしいと迫られると、「こんなわかりきったことがきみにはわからないのかね」とバカにしたようにあしらった。そう言われたウォールストリートの人間はたいてい、自分の理解力に不安を感じ、何とかわかったような気になろうとするのだった。

天才を自負しているスキリングは、自分の考えに絶大な信頼をおいており、利益につながりそうなアイデアを思いついたらすぐ、エンロンの利益を公言してかまわないと信じていた。硬直マインドセットからくる過度の拡大解釈である。「非凡な才能を持つ私のやることは絶対に正しいし、その私が動かしている会社のやることも絶対に正しい。私の才能が価値を作りだし、利益を生みだすのだ」。何ということだろう！

実際に、エンロンの経営はそういう考え方で進められるようになった。マクリーンとエルキンドが述べているように、エンロンは「実際にはまだ一銭も稼いでいなくても、帳簿上の取引で何百万ドルもの利益が出たように見せかけた」

当然ながら、粉飾決算をするだけして、だれもその後始末をしなかった。そんなことをするのは沽券《こけん》にかかわると、だれもが思っていた。そんなぐあいだから、まったく利益が出ていないことも珍しくなかった。また、エンロン社員同士が争って巨額の利益をムダにするようなことも平気で行なわれていた。エンロンの経営幹部のひとり、アマンダ・マーティンはこう語る。

「仲間の足をすくって利益をものにすることは、偉大なる才覚の証と思われていた」

スキリングはアイアコッカと同様に、自分はだれよりも頭がいいだけでなく、だれよりも運がいいと思っていた。内情に通じた人によると、スキリングは状況がどんなに不利になっても自分は絶対に損しないと信じていた。損するわけがない。何も間違っていないのだから。スキリングはいまだに不正をいっさい認めていない。世間がバカで理解できなかっただけ、なのだ。

スティーブ・ケース——天才2人の衝突

AOLとタイムワーナーを破滅へと導いたのも、生まれつきの天才たちだった。AOLのスティーブ・ケースとタイムワーナーのジェリー・レビンはともに硬直マインドセットのCEO。この2人のもとで両社が合併するとどのようなことになるかわかるだろうか。

ケースとレビンには多くの共通点があった。2人とも財界きっての知性の持ち主であり、鋭利な才気で人を威圧し、他人の功績まで自分の手柄にしようとした。2人とも不満や批判には耳を閉ざし、「チームワークを乱す」人、つまり理想の企業という体面づくりに協力しない人をすぐにクビにした。

合併時にAOLは多大な負債を抱えていたため、合併してできた新会社は倒産寸前にまで追いやられた。普通ならば、2人のCEOが協力して人員の整理にあたり、新会社の救済に努めるところだが、レビンとケースは、自分が新会社を牛耳ろうと権力争いに走ったのだった。

まず最初にレビンが手を引いた。しかし、ケースには依然として事態の改善に取り組む気がなかった。実際、新たなCEO、リチャード・パーソンズが経営陣の入れ替えをはかったとき、それに強硬に反対したのもケースだった。他のだれかが入ってきてAOLの経営立て直しに成功したら、再建の功績はそいつのものになってしまう。

アイアコッカと同じく、他のプリンスに王冠をかぶせるくらいなら会社が潰れてくれた方がましだとすら思っていた。いよいよ辞職を迫られたとき、ケースは怒り狂った。アイアコッカと同じく、合併後の業績不振に対する責任をいっさい否定し、自分を辞任に追い込んだ人びとへの報復を誓ったのだった。

天才2人のせいで、AOLタイムワーナーは2002年、1000億ドル近い損失を計上してついに幕切れを迎えた。企業の1年間の損失額としては、アメリカ史上最高額だった。

自分が可愛い「わたし」中心の人びと

アイアコッカ、ダンロップ、レイとスキリング、ケースとレビン。こうした人びとの例を見ると、硬直マインドセットの人物が企業の経営責任を担った場合にどんなことが起こるかがわかる。いずれの場合も、才気煥発の指導者が、自分可愛さのあまり、会社を危機に追い込む結果となった。

とはいえ、通常の意味での悪事をはたらいたわけではない。就任当初はそんな意図はなかったにもかかわらず、重要な決断を迫られ、会社の長期的な繁栄よりも、自分のプライドや世間体を守ることの方を選んでしまったのである。失敗を人のせいにする、自分のあやまちを隠す、株価の吊り上げを図る、競争相手や批判者を徹底的に叩く、一般従業員をバカにする――これらが常套手段だった。

興味深いのは、こうした指導者たちがみな、会社を破綻に導いておきながら、自分だけは無傷で生き残れると思っていた点である。競争の激烈な業界でライバル企業の猛襲を受けているにもかかわらず、本人はそれとはかけ離れた別の世界に生きていた。

それは、自分だけが偉大である「わたし」中心の世界だった。自分には特別な権利があると信じるケネス・レイは、エンロン社から年間何百万ドルにもおよぶ報酬を受け取っていながら、会社から多額の融資を受けて私用に使い、親類縁者に仕事や契約を与え、家族旅行に会社のジェット機を使用した。

アイアコッカは、クライスラーが厳しい経営を余儀なくされているときでも、上層部のために贅を尽くしたクリスマスパーティーを催し、王である自分に高額の品を贈った。請求書は後日、重役たちのもとに送りつけられるのが常だった。AOLの経営幹部について、元役員のひとりは「何をしても許されると思っている人たち」だったと語っている。

このような指導者たちは、権力を象徴するもので身を飾り、問題点には触れずに美点ばかりほめそやす取巻きに囲まれていた。自分を天下無敵のように錯覚するのも当然と言える。硬直マインドセットが作り上げた魔法の国に君臨する優秀で完璧な王はつねに正しい。その世界に留まっているかぎり不安も不満もない。わざわざそこを抜け出して、欠点と失敗ばかりの苦しい現実に飛びこむ気になどなるわけがない。

モーガン・マッコールは、著書『ハイ・フライヤー　次世代リーダーの育成法』（プレジデント社）の中でこう指摘している。「不幸なことに、人間には成長のさまたげになることを好む傾向がある。すでに備わっている強みで、今すぐに劇的な成果を上げたがるのだ。しかしそれでは、後に必要となる新たなスキルを伸ばせずに終わってしまう……人間は、ほめらえるとその言葉どおりに受け取るが、欠点を指摘されてもなかなか真剣に受け止めようとしない。悪い知らせや批判には耳をふさごうとする……けれども、新しいことに挑戦する努力を放棄したとたん、とてつもない危険に身をさらすことになる」。

マインドセットが硬直していると、それだけ危険が増すことになりそうである。

残酷な上司

マッコールはさらにこう述べている。自分は生まれつき人より優れていると思っているリーダーは、ともすると、自分より劣る人びとの欲求や感情を無視してかかるようになる、と。私たちが調べた硬直マインドセットのリーダーの中に、一般従業員を大事にした者はひとりもおらず、だいたいが会社組織の中で自分より下位の者をあからさまに蔑《さげす》んだ。するとどうなるだろうか。そのような上司は、「いつも目を光らせておく」という建前のもとに、部下を残酷に扱うかもしれない。

アイアコッカは、経営幹部の力の均衡を崩そうとしてむごい手口を使った。タイムワーナーのジェリー・レビンは、残忍なローマ皇帝、カリギュラにたとえられていた。エンロンのスキリングは、自分よりも知力の劣る者を冷たくあざけったという。

会社組織におけるリーダーシップの専門家、ハーヴィー・ホーンスタインは、著書『問題上司「困った上司」の解決法』（ダイヤモンド社）の中で、このような虐待は「部下をけなすことで相対的に自分の権力、能力、価値を大きく感じたい」という上司の欲求のあらわれだと述べている。私たちの研究でもやはり、硬直マインドセットの人は、自分より劣っている人と比較して優越感を得ようとする傾向があった。両者は基本的には同じだが、ひとつ大きな違いがある。こうした上司は部下を傷つけてますますダメにしてしまうのだ。すると、それだけ自分が有能に感じられてくる。

ホーンスタインは、サンビーム・オスター社の元CEO、ポール・カザリアンについて、こんなふうに述べている。カザリアンは自分を、部下への要求が厳しい「完全主義者」だと評していたが、それは「虐待者」の別名にすぎなかった。部下のしたことが気に入らないとすぐに物を投げつけた。カザリアンの機嫌を損ねた会計検査官にはオレンジジュースの缶が飛んできたこともあった。

能力の劣る部下をいじめるのは、上司がそれによって優越感を得られるからだが、もっとも有能な部下がいじめの対象になることも少なくない。硬直マインドセットの上司にとって、自分の地位を脅かす存在だからである。ある大手航空機メーカーに勤務するエンジニアは、ホーンスタインのインタビューを受け、自分の上司についてこう語った。「彼の標的にされていたのは、特に有能な部下たちでした。もし課全体の業績を伸ばすことを真剣に考えていれば、良い仕事をしている部下をいじめるなんてことはしないはずです」。けれども、自分の力量ばかり気にしている上司は、そういうことが平気でできてしまうのである。

上司が屈辱的な仕打ちに出るようになると、職場の空気が変わってくる。従業員が上司の顔色ばかりうかがうようになるのである。コリンズは『ビジョナリーカンパニー2　飛躍の法則』の中でこう述べている。比較対象企業（良好《グッド》から偉大《グレート》へと飛躍できなかった企業、または、飛躍を遂げながら、それを短期間しか持続できなかった企業）の多くでは、従業員が何よりもまず経営者の顔色を気にしていた。「社外の現実ではなく、経営者の顔色を第一に心配するような状況を経営者自身が許していると、会社は凡庸になり、もっと悪い方向にすら進みかねない」。

1960年代から1970年代にかけて、チェース・マンハッタン銀行は、支配魔ともいえるデーヴィッド・ロックフェラーの指揮下にあった。コリンズとポラスの著書『ビジョナリー・カンパニー　時代を超える生存の原則』（日経BP社）によると、管理職は日々、何か言われるのではと戦々恐々としながら過ごし、終業時刻になると「ああ、今日も1日、無事に過ぎてくれた」と、ほっと胸をなでおろした。

こうした社風は1980年代後半になっても残っており、経営上層部は新しいアイデアを試すことをきらった。「デーヴィッドのお気に召さなかったらまずい」というのがその理由だ。コリンズとポラスによると、バローズ社のレイ・マクドナルド社長もやはり、失敗を犯した管理職を人前で叱責し、新しいことに挑もうとする部下の動きを抑えてしまった。その結果、コンピューター産業の初期にはＩＢＭよりも進んでいたにもかかわらず、やがて先を越されてしまう。

同じことが、コンピューター産業の黎明期にやはり業界をリードしていたテキサス インスツルメンツ社でも起こった。ＣＥＯを引き継いだマーク・シェパードとフレッド・ビューシは、会議で部下の説明に気に入らない点があると、どなり声をあげ、机を叩き、話し手をなじって、ものを投げつけた。企業家精神が失われていったのもうなずける。

上司が部下をきびしく管理し虐待するようになると、従業員全員が硬直したマインドセットに凝り固まってしまう。新しいことを学んで、成長し、会社を押し上げていこうとはせず、ひたすら評価を恐れるようになるのである。上司自身が評価を下されることに不安を抱いていると、やがて、職場の全員が評価を恐れるようになる。硬直マインドセットがはびこった社内では、勇気や改革の気風はなかなか育たない。

しなやかマインドセットの有名経営者

アンドリュー・カーネギーはかつてこう語った。「私の墓碑銘にはこう記してほしい――自分よりも賢い部下を使う術を知っていた賢者、ここに眠る」

さあ、窓を開け放して、新鮮な空気を入れよう。硬直マインドセットの世界にいると息がつまってくる。硬直マインドセットの指導者は、たとえ地球を股に掛けて各国の大物と渡り合っていたとしても、ごく狭い限られた世界から抜け出せない。マインドセットが常に「自分の優秀さを確かめたい、示したい！」という1点で釘付けにされているからだ。

しなやかマインドセットの指導者の世界に移るとすべてが一変する。世界が明るさと拡がりを増し、エネルギーと可能性に満ちてくるのだ。へぇ、面白そう！　と思うだろう。私はそれまで会社経営のことなど考えたこともなかったが、こうした指導者たちの経営方法を学んでみると、世の中にこれほど興味深いことはないのではという気がしてきた。

硬直マインドセットの経営者と比較するために、私は次の3人の経営者を選んだ。GEのジャック・ウェルチ（根っから控えめなしなやかマインドセットの人ではないが、我を抑えることのできる図抜けた人物）、ルイス・ガースナー（崩壊の瀬戸際に立たされているIBMにやってきて、この企業を救済した男性）、アン・マルケイヒー（瀕死のゼロックス社を生き返らせた女性）。同じ経営再建のエキスパートでも、アルフレッド・ダンロップとどのように違うかがわかると思う。

ジャック・ウェルチ、ルイス・ガースナー、アン・マルケイヒーは、会社そのものを変容させたという点でも興味をそそられる。3人は、硬直マインドセットを根絶し、しなやかなチームワークの文化を植え付けることによって、それを成し遂げたのである。ルイス・ガースナーがやって来てからのＩＢＭを見ると、エンロンですら、しなやかマインドセットの世界に移ればこうなったのではないかと思われてくる。

しなやかマインドセットの経営者は、人間の、自分の、そして他者の、潜在能力と成長の可能性を信じるところから出発する。そして、自分の偉大さを証明する舞台として会社を利用するのではなく、自分と従業員そして会社全体が成長していく原動力としてそれを活かす。

ウォーレン・ベニスはこう述べている。状況に乗り、状況に振り回されるばかりで、どこへも向かうことができないボスが多すぎる。そのような人はボスにはなれても、リーダーにはなれない。リーダーとは、組織への忠誠を云々する人ではなく、目的地への旅——人々が力を合わせて学びながら進む、よろこびに満ちた旅——について語れる人である、と。

ジャック・ウェルチ「傾聴、信頼、育成」

１９８０年にジャック・ウェルチがＧＥを引き継いだとき、ＧＥの資産価値は１４０億ドルだった。それから20年後、ＧＥはウォールストリートで４９００億ドルと評価された。世界最高の資産価値を持つ企業となったのである。『フォーチュン』はウェルチのことを次のように評した。「当代のだれよりも大勢の人から賞賛され、研究され、手本にされたＣＥＯ……その経済的影響力を算定することは不可能に等しいが、おそらくＧＥの実績の何倍にも上る驚異的な数字にちがいない」

しかし、それ以上に私が感銘を受けたのは、『ニューヨーク・タイムズ』の特集記事に載っていたイントゥイット社のCEO、スティーヴ・ベネットの言葉である。

「私はGE時代にジャック・ウェルチから従業員を育てるということを学んだ。……現場で起きていることを知るために、彼はよく最前線で働く工員のもとに出かけていった。1990年代の初め、ルイヴィルの冷蔵庫工場でときどき彼の姿を見かけた……組立てラインの工員に声をかけては、その話に耳を傾けていた。私はCEOとなった今でも、現場の工員たちとよくしゃべる。それはジャックから学んだことなのである」

この記事は多くのことを物語っている。ジャックが多忙な重要人物だったことは言うまでもない。けれども、アイアコッカのように贅沢な本社ビルで給仕たちにかしずかれたまま、などということはなかった。ジャックは方々の工場を訪問しては、従業員たちの話に耳を傾けた。従業員に敬意を払い、従業員に学び、そうすることによって従業員を育成していったのである。

また、チームワークを重視し、王者ぶることもなかった。ウェルチの自伝の「献辞」や「著者注記」にも、そうした態度の違いが表れている。自分を英雄視することは容易にできたはずなのに、アイアコッカのように「私はヒーローだ」とも、アルフレッド・ダンロップのように「私はスーパースターだ」とも言っていない。

それにはこう記されている。「私は1人称を使いたくない。私がこれまでの人生でなし遂げてきたことのほとんどは、まわりの人たちとの共同作業だからである……本書の中に『わたし』という言葉が出てきたら、それはみな、そうした同僚や友人や、私自身気づいていない人たちのことだと思ってほしい」

また、こうも記されている、「そうした人たちのおかげで、私はいつも心から楽しみ、大いに学びながら旅を続けることができ、往々にして、実力以上の評価を得ることもあった」

すでに見てきたように、自分の力量の誇示に余念がないCEOのもとで「わたし」中心だった職場も、指導者の考え方がしなやかになると「わたしたち」主体の職場に変わっていく。

ウェルチは、GEという企業から硬直マインドセットを根絶する前に、自分自身のそれを根絶する必要があった。それはウェルチにとって本当に長い道のりだった。彼は最初からあのような優れた指導者だったわけではない。1971年にウェルチがあるポストの候補にあがったとき、GEの人事部長から警告メモが出された。ウェルチには長所もたくさんあるが、そのポストにつけるには「通常以上のリスクが伴う」。傲慢で、批判をすなおに受け止めることができない。自分の才能に頼りすぎて、入念な下準備をせず、スタッフの助言も受けつけない――

そんなことまで書かれていた。

さいわいなことに、成功に舞い上がっているときには必ず、目を覚ましてくれるような出来事が起きてくれた。ある日、若き「ウェルチ先生」が高級スーツに身を包み、買ったばかりのコンバーティブルに乗り込んだときのこと。頭上の幌を下げようとしてレバーを動かすと、突然、幌を収納する機構の油圧ホースからどす黒いオイルが噴き出して、スーツを汚し、美しい新車のフロント部分の塗装を台無しにしてしまった。「分不相応な生活をしていたことを思い知らされる出来事だった。平手打ちを食らって現実に引き戻された。貴重な教訓だった」

自伝の「慢心」と題された章には、ウェルチが企業買収に乗りだし、自分は間違いを犯すわけがないと自惚れていた頃のことが記されている。エンロン型の文化を持つウォールストリートの投資銀行、キダー・ピーボディを買収した彼は、GEに何億ドルもの損失を出す大失策を演じてしまう。「キダーの経験はけっして忘れない」と彼はいう。「自信と慢心は紙一重。このときは慢心がまさり、私に終生忘れえない教訓を与えてくれた」

ウェルチは本物の自信とはどういうものかを学んでいった。「何ごとにもオープンな姿勢を保っていられること、変化を積極的に受け入れ、新しいアイデアを、その出所に関係なく取り入れられる勇気」こそが真の自信なのだ。地位や肩書、高価なスーツや高級車、企業買収の成功などとは関係ない。本当の自信はマインドセット——成長しようとする気構え——にこそ表れるものである。

そう、謙虚さこそ出発点となる。では、経営手腕はどのようにして身につけたのだろうか。

ウェルチは自分の体験から、目指すべき経営者のあり方を学んでいった。部下に評価を下すのではなく、部下を育て、導いていくしなやかマインドセットの経営者こそが目指すべきあり方だった。まだGEの若手エンジニアだったとき、彼は工場の屋根が吹き飛ぶほどの凄まじい化学爆発を起こしてしまった。すっかり動転した現場責任者の彼は、どんな処罰をも受ける覚悟で上司に事故原因を説明しようと、160キロの道を飛ばして本社に駆けつけた。そこで彼が上司から受けたのは、じつに理解ある協力的な対応だった。ウェルチはそのときのことをけっして忘れない。「チャーリーの対応に私は深い感銘を受けた。……部下が過ちを犯して落ちこんでいるとき、上司が果たすべき役割は、部下に自信を取り戻させることなのだ」

出身校ではなく、マインドセットで採用を決めるという優秀な人材の集め方も失敗体験から習得していった。初めのうちは立派な学歴に弱く、MITやプリンストン大学やカリフォルニア工科大学の卒業生ばかりを入れようとした。ところがそのうちに、学歴はあまり重要ではないことに気づく。「結局、私が求めているのは、情熱にあふれ、何かをやり遂げようとする意欲に燃えている人材であることがわかってきた。履歴書を見ても、心の中の熱さは伝わってこない」

やがて、CEOに就任するチャンスが到来する。3名の候補者はそれぞれ、自分こそが最適任であることを現職CEOに示さなくてはならない。ウェルチは、自分が将来性豊かな人材である点を強調した。卓抜した才能や類まれな経営手腕を売り込むのではなく、これから経営者として大きく成長していくことを約束したのである。結局、CEOの座に就いたウェルチは、その約束をしっかりと果たしていく。

会長兼CEOに就任するや、社内の率直な意見を把握するために、ウェルチは本音で話しあえる環境づくりに乗りだした。経営幹部を集めて、GEという企業の好きな点、嫌いな点、変革が必要と思われる点を尋ねたのである。そのような質問を受けた経営幹部たちはびっくり仰天した。それまでずっと、ボスのご機嫌をうかがうことに慣れっこで、そんなことを考える気にもなれずにいたのだ。

さらにウェルチは、「GEは自惚れを脱して成長を続ける企業である」ことを社員たちに広く知らせた。

彼はまた、エリート主義を一掃しようとした。エリート意識ほどしなやかマインドセットと相容れないものはないからだ。ある晩、GE内での人脈づくりの場ともなっている経営上層部のクラブに招かれて講演したときのこと。ウェルチは耳当たりの良いことは何ひとつ言わず、逆に、集ったメンバーに一撃を食らわせた。

「私はみなさんのなさっていることに何の価値も見出せません」

そして、社員と会社のためにもっと有意義な役割を果たすにはどうすればよいか考えてみるように求めたのだった。それから1か月後、クラブの会長が新しいアイデアを携えてウェルチのもとを訪れた。このクラブを地域社会に奉仕するボランティア組織に変えようという構想だった。それから20年後、GE社員全員に開かれたこの組織は、4万2000人もの会員を擁するまでになる。その活動も、スラム街の学校で勉強を教えたり、必要な地域に公園や運動場や図書館を作ったりと、自分の我と欲を追求するのではなく、他人の成長に貢献するものに変わっていった。

部下に無理やり結果を出させようとする横暴な上司を、ウェルチは辞めさせた。アイアコッカはそうしたやり方を黙認し、高く評価することさえあった。結局自分の利益になるからである。ウェルチ自身も、過去を振り返って身に覚えのないことではなかったが、未来に向かって歩みだすGEにはあってはならぬことだった。500人の管理職を前にして「前年に好成績を上げたにもかかわらず辞めてもらった4人の経営幹部について、その理由を説明した。……当社の価値観にそぐわない行動が見られたからであると」。このようにして、部下を脅すのではなく、教え導くことで業績を高めようとする方針を定着させていった。

加えてウェルチは、個人の才能にではなく、チームワークに対して報酬を与えるしくみを作った。GEでは創業以来、エンロンと同様に、優れたアイデアの発案者個人に報奨を与えてきた。しかし、ウェルチは、アイデアを実現させたチーム全体に報奨を与えようと考えたのだ。

「その結果、リーダーが功績を独り占めするのではなく、チーム全員で共有することを求められ、社員同士の人間関係に大きな変化が起きた」

ジャック・ウェルチはけっして完璧な人間ではなかったが、成長しようとして一心に努力した。そのひたむきさゆえに、彼はエゴを抑えて、現実を見据え、人間的な温かみを失わずにいられたのである。それが結局、彼の旅を実り豊かで、しかも大勢の人びとに達成感をもたらすものにしたのだった。

ルー・ガースナー「硬直マインドセットの根絶」

1980年代のIBMは、エンロンと同じような状況にあった。ひとつだけ違う点は、このままではまずいことを取締役会の面々がよく理解していたことだ。

IBMには昔から独善的なエリート主義の社風があった。社内にチームワークなどなく、いつも縄張り争いに終始していた。いったん商品を売り込んだらそのまんま、顧客サービスへの配慮など無いに等しかった。けれども、業績の悪化に直面しなければ、だれも何とかしなければとは思わなかっただろう。

1993年、ルー・ガースナーのもとに、次のCEOを引き受けてほしいという依頼がきた。辞退した。が、再び頼まれる。「アメリカのためにやってほしい。クリントン大統領に電話して、引き受けてくれるように説得してもらおうと思っている。どうかお願いしたい。今わが社に必要なのは、あなたがアメリカン・エキスプレスやＲＪＲナビスコでやったような、戦略と企業文化の変革なのだから」

結局、ガースナーは依頼攻勢に負けて承諾するが、なぜ引き受けたのかは本人にも定かでない。ともかく、こうしてＩＢＭは、社員の成長とそれを育む企業文化の創成を信じる指導者を得たのだった。ガースナーはどうやってＩＢＭにそのような社風を創っていったのだろう。

まず、ウェルチがしたのと同様に、社内の上下のコミュニケーション経路を開いた。就任6日目に、ＩＢＭの社員全員に次のようなメールを送っている。「これから数か月かけて、私はできるだけ多くの事業所やオフィスを訪問するつもりです。そして、可能なかぎり大勢の社員のみなさんと会って、会社を強くする方法をともに語りあいたいと思っています」

著書の献辞には次のように記されている。「会社を、同僚を、そして自分自身をけっして見放さなかった大勢のＩＢＭ社員に本書を捧げる。この人たちこそが、ＩＢＭ再生の真の立役者である」と。

ウェルチと同じく、ガースナーもエリート主義を攻撃した。エンロンと同様に、ＩＢＭの企業文化では社内での地位こそが重要な意味を持っていた。ガースナーは、ＩＢＭの経営の根幹を握っていた経営委員会を廃止して、上層部以外の社員から広く意見を聴くようにした。しなやかマインドセットの立場に立つならば、少数の選ばれた人たちだけに意見を求めるのはおかしい。「会社組織のどの位置にいる人かということは、私にとってはどうでもいいこと。地位や肩書とは関係なく、問題解決の力になれる人たちに集まってもらってともに話しあおう」

その次の課題は、社員が一丸となって行動する姿勢を作ることだった。ガースナーは社内政治に明け暮れている社員をクビにし、同僚の力になろうとする社員に報酬を与えた。ＩＢＭの各営業部門が互いにけなしあって、顧客からの仕事を奪い合うことをやめさせた。また、経営幹部に対する賞与の額は、担当部門の業績にではなく、ＩＢＭ全体の業績に基づいて決定するようにした。少数の社員だけに報いるつもりはなく、全員が一丸となって協力しあうように、というメッセージだった。

エンロンの場合と同様に、うまい話には飛びつくものの、取引が成立するとその後のことはなおざりにされていた。計画実行の失敗が繰り返され、会社がそれを際限なく許していることに愕然としたガースナーは、決定事項は必ず遂行するように要求した。天才的な思いつきだけではダメで、それを成し遂げてこそ意味がある、というメッセージだった。

最終的に、ガースナーが力を入れたのは顧客サービスの向上だった。当時、顧客たちはＩＢＭに欺かれたように感じて怒りを募らせていた。ＩＢＭが独善と自己満足に陥り、顧客のニーズに応えようとしなかったからである。顧客たちはＩＢＭの価格設定に不満を抱き、その官僚体質に憤り、システムの統合にまるで非協力的であることに苛立っていた。ガースナーは、この米国最大手の企業の情報担当部長175名を前に、顧客サービスを最優先課題とすることを宣言し、その裏づけとして、メインフレームの価格を大幅に下げることを発表した。殿様商売にあぐらをかくのではなく、顧客の満足を第1に考える企業である、というメッセージだった。

就任以来、努力に努力を重ねて3か月、ガースナーはウォールストリートのアナリストから厳しい評価を受ける。「IBMの株価が一向に上昇しないのは、ガースナーが無為無策だからである」

ガースナーは、どんなに叩かれても不撓不屈の精神で傲慢経営の改善に取り組み、ついにIBMを「瀕死状態」から蘇らせた。それはいわば短距離走だった。ここまでならダンロップにもできたろう。しかし、その先にはもっと難しいIBMが業界の主導的地位を取り戻すまで、その方針を堅持していくという課題が待ち受けていた。それはマラソンレースだった。2002年3月、ガースナーがCEOを退いてIBMを社員たちに返したとき、株価は当初の800パーセントにまで上昇し、IBMは「情報技術サービス、ハードウェア、パソコン向けを除く企業向けソフトウェア、高性能カスタム半導体の分野で世界一」になっていた。とうとう、業界の動向を左右するトップ企業に返り咲いたのである。

アン・マルケイヒー「情熱、気骨、猛勉強」

このIBMに、総額170億ドルの負債を抱え込ませ、信用格付けをがくんと引き下げ、証券取引委員会の調査対象にし、さらに、株価を1株63・69ドルから4・43ドルに下落させたらどうなるか。

2000年にアン・マルケイヒーが引き継いだゼロックス社はそんな状態だった。事業の多角化に失敗しただけでなく、主力の複写機までもが販売不振に陥っていた。しかしその3年後、ゼロックスは四半期連続で黒字を達成。2004年、『フォーチュン』はマルケイヒーの改革を「ガースナーのIBM以来の再建劇」であると評価した。彼女はどうやってそんなことを成し遂げたのだろう。

ゼロックスの命運を握るCEOにまでマルケイヒーを成長させたのは、信じがたいほどの猛勉強だった。彼女はアーシュラ・バーンズなどの幹部とともに、企業経営の核心部分をもらさず徹底的に学んだ。たとえば、『フォーチュン』の記者、ベッツィ・モリスが述べているように、マルケイヒーは自分の下した決断の影響が貸借対照表の数字にどのように現れるかを予測できるように、負債、棚卸資産、税、通貨などについて学んでいった。週末のたびに大きなバインダーを家に持ち帰り、月曜日に最終試験でもあるかのように夢中で勉強した。

マルケイヒーがゼロックスの経営を引き継いだときに、その資産額、売上高、管理担当者など、単純なことを尋ねても答えられる者はいなかった。彼女はそうした財務指標や責任の所在を把握しているCEOになったのである。

マルケイヒーは確固たる態度で会社再建を進めていった。ゼロックスの経営は破綻しかけており、会社は倒産の危機にあるという、直視しがたい厳しい現実を1人ひとりに告げ知らせ、従業員の3割削減を断行した。といっても、チェンソー・アルとは違っていた。みずから下した決断の苦痛に耐えながら、各部署を回って従業員たちと語りあい、「もうしわけない」と詫びた。冷徹な態度を貫いてはいても、心の中はいつも熱かった。もし会社が潰れたら、残された従業員や退職者はどうなるだろうと考えて、真夜中まで眠れずに過ごすこともよくあった。

従業員の働く意欲や成長を大切にしたマルケイヒーは、賃金はカットしても、ゼロックスの企業文化のユニークで素晴らしい面は絶やさないように心を配った。ゼロックスは、退職パーティーや退職者の集いを行なう企業として、業界内でも有名だった。また、マルケイヒーは経営再建に向けて苦しんでいるときでも、士気向上のために昇給は廃止せず、誕生日休暇の制度もそのまま続けた。物心両面から会社を救おうと考えたのである。その努力は、自分自身やエゴのためではなく、会社を救おうとして限界まで頑張っている従業員全員のためだった。

こうして2年間、奴隷のごとく働き続けたが、『タイム』を開くマルケイヒーの目に入ってくるのは、タイコ社やワールドコム社のCEO—不正会計によりアメリカ史上最悪の経営破綻を招いた人物—と一緒くたに扱われている自分の姿だった。

けれども、それから1年して、ようやく努力が報われたことを知る。取締役会のメンバーのひとり、プロクター＆ギャンブル社の元CEOからこう言われたのだ。「ゼロックスの取締役に名を連ねることをまた誇らしく思うようになるなんて、想像もしていなかった。私は間違っていたよ」

マルケイヒーは短距離走に勝ちつつあった。次に待っているのはマラソンレース。ゼロックスはそこでも勝利を得ることができるだろうか。ゼロックスはあまりにも長いこと現在の栄誉に安住し、変化を拒んできたがために、飛躍の好機を逸してしまったのだろう。自分を変え、会社を変えようとするマルケイヒーのしなやかなマインドセットが、またひとつアメリカ企業を救う力になるかもしれない。

ウェルチ、ガースナー、マルケイヒー——。3人とも成長を信じていた。3人ともあふれんばかりの情熱で仕事に取り組んだ。3人とも、指導者に求められるのは、頭の良さではなく、成長と情熱だと信じていた。硬直マインドセットの指導者は、結局、従業員にむごい仕打ちを行なったが、しなやかマインドセットの指導者はどんなときも感謝の気持ちで従業員に接した。驚異の旅を可能にしてくれた従業員を、感謝の念を持って見上げるこうした人びとこそが、みんなから真の英雄と呼ばれる経営者なのである。

ちなみにCEOは男性に限られるのか。CEO自身が書いた本や、CEOについて書かれた本を読むと、そう思うのではないだろうか。ジム・コリンズの著書に登場する、企業を良好《グッド》から偉大《グレート》へと飛躍させた指導者たちは（そして、比較対象企業の偉大とはいえない指導者たちも）全員が男性だった。それはおそらく、これまでずっと企業のトップは男性に限られていたからだろう。

数年前までは、女性が大企業のトップの座に就くなど考えられないことだった。実際、大企業の女性経営者の多くは、メアリー・ケイ・アッシュ（化粧品会社の創設者）、マーサ・スチュワート、オプラ・ウィンフリーのように、自ら起業したか、キャサリン・グレアム（元ワシントンポスト社主）のように、相続によって引き継いだかのいずれかだった。

けれども、変化のきざしが見えてきた。ビッグビジネスで主要なポストに就く女性が増えてきている。

2、3年もしたら、ほとんど女性だけでこの章が書き上がってしまうのではないだろうか。いや、そうではない気もする。2、3年後には、男性女性を問わず、主要企業のトップから、硬直マインドセットの指導者がいなくなっているのではないかとは思う。

集団浅慮VSみんなが考える

本章の前半でロバート・ウッドらの研究を紹介したが、彼らが行なったもうひとつの研究も興味深い。この研究では、3人1組のマネジメントグループを全部で30組ほど作った。そのうちの半分は、3人全員が硬直マインドセットのグループ、残りの半分は、3人全員がしなやかマインドセットのグループだった。

硬直マインドセットの人が「マネジメント能力は一定で、あまり伸ばすことはできない」と信じているのに対し、しなやかマインドセットの人は「マネジメント能力はいつでもかなり伸ばすことができる」と信じている。したがって、前者が「マネジメント能力が有る人は有るし、無い人は無い」と考えるのに対し、後者は「経験を活かせばマネジメント能力を伸ばすことができる」と考える。

グループを作ってから数週間経ったところで、前回と同じ、家具メーカーの経営をシミュレーションするという複雑な課題を与えた。従業員をうまく配置してモチベーションを高め、生産性が最大になるようにもっていく点は前回と同様である。しかし今回は、ひとりで課題に取り組むのではなく、さまざまな選択肢やフィードバックの結果をグループで協議しながら意思決定を下していく。

　スタート時点では、硬直グループとしなやかグループとでマネジメント能力に差はなかったが、時間が経つにつれて、硬直グループよりもしなやかグループの方が明らかに成績が良くなり、グループ活動が長くなればなるほど、ますますその差が開いていった。今回もやはり、しなやかマインドセットの人の方が硬直マインドセットの人よりも、失敗やフィードバックからはるかに多くのことを学んでいた。しかし、それ以上に興味を引いたのは、グループとしてのはたらきだった。

　どのような決定を下すかを話しあうとき、しなやかグループのメンバーの方がはるかに率直に自分の意見を述べ、ためらうことなく反対意見を表明した。グループの全員に人の意見から学ぼうという姿勢が見られた。それに対して、硬直グループでは、自分と相手とではどちらが頭が良いかを気にしたり、アイデアを出しても叩かれるのではないかと恐れたりして、そのような率直で、実りある議論は生まれなかった。集団浅慮《しゅうだんせんりょ》にも似た状態に陥っていた。

「集団浅慮」という言葉は１９７０年代の初めに、アーヴィング・ジャニスが広めた。集団浅慮とは、集団の全員が同じ考え方をするようになって、異論を唱える者や批判的な立場を取る者がいなくなり、その結果として、集団が非常に危険な意思決定を下してしまう現象をいう。ウッドの研究からわかるように、それは硬直マインドセットのせいである場合が少なくない。

人びとが天才的な指導者を盲目的に信じるようになると、集団浅慮に陥る可能性がでてくる。米国のピッグズ湾侵略（キューバを侵略し、カストロ政権を倒そうとして失敗に終わった秘密計画）は、集団浅慮が招いたものと言える。明敏な頭脳を持つケネディ大統領の顧問たちが、このときに限って思考停止に陥ってしまったのだ。なぜだろう。あのケネディがやることならうまくいかないはずがないと、全員が信じこんだからである。

内情にくわしいアーサー・シュレジンジャーによると、ケネディの側近たちは、彼の能力と運の良さに絶大な信頼を寄せていた。「1956年以来、すべてが彼にとって良い方向に進んできていた。大統領候補指名を勝ち取り、さらに大方の予想を裏切って当選。側近たちはみな、ケネディにはミダス王のごとく、手に触れる物をことごとく黄金に変える能力があり、負けることなどありえないと思うようになっていた」

シュレジンジャーはこうも述べている。「上級顧問のだれかひとりでも反対していたら、ケネディは思いとどまったにちがいない。けれども、だれひとり異を唱えなかったのである」。このような事態を防ぐために、ウィンストン・チャーチルは通常の指揮命令系統から独立した特別部署を設置した。ジム・コリンズによると、この部署の任務は、首相のカリスマ的な性格を恐れることなく、悪いニュースをそのままフィルターを通さずに首相に伝えることだった。そのおかげで、チャーチルは安眠を得ることができた。集団浅慮による偽りの安心感に浸っているわけではないと確信できたからである。

集団浅慮に陥るおそれがあるのは、集団のメンバーが自らの才能と優越に慢心しているときだ。エンロンの経営幹部は、人よりも優れている自分たちの考えはすべて優れている、だから間違うわけがない、と信じていた。ある社外コンサルタントが折に触れてエンロン社員に「御社の弱点はどこだと思いますか」と尋ねたが、だれひとりその質問に答えられなかった。質問の意味すら理解できなかったのだ。「私たちは完璧だと信じて疑わなくなっていた」とある経営幹部は語る。

ゼネラルモーターズの元CEO、アルフレッド・P・スローンのやり方は、これと好対照をなしている。経営方針を決める幹部会議の見解が全会一致になると見たスローンは、こう提案した。

「全員がこの決定に全面的に賛成のようですね……この件は、次回のミーティングまで持ち越しましょう。時間をおいて反対意見が出てくるのを待つと、この決定がどういうことなのかがもう少しわかってくると思います」

紀元前5世紀の史家、ヘロドトスによると、古代ペルシャでは集団浅慮に陥るのを防ぐために、スローンと似たやり方がとられていた。全員がしらふのときに下した決定を、酒に酔っているときにもう一度検討し直したのだ。

リーダーのマインドセットが硬直していて異を唱える者につらく当たる場合にも、集団浅慮に陥るおそれがある。内心は批判的な考えを持っていても、だれも口に出して言わなくなるからである。アイアコッカは、自分の構想や決定に批判的な者の口を封じようとした（クビにすることもあった）。部下が提案したコンパクトな小型車は、まるで転がるイモじゃないか、という彼のひとことで却下された。クライスラーのごつい大型車がどんどん市場シェアを減らしているのに、反対意見を出すことなどだれも許されなかったのである。

デービッド・パッカードは、それとはまるで正反対で、自分に公然と逆らった社員にメダルを贈った。ヒューレット・パッカード（ＨＰ）社の共同創立者のひとりが次のような話を紹介している。

何年も前のこと、ＨＰの研究室でディスプレー装置の開発にあたっていた若手エンジニアに、2人は研究の中止を言い渡した。すると、そのエンジニアは「休暇」を取ってカリフォルニアの旅に出かけ、興味を持ってくれそうな客のもとに立ち寄っては、その装置を見せて相手の反応をうかがった。脈がありそうだと判断した彼は、会社に戻って研究を続行し、管理職を説得して何とか製品化まで漕ぎ着けた。

結局、そのディスプレー装置は1万6０００台を売る大ヒットとなり、３５００万ドルの売上を達成する。後日、ＨＰの技術者集会で、パッカードはその青年に「通常のエンジニアリング業務を逸脱した反抗的、挑戦的な行為」を讃えるメダルを授与したのだった。

硬直マインドセットには集団浅慮を招く要因がそろっている。たとえば、リーダーは絶対に過ちを犯さない神様だと思われている。集団のメンバーが自分たちには特別な才能や権力があると思っている。リーダーが自分のエゴを通すために反対意見を押え込んでしまう。リーダーに認めてもらいたくて全員がリーダーになびいてしまう、といったぐあいである。

したがって、重要な決定を下すときには、どうしてもマインドセットをしなやかにしておく必要がある。ロバート・ウッドの研究で明らかになったように、マインドセットをしなやかにして、能力は一定で、伸ばすことはできないという幻想や重荷から解放されれば情報をフルに活用して、オープンな議論を交わし、より適切な意思決定ができるようになる。

リーダーは生まれつきか、努力のたまものか

ウォーレン・ベニスが優れたリーダーたちにインタビューを行なったとき、「だれもが口をそろえて言ったのは、人はリーダーに生まれつくのではなく、リーダーになるのであり、しかも、外的な条件によってではなく、自分自身の力でリーダーになるのだということ」だった。ベニス自身もやはり、「年齢や環境に関係なく、だれでも自己変容の可能性を秘めている」

と考えている。といっても、だれもがみなリーダーになれるわけではない。悲しいことに、ほとんどの経営者が、そしてCEOさえもが、ボスにはなれてもリーダーにはなれずにいる。権力をふるうばかりで、自分や従業員や組織全体を変えることができないのである。

なぜだろう。ジョン・ゼンガーとジョゼフ・フォークマンはこう指摘する。経営者になりたての頃は、ほとんどの人が無我夢中で勉強する。指導を受け、訓練を積み、さまざまな考え方を受け入れ、仕事の進め方を時間をかけて懸命に模索する。成長への意欲に燃えている。

ところが、いったんひと通りのことを習得すると、それ以上技量を磨こうとはしなくなる。あまりに大変そうだからか、もう学ぶことはないと思うからか。むしろ、今の仕事をこなすことに満足して、リーダーを目指そうとはしなくなるのである。

モーガン・マッコールはこんなふうに述べている。才能は生まれつきだと思いこんで、成長の可能性を秘めた人材を求めようとしない組織がなんと多いことか。そのような組織は、リーダーに成長しうる人材をどんどん逃がしてしまうだけではない。天賦の才への信仰が、天才に祭り上げられた人を押しつぶし、傲慢で保身的で向上心に欠ける人間に堕落させてしまうかもしれないのだ。

能力の育成を重んじる文化を作ろう。そうすれば、その組織からはおのずとリーダーが育ってくる。

マインドセットをしなやかにするには？

▼あなたの職場は硬直マインドセットだろうか、それとも、しなやかマインドセットだろうか。あなたは周囲の人から評価を下されていると感じているか、それとも、成長を助けてもらっていると感じているか。自分から率先して、職場のマインドセットをしなやかにしていこう。過ちを犯したら、保身にまわるのではなく、過ちをしっかりと認めよう。フィードバックをもっと活かし、失敗からもっと学ぼう。

▼あなたは部下に対してどのような態度をとっているだろうか。部下のことよりも自分の権威を守りたがる、硬直マインドセットの上司になっていないだろうか。部下をけなすことで自分の優位性を確認しようとしてはいないだろうか。自分の地位が脅かされるのを恐れて、業績の良い部下の成長を妨げてはいないだろうか。

部下の仕事能力の向上をうながすには、どんな方法があるだろう。実習、研修、コーチングなどを考えてみよう。力を合わせて仕事するチームの仲間として部下に接するには、どうすればよいだろう。さまざまな方法を列挙し、実際に試してみよう。自分はすでにマインドセットのしなやか上司だと思っても、やってみよう。適切なサポートや成長をうながすフィードバックは、益にこそなれ、害になることはない。

▼あなたが経営者なら、しなやかな観点から会社を吟味してみよう。ルイス・ガースナーが行なったような企業文化の改革が必要だろうか。エリート主義を根絶し、自己点検、オープンなコミュニケーション、チームワークを重んじる社風を作るにはどうすればよいか、よく考えてみよう。ガースナーの名著『巨象も踊る』（日本経済新聞出版社）を読んで参考にしよう。

▼あなたの職場は集団浅慮に陥りやすくなっていないだろうか。もしそうだとすると、意思決定のプロセス全体が誤った方向に流れてしまう。それを防ぐために、別の見方や建設的な批判が出てくるように工夫しよう。たとえば、だれかにわざと反対意見を述べてもらい、逆の立場から自説の欠点を見つける。ある問題を別の側面から議論してみる。投書箱を設置し、従業員に意思決定プロセスに参加してもらう、など。人間は、独自の思考を進めながら、同時にチームの一員としての役割を果たすことができる。その両方の力をフルに発揮できるようにしていこう。

第6章

つきあい——対人関係のマインドセット

「まことの恋が平穏無事に進んだためしはない」——。これはシェークスピア劇の名台詞だが、そもそもまことの恋を見つけることからして容易ではない。恋の道は艱難辛苦《かんなんしんく》の連続だ。それにこりて、幸せな関係を求めるのを止めてしまう人もいる。その一方で、心の傷を癒《いや》して新たな恋に向かう人もいる。その違いはいったいどこにあるのだろう。それを解明すべく、100名以上の人々につらかった失恋体験を語ってもらった。

初めてニューヨークにやって来たときは、信じられないほど寂しかった。知っている人は1人もいないし、自分はよそ者なんだって痛いほど感じました。みじめな気持ちで1年ほど暮らした頃、ジャックと出会ったんです。会った瞬間に、この人だ、と思いました。というか、もうずっと前からお互いによく知っているような気がしました。それからまもなく一緒に暮らすようになって、何をするのも一緒。私はずっと一緒に暮らすつもりだったし、彼もそう言ってました。2年間は本当に幸せでした。ある日、家に帰ると書き置きがあったんです。もうここにはいられない。探さないでほしいって、ただそれだけ。それからずっと連絡がありません。電話が鳴ると今でも、ひょっとして彼かな、と思ってしまいます。

これと似たような話をしてくれた人が、どちらのマインドセットにも大勢いた。失恋の痛手はだれにでも経験がある。けれども、それにどう対処したかは、人によってまちまちだった。失恋体験を語ってもらった後で、次のような質問をした。

その体験はあなたにとってどんな意味を持つものでしたか。それにどう対処しましたか。どうしたいと思いましたか。

硬直マインドセットの人たちは、相手に拒絶されると、自分を否定されたように感じた。消えないインクで、額に「魅力なし」と書かれたような！　そして激しい憤りを感じた。硬直マインドセットの人には、受けた傷を癒す手立てがない。だから、自分を苦しめた相手に痛手を負わせてやりたいと念じることしかできない。先ほどの体験を語ったリディアも、激しい恨みをずっと抱き続けたという。「仕返ししてやりたい。できることなら、痛い目にあわせてやりたい。それが当然の報いだもの」

硬直マインドセットの人たちが望んだのは、とにかく復讐すること。ある男性はこう語った。「彼女はぼくの価値を奪い去っていった。どうやって償ってもらおうか、1日たりと考えなかった日はない」。この研究に参加してくれた私の友人が、離婚体験について語ったときの言葉が印象に残っている。「私が幸せになるか、彼が不幸になるか、ふたつにひとつしかないとしたら、当然、彼に不幸になってもらうわ」

「復讐は甘美なり」という箴言《しんげん》の作者、つまり復讐することで救われると思っていたその人は、硬直マインドセットだったに違いない。しなやかマインドセットの人は復讐を好まない。同じようにつらい失恋体験をしても、その後の対処の仕方がまるで違っていた。

しなやかマインドセットの人たちは、相手を理解して、許し、そして前向きに進もうとした。深く傷ついてもそこから何かを学びとろうとした。「彼女とあんな結末を迎えたことで、コミュニケーションの大切さを痛感した。それまでは愛さえあれば何でも解決すると思っていたが、関係を育てていく努力が必要なことに気づいた」。この男性はさらに「どんな相手とならばうまくいきそうかもわかってきた。人とのつきあいはすべて、自分にふさわしい相手を知るのに役立つと思う」と語った。

フランスに「すべてを理解することは、すべてを許すことなり」ということわざがある。すべてを許すなんてもちろん無理だが、相手を恨んでいるかぎり、新たな一歩を踏みだすことはできない。**しなやかマインドセットの人たちがまずしようとしたのは、相手を許すことだ。**ある女性はこう語った。「私は聖人じゃないけれど、心の平穏を得るには、あの人を許して忘れるしかないと思った。彼にはひどいことをされたけれど、過去にばかりこだわっていたら、これからの人生が台無しになってしまう。そう思って、ある日やっとこう祈れるようになった。『彼にも私にも幸せが訪れますように』と」

マインドセットがしなやかな人たちは、自分を完全に否定されたとは感じなかった。だから、お互いのためになること、将来もっと良い関係を築いていくのに役立つことをそこから学ぼうとした。過去にとらわれずに、未来を大切にするすべを心得ていた。

いとこのキャシーは、しなやかマインドセットの典型だといってよい。数年前、23年間連れ添った夫が家を出て行ってしまった。その直後に、事故に遭って脚を怪我する。まさに踏んだり蹴ったりだったのだが、ある土曜の晩、ひとりぼっちの家の中で考えた。「ここに座って自《じ》己《こ》憐憫《れんびん》にひたっていてどうなるの！」（この言葉はしなやかマインドセットの呪文かもしれない）。そして、その怪我した脚でダンスに出かけ、未来のダンナさまに出会ったのである。

対人関係の能力とは？

ベンジャミン・ブルームは才能ある人々にかんする研究の中で、ピアニスト、彫刻家、オリンピック水泳選手、テニス選手、数学者、神経学者については調べたが、対人関係能力に優れた人々のことは調べなかった。当初は予定していたものの、対人スキルが重要な役割を担う職業は、教師、心理士、経営者、外交官など、じつに多岐にわたる。ブルームの努力にもかかわらず、だれもが納得できるような社会的能力の評価方法は見つからなかったのである。

それがひとつの能力なのかどうか、よくわからないこともある。対人スキルが抜群の人に会っても、人間関係の天才とは考えない。すてきな人、魅力的な人だなと思う。また、おしどり夫婦に会っても、夫婦関係の天才とは言わない。気の合った夫婦、相性の良い夫婦だと言う。これはどういうことなのだろう。

私たちの社会では、すべてのことが人間関係に左右されるにもかかわらず、対人スキルの重要性がきちんと理解されていない。だからこそダニエル・ゴールマンの『EQ　こころの知能指数』(講談社)があれほど大きな反響を呼んだのだろう。その本には「社会的―情緒的スキルというものがたしかに存在する。それがいかなるものかを説明しよう」とある。

マインドセットの視点からみると、その理解がさらに深まる。人はなぜ、必要なスキルを学ぼうとしないのか、持っているスキルを活用しないのか。心機一転、新たな人とつきあいはじめても、結局また破局を迎えてしまうのはなぜか。恋愛が往々にして悲惨な戦場と化するのはなぜか。そして何より重要なことに、いつまでも愛し愛される関係を続けていける人びとがいるのはなぜかがわかってくる。

恋愛こそマインドセットしだいで変わる!?

ここまでの話では、自分の人間的資質は変えようがない、と信じているのが硬直マインドセットだった。けれども、人間関係について考える場合には、さらに2つのことがら――パートナーの資質と人間関係それ自体に対する考え方――がかかわってくる。

その3つすべてについて、マインドセットが硬直という場合もある。自分の資質は変えようがない、パートナーの資質も変えようがない、人間関係の質も変えようがないと信じている場合である。つまり、相性が良いか悪いかは最初から決まっており、あとは座して審判が下るのを待つのみ、というわけだ。

しなやかマインドセットの人は、その3つとも、良い方向に変えていけると信じている。**自分も成長するし、パートナーも成長するし、お互いの関係も改善できる**、と。

硬直マインドセットの人にとっての理想のパートナーは、出会った瞬間からぴったりと息が合い、それが永遠に続く相手である。「2人はいつまでも幸せに暮らしましたとさ、めでたし

めでたし」というお伽噺《とぎばなし》の終わり方が、それをみごとに表している。

彼または彼女とは、たまたま一緒になったのではなく、赤い糸で結ばれた特別な仲なのだと思いたいのだ。それはまあいいのだが、マインドセットが硬直していると問題になることがふたつある。

硬直マインドセットの場合1　努力が必要だなんて知らなかった！

硬直マインドセットの問題点のひとつは、すべてがおのずとうまくいって当然と思っていることだ。夫婦は助けあって問題を解決し、つきあい方のコツを身につけていくものだとは思っていない。愛さえあれば何でもかなうと信じている。王子さまのキスで、いばら姫が長い眠りから目覚めたように。王子さまの出現で、シンデレラのみじめな暮らしが一変したように。

シャーリーンは友人から、マックスという男性のうわさを耳にした。オーケストラのチェロ奏者で、今度この町にやってきたのだという。あくる日の晩、シャーリーンは友人と連れだってオーケストラの公演を聴きに行った。終了後に楽屋を訪ねたとき、マックスがシャーリーンの手を取って「今度ゆっくり会いましょう」と言ってきたのだ。

彼女は、彼の情熱的でロマンチックなところに惹かれ、マックスの方も、彼女のチャーミングな物腰やエキゾチックな風貌に惹かれた。デートを重ねるごとに2人の仲はますます熱くなり、お互いに相手のことを深く理解しているような気になった。食べ物の好みも、人間の見方も、旅行の趣味もまるで同じ。お互いに、生まれてこの方ずっと一緒だったように感じていた。

ところが、時がたつにつれて、マックスが気むずかしくなってきた。もともとそういう性格だったのに、最初はわからなかったのだ。不機嫌になると、彼はひとりになりたがった。シャーリーンが「悩みごとがあるなら話して」と言うと、彼は苛立って「いいからひとりにしてくれ」とますます口を閉ざした。そのたびに、シャーリーンは突っぱねられたようなショックを味わった。

彼の感情の浮き沈みのせいで、楽しみにしていたデートや、2人だけのディナーが台無しになることもあった。突然行きたくないと言われて、やむなくキャンセルしたり、一晩中むっつり黙りこくっている彼に我慢してつきあったり。シャーリーンが他愛ない話で会話を盛り上げようとすると、マックスは「ちっともぼくを理解していない」と不満をつのらせた。

お互いに相手のことで心を痛めていることを知っている友人たちが、何が問題なのかをきちんと話しあうようにと勧めた。けれども、残念なことに、シャーリーンもマックスも、相性さえ良ければ努力などする必要はないと思っていた。お互いの望んでいることが自然にわかり、それを尊重しようとするものだと。結局、お互いの心が離れていくのを止めることができずに、2人は破局を迎えることになる。

しなやかマインドセットの恋人たちもやはり、最初は激しく燃え上がるが、いつまでも愛ですべてが解決するとは思っていない。よい関係を長く続けていくためには、いずれ生じてくる意見の齟齬《そご》を努力で乗り越えていく必要があると思っている。

ところが、硬直マインドセットの人はそうは考えない。能力があれば努力は不要だと信じているのが、硬直マインドセットである。人間関係にも同じ信念を当てはめて、「相性が良ければ、何事もおのずとうまくいくはず」と信じている。

人間関係の専門家に、そのように考えている人はひとりもいない。

結婚の心理にもくわしい精神科医、アーロン・ベックによると、夫婦関係を築いていく上で最悪なのは、「努力しないとうまくいかないのは、関係そのものに深刻な欠陥があるからだ」と思ってしまうことだという。

夫婦関係の研究の第一人者、ジョン・ゴットマンは次のように述べている。「夫婦関係を維持していくには、たえず軌道修正を加えていく努力が欠かせない。2人を結びつけようとする力と引き裂こうとする力とが、つねに拮抗《きっこう》した状態にあるからだ」

個人で何かする場合もそうだったように、努力しなくてもうまくいって当然、という考えが根底にあると、人間関係を培っていく上でどうしても必要なことをしなくなってしまう。破局を迎えるカップルがあまりにも多いのはたぶん、愛しあっているなら厄介なことは一切しなくてよいと思いこんでいるからだろう。

言わなくてもわかるはず——努力を怠りがちになる背景には、以心伝心で通じるはずという期待がある。夫婦は一心同体なのだから、わざわざ言わなくても、こちらが何を考え、何を感じ、何を求めているか、わかってくれて当然だと。でもそんなことはあり得ない。説明しなくても通じると思っていると、とんでもないことになる。

著名な家族心理学者、イレーン・サベージがこんな話を紹介している。結婚して3か月になるトムが妻のルーシーに言った。「ぼくらの間には不協和音が生じてるね」。それを聞いて、ルーシーはすっかり落ちこんでしまった。あの人は私ほど結婚生活に満足していないんだわ、と邪推したのだ。そして、自分から別れ話を切りだすべきかしらとまで思いつめてしまった。けれども、セラピーを受けてようやく、トムの言葉の意味をくみとることができるようになった。彼は、微妙ところにまで気を配ってさらに息の合った夫婦になろうというつもりで「不協和音」と言ったのだ。

まったく同じ考えのはず——言わなくても通じると思っている、なんておかしな話だが、考えようによっては当然なのだ。硬直マインドセットの人の多くが、夫婦はまったく同じ考え方をするもの、と信じているのである。

意見がまったく同じならば、わざわざコミュニケーションを交わす必要なんてない。自分の考えがそのまま、パートナーの考えだと思えばいい。

レイモンド・ニーらは、夫婦を1組ずつ呼んで、結婚生活に対する考え方を話しあってもらった。硬直マインドセットの人たちは、結婚生活に対する自分とパートナーの考え方にわずかでも食い違いがあると、動揺したり機嫌が悪くなったりした。夫婦はまったく同じ考え方をするもの、という信念が脅かされるからである。

夫はこうあるもの、妻はこうあるものという考え方に、夫婦でまったく食い違いがないということはあり得ない。結婚したら、妻は仕事をやめて夫に養ってもらうものと思う人もいれば、平等に共稼ぎするのが当然と思う人もいるだろう。結婚したら、郊外の戸建てに住むものと思う人もいれば、自由気ままな愛の巣があればよいと思う人もいるだろう。

マイケルとロビンはつい最近大学を卒業したばかりで、もうすぐ結婚することになっていた。マイケルは放浪生活を好むタイプ。結婚後はニューヨークのグレニッチビレッジでロビンとともにヒッピーのような暮らしをするつもりでいた。それにぴったりの部屋を見つけたときには、ロビンも大喜びすると信じて疑わなかった。

ところが、その部屋を見たとたん、彼女はカンカンに怒りだした。これまでずっと狭苦しいアパートでがまんしてきたのに、またこんなところで暮らすの！　結婚したら、ピカピカの車が停めてある立派な家で暮らすものと思っていたのに、と。お互いに期待を裏切られたような気分になり、２人の関係はそこで行きづまってしまった。

夫と妻の権利・義務について、夫婦で違ったことを考えていながら、その食い違いに気づいていない場合がある。次の空欄を埋めてみてほしい。

「夫である私には□する権利があり、妻には□する義務がある」
「妻である私には□する権利があり、夫には□する義務がある」

妻にとっても、夫にとっても、何より腹立たしいのは、自分の権利が侵されること。それから、相手が勝手に何かを自分の権利だと思いこんでいることである。

ジョン・ゴットマンがこんなことを述べている。「私が面接した新婚男性の中に、『ぼくは皿洗いなんかしませんよ、絶対に。それは女の仕事ですから』と得意げに語る男性たちがいた。2年後、次のように聞いてきたのはその人たちだった。『もうセックスレスなのは、どうしてなんでしょう？』」

伝統的な役割分担をする夫婦がいてもかまわない。２人で話しあって決めればよいことだ。

けれども、それを当然の権利と考えるのは間違っている。

財務アナリストのジャネットと、不動産代理業をしているフィルが出会ったとき、フィルは新しい家を買ったばかりだった。友人を大勢ディナーに招いて、新居お披露目パーティをしたいと思っていたのだが、ジャネットが「やりましょうよ（Let's do it）」と言ってくれたので大喜び（ただし彼女は、「's」つまり「us」〈2人で一緒に〉のところを強調していた）。

けれども、ジャネットの方が料理やもてなしの経験が豊かだったので、準備はほとんど彼女がひとりでこなした。それは喜んでやったことだった。幸せそうなフィルの顔を見るのが嬉しくてたまらなかったからだ。問題は、ゲストが到着してから後だった。フィルはジャネットばかり働かせて、自分はまるでお客さま。ひき続き彼女が全部やってくれるものと思っているようだった。ジャネットは頭にきてしまった。

こういう場合には、陰でそっと彼と話しあうのが賢明なやり方なのだが、ジャネットはそうはせず、彼をこらしめてやろうと考えた。仕事をほったらかしにしたまま、一緒になってパーティーを楽しんだのだ。さいわい、権利の主張のしあいという、お決まりのパターンにはならずにすんだ。ジャネットの気持ちが伝わったのである。それ以来、相手も同じように考えているはずと勝手に思いこまないで、何でも話しあうようになった。

人間関係は、育む努力をしないかぎり、ダメになる一方で、けっして良くなりはしない。

まず、お互いの考えや希望を正確に伝えた上で、矛盾する点をはっきりさせ、解決していくことだ。「いつまでも幸せに暮らしましたとさ」ではなく、「いつまでも幸せに暮らす努力を続けましたとさ」というべきだろう。

硬直マインドセットの場合2　問題が起きるのは性格的な欠陥がある証拠だ！

硬直マインドセットの問題点の2つ目は、夫婦間にトラブルが起きるのは、根深い性格的な欠陥がある証拠だと思っていることだ。けれども、挫折を経験せずに、偉業を成しとげることなどできないのと同じように、衝突して苦しんだ経験もなしに、息の合った夫婦になれるはずがない。

硬直マインドセットの人は、もめごとについて話すとき、必ずそれを何かのせいにする。自分を責めることもあるが、たいていパートナーに矛先を向ける。しかも、相手の性格的欠陥を槍玉に挙げる。

それだけでは終わらない。パートナーの人格を問題にしながら、相手に怒りや嫌悪の感情を向けるのだ。そして、変えようのない資質からくる問題なのだから解決のしようがない、というところにまでいってしまう。

だから、硬直マインドセットの人は、パートナーに欠点を見つけると、相手を軽蔑するようになり、夫婦関係全般に不満を抱くようになる（それに対し、しなやかマインドセットの人は、パートナーに欠点を見つけても、夫婦関係そのものがいやになったりはしない）。

また、硬直マインドセットの人は、ときとして、パートナーの欠点や夫婦関係の問題に目をつむり、それと取り組むのを避けようとすることがある。

だれもが、イヴォンヌは浮気をしているのでは、と思っていた。不審な電話がかかってくるし、子どもたちの迎えにはよく遅れるし、「女ばかりでの夜遊び」が増えているし。何かしていても上の空のことが多かった。夫のチャーリーは、「これもたぶん一時のことさ。女にはみなこういう時期があるもの。男ができたわけじゃないよ」と言って無視しようとした。

チャーリーの親友が、よく調べてみるように勧めた。けれども、チャーリーは現実に直面するのを恐れていた。本当のことを知って、それがもし悪い結果だったら、自分の世界がめちゃめちゃに壊れてしまうからだ。マインドセットが硬直している彼は、次のいずれかの結論に行き着くはめになる。①自分の愛する女性は悪人だった、②自分は悪人だ、だから彼女が離れていったのだ、③2人は相性が悪い、だから夫婦関係の修復は不可能だ。

そのいずれであっても、自分の力ではどうしようもない。解決しうる問題があるなんて、彼には思いも寄らなかった。じつを言うと、イヴォンヌは、彼に振り向いてほしくて必死でメッセージを送っていたのだ。もっと私を大事にして、私のことを気にかけて、と。

しなやかマインドセットの人ならば、彼女に、というよりも、その状況にきちんと立ち向かっただろう。どこに問題があるのかをよく考えてみるはずだ。場合によっては、カウンセラーとともに問題を探ったりもするだろう。状況を把握した上で、次にどうするかを決めればいい。解決すべき問題があるということは、少なくとも、関係を修復するチャンスはまだ残っているということなのだ。

みんなろくでなし――ペネロープの友人たちは、家にこもったまま、「いい男なんていないわねえ」とグチってばかり。でもペネロープは違う。どんどん探しに出かけていく。そして、これはと思う相手を見つけては、そのたびに夢中になる。「とうとう出会ったのよ」と友人に報告する頃にはもう、ブライダル雑誌をめくり、地元の新聞に載せる結婚通知を書きはじめていたりする。毎回なかなかすてきな男性なので、友人はみんな結婚の話を真に受けてしまう。

ところが、その後でかならず何かが起こるのだ。ある男性は、趣味の悪い誕生日プレゼントを贈って愛想を尽かされ、また別の男性は、料理にケチャップをかけて嫌われ、その他にも、服のセンスがあんまりだ、携帯電話のマナーがなっていない、デート中にテレビを見るなんて……と数え上げれば切りがない。

ペネロープは、人間は変わらないと信じているので、こんな欠点がある人とは一緒に暮らせないと思ってしまうのだ。けれども、こうした欠点のほとんどは、深刻な性格上の問題などではなく、ちょっと言えば改めてもらえる類のものである。

ペネロープは、すでに完璧にできあがった人がどこかにいる、と思っていたのである。人間関係の専門家、ダニエル・ワイルは、結婚相手を選ぶということは、問題をワンセット選びとることだと述べている。問題のひとつもないパートナー候補などどこにもいない。よい関係を築いていく秘訣は、お互いの限界を認めあった上で、そこからこつこつと積み上げていくことなのである。

欠点は直せるもの――ダニエル・ワイル

ダニエル・ワイルは、自分のクライアントである夫婦、ブレンダとジャックのこんな話を紹介している。

ブレンダは仕事から帰ると、だらだらと要領を得ない話をジャックに聞かせた。ジャックはうんざりしながらも、その気持ちを隠して誠実に耳を傾けようと努めた。本当は彼が退屈していることに気づいているブレンダは、話を面白くしなくちゃと思い、話題を変えて、やはり職場のプロジェクトのことを延々としゃべった。ジャックは今にも爆発しそうだった。2人とも心の中ではかっかしていたのである。ブレンダはなんて退屈なやつなんだ。ジャックはちっともわかってくれようとしない。私たちは相性が悪いんだ。

じつは、どちらにも悪気などなかった。ブレンダは、その日の職場での手柄をジャックに聞いてほしかったのだが、自慢話だと思われたくないから、遠まわしに、どうでもいいようなことばかりしゃべった。ジャックはジャックで、ぶしつけな人間だと思われたくないから、いったい何が言いたいのさと尋ねることもできずに、話が終わるまでじっと待っていた。

ジャックがひとこと、こう言えば良かったのだ。「ねえ、そんなにくわしく話されても、何が言いたいのかわからなくて、いらいらしちゃうよ。その仕事がどうしてそんなに楽しかったのか、それを聞かせてよ」

これはコミュニケーションの問題であって、人格や性格の問題ではなかった。けれども、マインドセットが硬直していたせいで、もうあんな相手と一緒にやってられるかという気持ちになってしまったのだ。

硬直マインドセットの2人が一緒になると、相手の長所がことごとく欠点に見えてきたりする。アーロン・ベックが紹介しているテッドとカレンの話を読むと、なぜそうなるのかがよくわかる。

テッドとカレンが出会ったとき、2人は互いに自分にないものに惹かれあっていた。カレンは眩しいくらいに伸びやかで明るい女性。世界の重荷を一身に担っているような生真面目なテッドにとって、楽天的な彼女の存在は、人生を一変させてくれるものだった。「言うこと、やること、すべてが可愛いんだ」ともう夢中。一方、カレンにとっても、岩のごとく落ち着いたテッドは、初めて経験する「父親のような」男性。安心感を与えてくれる、頼りがいのある存在だった。

ところが何年もたたないうちに、テッドはカレンを無責任きわまりない空っぽ頭と思うようになった。「ものごとを真面目に考えたことなんてないんだから……まったく当てにならないよ」。一方、カレンはテッドを、自分の考えを振りかざして一挙手一投足に文句をつけてくる人と思うようになった。

けれども、2人は何とか破局に至らずにすんだ。相手に腹を立ててレッテル貼りをするのではなく、助けあって行動することを学んだのだ。カレンが仕事に忙殺されていたある日、テッドが帰宅すると、家の中は散らかり放題だった。むっとして文句を言いそうになったが、ベックに教わった通り、口をつぐんで自問してみた。「どうするのがいちばん賢明だろうか」。その答えとして、まず家の中を片づけはじめた。カレンを批判するよりも、手助けすることを考えたのである。

この結婚は救えるか?——アーロン・ベックが、カウンセリングを受けるカップルに禁じているのは、次のような硬直マインドセットの考え方だ。私のパートナーは変われるはずがない、私たちの関係に改善の余地はない。ほとんどの場合、そうした思いこみは間違っている――。

といっても、前向きには考えにくいケースもある。ビル&ヒラリー・クリントン夫妻の場合がそうだ。ビルは大統領時代に、モニカ・ルインスキーとの関係について国民と妻に嘘をついた。ヒラリーは初めのうち、彼を弁護して「夫には欠点もあるでしょう。けれども、私には一度も嘘をついたことがありません」と関係を否定した。

ところが、特別検察官の捜査報告書が提出されるなどして、しだいに事実が明らかになり、ヒラリーは夫の裏切りを知って激怒した。ビルは更正不能で信用ならない夫なのか、それとも、大いに援助を必要としている人間なのか、彼女は判断を迫られることになった。

ここで重要な点を述べておこう。パートナーに変わる力があるからといって、必ずしも実際に変わるとは限らない。変わりたいと願い、変わることを決意し、具体的な行動を起こさなければ、可能性のままで終わってしまう。

クリントン夫妻は、1年のあいだ、毎週カウンセリングに通った。カウンセリングを通じて、ビルは、アルコール中毒の親に育てられるうちに二重生活を送るようになったことや、その一方で、幼い頃から過重な責任を担うようになっていたことに気づく。たとえば、少年時代のビルは、継父の暴力から何としても母親を守ろうとする一方で、何をやろうが、どんなことになろうがかまわないというような無責任な面も持ちあわせていた。テレビに出演して、ルインスキーとは何の関係もないなどと本気で誓ったりしたのも、そんなところに原因があった。国民はヒラリーに夫を許すように求めていた。ある晩、スティーヴィー・ワンダーからホワイトハウスに、訪問してもいいかと電話がかかってきた。ヒラリーのために許しの力の歌を作ってきた彼は、その夜、彼女にその歌を演奏して聞かせた。

それでもヒラリーは、自分に嘘をつき、自分をだました相手を許すことなどできなかっただろう。許す気になれたのは、その人間が自分の問題と真剣に闘って、成長しようと努力していると思えばこそなのだ。

すべてを相手のせいにしてしまう人たち

硬直マインドセットの人にありがちなことだが、一時は、人生の希望の光だったはずのパートナーが、自分の敵に思えたりする。なぜ、愛する人を敵になどしたがるのだろうか。

他のことでしくじったときは、なかなか人のせいにできないが、人間関係がうまくいかない場合には、相手のせいにしやすい。硬直マインドセットの人が失敗したときに矛先を向ける対象は決まっている。自分の変えようのない資質を責めるか、パートナーのそれを責めるか。となれば当然、相手のせいにしたくなるだろう。

硬直マインドセットの人にとっては、人を許すということがどれほど難しいか、覚えているだろうか。なぜ難しいかというと、まず、拒絶されたり仲違いしたりすると、ダメ人間の烙印を押されたような気分になってしまうからだ。そして、もうひとつには、もしパートナーを許して、相手に非はないと認めたら、その分自分が責任を背負うはめになるからである。パートナーが善人だとしたら、悪いのは自分。自分がいけなかったということになる。

親との関係でも、これと同じようなことが起こりうる。親子関係がうまくいかないのは、親と自分、どちらのせいか。十分に愛してもらえなかったのは、親がひどい親だったからなのか、それとも、自分が可愛げのない子だったからなのか。マインドセットが硬直していると、そんな醜い思いにとらわれたまま、抜けだせなくなってしまう。

まさしく私がそうだった。母は私を愛してくれない人だった。幼い頃からずっと私は、母を責め、母を恨むことで何とかやってきた。ところが、そうやって自分をかばっているだけでは、どうにも満たされないものを感じるようになった。お互いに愛しあえる母と娘になれたらどんなにいいだろう。でも、冷淡な親に取り入るようなことだけはしたくない。そのとき、私ははたと気づいたのだ。親子関係の半分は私が握っている。親子関係の半分は私の意志で変えられる。少なくとも、母を愛する娘になることだけなら、自分が望めばできる。母がどうするかは、ある意味で、たいしたことではない。私が一歩前進したことに変わりはないのだから。

それでどうなったか。母への恨みをすっぱりと捨て去り、歩み寄る努力をするようになって、自分が大きく成長した気がした。その後のことは本当はどうでもよいのだが、一応お話ししよう。思ってもみなかったことが起きたのである。3年後に、母の口からこんな言葉を聞いた。「当時、『あなたは子どもたちを愛していない』なんて人に言われたら、きっと憤慨していただろうけど、今にして思うと、やはりそうだったのね。自分自身が親に愛されなかったからなのか、自分のことで精一杯だったからなのか、愛するってどういうことかわからなかったからなのか。でも、ようやくわかったわ、愛するってどういうことなのかが」

そのとき以来、25年後に亡くなるまで、母と私の距離はますます縮まっていき、お互いの中で大きな位置を占めるようになった。数年前に母が脳卒中で倒れたとき、医師からは、もう言葉がしゃべれず、回復の見込みもないと言われた。ところが、病室に入った私を見るなり、母は「キャロル、すてきな服じゃない」と言ってくれたのだ。

あの最初の一歩を踏みださせたものは、何だったのだろう。拒絶されてもいいから前に進もうという気にさせたものは、何だったのだろう。マインドセットが硬直していたときの私は、人を責め、恨まずにはいられなかった。そうすることでやっと、自分は悪くない、ダメ人間なんかじゃないと思うことができたのだ。ところが、マインドセットがしなやかになってからは、人を責める気持ちを捨てて、前に歩みだせるようになった。

しなやかマインドセットが私に母を与えてくれたのだ。

夫婦関係や友だちづきあいから成長する

結婚してしばらくは、自分と異なるパートナーの性格や考え方に戸惑うばかりで、その違いにどう対処すればよいのか、まだよくわかっていない。息の合った夫婦であればだんだん、どう対処すればよいかがわかってくるし、それを学ぶ中で、互いに成長し、関係も深まっていく。しかし、このようにうまくいくためには、相手は自分の味方なのだという信頼感が欠かせない。

ローラはほんとうに結婚相手に恵まれたと言える。当初彼女には、自己中心的ですぐに自己防衛に走るところがあった。よくわめいたり、ふくれたりもした。けれども、ジェームズはそれをけっして自分に向けられたものとは受けとらず、彼女がそばにいてくれることにいつも感謝していた。だから、かっとなった彼女がジェームズに当たっても、彼女の気持ちを鎮めてやり、納得のいくまで話しあうようにした。そうしているうちに、ローラもだんだんとわめいたりふくれたりしなくなった。

こうして、心から信頼できる間柄になると、今度はお互いの成長に大きな関心を払うようになった。ジェームズは会社の設立を志しており、ローラも、その構想を練ったり問題となりそうな事柄を検討したりするのにずっとつきあった。一方、ローラはかねてから童話を書くのが夢だった。そんな彼女にジェームズは、「とにかくアイデアを文字にして冒頭だけでも書きはじめてみたら」と言って励まし、「だれか知りあいの挿絵作家に連絡をとってみるといいよ」と勧めた。こんなふうにして、夫婦それぞれがやりたいことを実現し、なりたい自分になれるように、互いに助けあう関係ができあがっていった。

夫婦の場合と同じように友だちづきあいの中でも、お互いの成長をうながしたり、お互いの良さを認めあったりということができる。友だちどうしで知恵と勇気を分かちあえば、未来に向かって踏みだそうという気持ちになれるし、良いところをほめあえば、なくしていた自信を取り戻すことができる。そのどちらも重要だ。だれにでも、とりあえずほめて元気づけてほしいときがある。「彼と別れたの。でも私が悪いんじゃないと言って」「試験で赤点を取ってしまったの。でも私はバカじゃないと言って」

こういうときにこそ、友だちを励ましつつ、しなやかメッセージを送るチャンスだ。「この3年間、あなたは本当によくやってきたよね。彼は何の努力もしなかったんだもの、別れるって決めたのは正解だと思うよ」「試験のとき、何かあったの？　内容をちゃんと理解してる？　十分に勉強した？　個別指導を受けた方がよさそうかしら？」

しかし、どんな人間関係にも起こりうることだが、自分の力量を証明したいという欲求が、間違った方向に進んでしまう場合がある。シェリ・リーヴィの研究は、友だち関係にまつわる重要なことがらを明らかにしている。

リーヴィは、思春期の少年たちの自尊心のレベルを測定した後、その少年たちに、女子に対するネガティブな一般通念――たとえば、女子は男子よりも数学が苦手であるとか、合理的思考では女子は男子にかなわないとか――をどの程度信じるかを尋ねた。その後でもう一度、その少年たちの自尊心のレベルを測定した。

硬直マインドセットの少年たちは、ネガティブな一般通念に賛成を表明することによって、自尊心のレベルが上がった。つまり、女子は男子ほど頭が良くないと思うことで、自分に自信が持てるようになったのである（しなやかマインドセットの少年たちは、そのような通念にあまり同意しなかったが、したとしても、それによって自尊心がアップすることはなかった）。

相手が自分より劣っているほど気分がいい――このようなメンタリティは、友だち関係をそこなう。だれにでも経験があるだろう。才気煥発で魅力あふれる愉快な人なのに、一緒にいると、自分が救いようのないダメ人間に思えてくるような人。「私が勝手にいじけてるだけなのかしら」と思ったりする。

いや、そうではない。そういう人たちは、自分がいかに優れているかを見せつけるために、あなたを踏み台にしているのだ。あからさまにけなしてくる場合もあれば、そういう気持ちは隠しているのに、何げない言動の中にふとそれが出てしまうこともある。いずれにせよ、自分の価値を誇示するために、あなたをダシにしているのである。

「苦しいときの友が真の友」ということわざがある。困窮している友人を毎日助けてくれるような人が本当にいるのかどうかは別として、たしかに、この考え方には一理ある。けれども、困っているときに助けてくれる友人を探す以上に難しいのは、何かいいことがあったときに一緒に喜んでくれる友人を見つけることではないだろうか。すてきなパートナーにめぐりあえたとき、やりがいのある仕事をもらえたり、昇進したりしたとき、子どもの出来がいいとき、その話を聞いて嬉しいと感じてくれる人が実際にどれだけいるだろう。

他人の失敗や不幸で自尊心が脅かされるということはない。だから、困っている人に同情するのはそれほど難しいことではない。優越感を感じていないと自尊心を保てない人にとって、いちばん厄介なのは、他人の長所や成功を認めることなのである。

内気なマインドセット

内気、あるいは引っこみ思案というのは、ある意味で、これまで述べてきたことの裏返しとも言える。これまで、他人を踏み台にして優越感を得ようとする人たちについてお話ししてきたが、内気な人というのは、他人に自尊心を踏みにじられるのを恐れている人たちなのである。人前で自分を否定されたり、恥ずかしい思いをさせられたりするのを恐れていることが多い。

内気な性格だと、友だちを作ったり人間関係を発展させたりということがなかなかできない。内気な人は、初対面の人に会うと不安になって心臓がドキドキし、顔が赤くなる。視線をそらして、なるべく早く会話を切り上げようとする。内面には素晴らしい魅力を秘めていても、初対面の人にはそういう自分を出すことができない。

マインドセットは内気さとどう関係するのだろうか。ジェニファー・ビアは何百人もを対象に調査をおこなった。まず、1人ひとりのマインドセットと内気度を調べてから、その人たちを2人ずつ対面させたのである。そのときの一部始終を録画しておき、あとから、訓練を受けた評価者がそれを観察して、どのような相互作用がなされたかをチェックした。

この研究でまずわかったのは、硬直マインドセットの人の方が内気になりやすいということだった。それは理屈に合っている。硬直マインドセットの人は、他人の評価を気にするので、自意識が過剰になり、それだけ不安も強くなるからである。しかしながら、どちらのマインドセットにも内気な人は大勢おり、もっとくわしく調べると、さらに興味深いことが明らかになったのである。

内気な性格が人づきあいの妨げになったのは、硬直マインドセットの人の場合だけだった。

しなやかマインドセットの人たちは、内気であってもそれが人間関係の妨げになることはなかった。観察者の評価によると、内気な人たちは、いずれのマインドセットであっても、最初の5分間はとても不安そうな様子を見せた。ところがそれから後、しなやかマインドセットの人は優れたソーシャルスキルを発揮して、楽しい交流を行なうことができた。もうそうなると内気とは思えなかった。

このような結果になったのは当然と言える。内気でもマインドセットがしなやかな人は、人との交わりをチャレンジと受けとめ、不安を感じはしても、初対面の人との出会いを積極的に受け入れた。それに対して、内気でしかもマインドセットが硬直している人は、ソーシャルスキルが自分より長けていそうな人との接触を避けようとした。何かへまをやらかすのではという不安が先に立ってしまうのである。

このように、硬直マインドセットの人としなやかマインドセットの人とでは、苦手な場面に臨む姿勢がまるで異なっていた。しなやかな人たちは前向きにチャレンジしたが、こちこちに硬直した人たちは失敗を恐れて尻込みした。

内気でもマインドセットのしなやかな人たちは、交流を続けるうちに不安や気後れをあまり感じなくなっていった。一方、マインドセットが硬直している人たちは、なかなか不安が消えず、目をそらしたりしゃべらずにすまそうとしたり、いつまでもぎごちないままだった。

こうした違いが対人関係にどんな影響を及ぼすかは明らかである。内気でもマインドセットのしなやかな人は、内気さを自分でコントロールできる。つまり、初対面の人とも積極的にかかわり、いったん不安がおさまれば、ごく普通に対人関係を発展させていくことができる。内気さに縛られていないのだ。

ところが、マインドセットが硬直している人は、内気さにがんじがらめになってしまう。初対面の人とは距離をおこうとし、やりとりがはじまっても心のガードをはずすことができず、不安からのがれることができない。

セラピストで精神医学者のスコット・ウェッツラーが、クライアントのジョージについてくわしく記しているが、このジョージという男性は、内気でしかもマインドセットが硬直している人間の典型だ。ジョージは極度に内気な性格で、特に女性に対してそれがひどい。「頭が良くて機知に富んだ、自信あふれる男に見られたい。がつがつしたモテない男には見られたくない」。そう思うと緊張してこちこちになり、よそよそしい態度しかとれなくなってしまうのだ。

ジョージの職場に、ジーンという魅力的な女性がいた。そのジーンが彼に気のあるそぶりを見せはじめると、ジョージはどうしたらよいのかわからなくなり、彼女を避けるようになった。そんなある日、近くの喫茶店で、ジーンが近づいてきて「このお席、空いてますか?」という。

とっさに気の利いた言葉が出てこなかった彼は、こう答えてしまった。「お好きにしてください。座っても座らなくても、ぼくはかまいません」

ジョージ、あなたは何をやってるの？　彼は、相席を勧めて断られてもショックを受けたりしないように――関心のない風を装って――自分を守ろうとしたのだ。そして、この気づまりな状況にはやく終止符を打とうとしたのだった。

それは、とりあえず成功した。たしかに、関心がなさそうに見えたし、やりとりはまたたく間に終わった。なにしろ、ジーンはさっと帰ってしまったのだから。ジョージは、ジェニファー・ビアが調査した人たちと同様、品定めをされるのが恐くて、人づきあいができなくなっていたのである。

ウェッツラーは、他人の評価にばかり注意が向いてしまうジョージの性格を少しずつ改めていった。そうするうち、ジーンには彼を見下して恥をかかせる気などなく、ただ近づきになりたいのだということが彼にもわかってきた。相手の評価よりも人間関係の進展に注意を向けることで、ジョージもようやく人とのやりとりができるようになった。不安に負けないでジーンに近づき、失礼な返事をしたことを詫びた上で、ランチに誘った。彼女は快く応じてくれた。彼が恐れていたような批判的な言葉はひとつも返ってこなかった。

いじめと復讐

本章の冒頭で述べた拒絶ということについてもう一度考えたい。人から冷たく拒絶される体験は、恋愛関係だけに限ったことではない。学校ではそれが毎日のように起きている。小学校に入るともう、いじめの標的になる子が出てくる。本人は悪いことなどしていないにもかかわらず、嘲笑され、肉体的・精神的に痛めつけられるのである。気の弱い性格や、容姿、出身階層、頭の良さ（良すぎても悪くても）などがいじめを誘発する要因になる。毎日のようにいじめを受けて、悪夢のような目に遭わされた上、その後何年にもわたって抑うつと怒りに苦しみ続けることもある。

悪いことに、学校側は何も手を打とうとしないことが多い。教師の見ていないところで行なわれる場合がほとんどだし、教師のお気に入りの生徒が加害者であるケースが少なくないからだ。そのような場合に、問題児または不適応児と見なされるのは、加害者ではなく被害者の方である。

私たちの社会は、いじめの問題をずっとなおざりにしてきた。それが、近年頻発している学校銃撃事件の引き金になったと言える。もっとも悪名高いコロンバイン高校の事件で、銃を乱射した少年は2人とも、長年にわたって残酷ないじめを受けてきた生徒だった。一緒にいじめられていた仲間のひとりが、高校で味わった屈辱的な体験の数々を語っている。

廊下のロッカーに閉じこめられては、ののしり言葉を浴びせられる。他の生徒たちはみな、それを見てせせら笑っているだけ。ランチの時間には、ランチトレイを床に叩き落とされたり、わざと転ばされたり、食べ物を投げつけられたり、食べている最中に背後からいきなり顔をテーブルに押しつけられたり。体育の時間の前には、教師のいないロッカールームでさんざん殴りつけられたりもした。

いじめ加害者とは

いじめは、人に優劣をつけるところからはじまる。どっちがえらいか、どっちが上か。そして強い方が弱い方を、くだらない人間と決めつけて、毎日にようにいやがらせを加える。いじめ加害者がそこから得ているものは、シェリ・リーヴィが調査した少年たちの場合と同じく、自尊心の高揚感だ。加害者は特に自尊心が低いというわけではないが、他人を見下し、卑しめることによって、自尊心の高揚感を味わうことができるのである。

また、だれかをいじめることによって、仲間内での地位が上がる場合もある。仲間から一目置かれたり、強い、かっこいい、面白いという評価を受けたり、あるいは仲間から恐れられる存在になったり。いずれにしても、それによって仲間内での地位が上昇するのである。

人をいじめるという行為は、硬直マインドセットと大いに関係がある。**いじめの根っこにあるのは、人間には優れた者と劣った者がいるという考え方なのだ。**いじめの加害者は、劣った人間だと評価した相手をいじめの標的にする。コロンバイン高校で銃を乱射した生徒のひとり、エリック・ハリスは、恰好《かっこう》のいじめの標的にされていた。胸部に奇形があり、背が低くて、パソコンオタク、しかもコロラドの出身ではないよそ者だったから、いじめてもかまわない劣った人間という評価が下されたのである。

いじめ被害者と報復

いじめを受けた者が、それにどう反応するかということにも、硬直マインドセットが関係してくる。いじめを自分に対する評価だと感じると、人は自分を卑下したくなる。人に見下され、自分の価値を否定された人は、今度は自分が相手を見下してやりたいと思うようになる。私たちの研究では、ごく普通の人たちが――子ども、大人を問わず――冷たい仕打ちを受けたことに対して激しい復讐心を抱いていることがわかった。

高学歴で、重要な職務に就いている大人たちが、拒絶や裏切りの体験を語ったあと、「あの人を殺してやりたい」「あんな女、絞め殺すのは簡単さ」といった言葉を口にした。

校内暴力と言うと、ひどい家庭の無責任な親に育てられた悪い子だけのことのように思いがちである。けれども驚くなかれ、ごく普通の子どもでもマインドセットが硬直していると、たちまち激しい復讐心を抱くようになる。

ある学校の中学2年生たちに、次のようないじめの話を読んでもらい、それが自分の身に起こった場合を想像してもらった。

新学年が順調にすべりだしたように思っていると、突然、人気者の生徒たち数人が、あなたをからかったり、ののしったりするようになった。最初は、そんなこともあるさとやり過ごしていた。でも、いつまでたってもいじめはやまない。毎日つきまとわれてはバカにされ、服装や容姿をからかわれ、ダメなやつと罵倒《ばとう》される。みんなの前で、来る日も来る日も。

その後で、「あなただったら、どう思う? どうします。どうしたいですか」と尋ねた。

まず、硬直マインドセットの生徒たちは、いじめを自分に対する評価と受けとめ、「自分を虫けらみたいな嫌われ者だと思うかな」「自分をさえない不適格者だと思うな」と答えた。

さらに、「いじめた相手への怒りを爆発させる」「顔面をぶん殴ってやる」「相手にも同じことをやってやる」など、激しい復讐心を示した。そして、「いちばんの目標は復讐することだ」という主張に強く賛成した。

自分を見下したやつを、今度は自分が見下してやる――コロンバイン高校の襲撃者、エリック・ハリスとディラン・クレボルドのしたことは、まさにこれだった。彼らは長い時間をかけて、だれを殺し、だれを生かしておくかを決めていったのである。

私たちの研究によると、しなやかマインドセットの生徒たちは、**いじめを自分に対する評価と受けとめるよりもむしろ、いじめる側の心の問題としてとらえる傾向があった。**仲間に認めてもらうため、あるいは、自尊心を満たすためにそんなことをするのだ、と。「私をいじめるのはたぶん、家庭に悩みごとがあるか、学校の成績のことで悩んでいるからだと思う」「ぼくをいじめて気分を晴らすなんて、もうやめたらいいのに」

また、相手を諭してみようとする生徒が多かった。「心を開いて話してみる。なんで私にそんなことを言うのか、なんで私にそんなことをするのか聞いてみる」「相手と向きあって話しあい、そんなことをしてもちっとも楽しくないことに気づいてもらう」

そして、しなやかマインドセットの生徒たちは、「最終的には相手をゆるせたらいいと思う」「いちばんの目標は、相手が心を改めてくれるように手助けすることだ」という主張に強く賛成した。

札つきのいじめっ子を諭したり、改心させたりといったことが、はたしてできるのかどうかはよくわからない。でも、仕返しすることに比べたら、建設的な一歩であることはたしかだ。

もともとはマインドセットがしなやかな子でも、長いこといじめを受けているうちに、だんだんマインドセットが硬直していくこともある。特に、周囲の人びとが見て見ぬふりをしたり、いじめに加担したりした場合には、なおさらそうなりやすい。人から愚弄《ぐろう》され、侮辱されているのにだれも助けに来てくれないと、自分はほんとうにそういう人間なのだと思うようになる、と被害者たちは言う。自分で自分に劣った人間というレッテルを貼り、それを信じるようになってしまうのである。

いじめる側は、相手を劣った人間だと決めつけ、いじめられた側は、それを信じこむ。こうして、いじめ被害者の心に残った傷が、ある場合には、被害者を抑うつや自殺に向かわせ、ある場合には、暴力へとかりたてる。

何ができるか?

いじめられている子ども自身には、いじめをやめさせる力などないのが普通である。特に、いじめに加担する仲間がいる場合には、いじめをやめさせることなど到底できない。けれども、学校にはそれができる。**学校全体のマインドセットを変えていくことによって、いじめをなく**

すことができるのである。

学校の文化が、硬直マインドセットを助長、または容認している場合が少なくない。自分は他の子より優れているのだから他の子をいじめてかまわない、という考え方を許してしまっている学校。あるいは、適応能力に問題のある子がいじめを受けるのは致し方のないことだと考えている学校。そんな学校が、いじめを助長・容認しているのである。

けれども中には、優劣をつけあうような雰囲気を排し、助けあって自分を高めていこうとする気風を作りだすことによって、いじめの発生を劇的に減らしている学校もある。セラピストであり、スクールカウンセラー、コンサルタントでもあるスタン・デーヴィスは、いじめ防止プログラムを開発して効果をあげている。

ノルウェーのダン・オルウエーズの研究にもとづいて作られたこのプログラムは、いじめ加害者の変化をうながすとともに、被害者をサポートし、加えて、傍観者たちに、いじめられている子を助けに入れるだけの力をつけさせようというものだ。彼の学校では数年のうちに、肉体的いじめが93パーセント、精神的いじめが53パーセント減少した。

小学校3年生のダーラは、太めで、ぶきっちょ、泣き虫で、恰好のいじめの標的になっていた。クラスの半分がいじめに加わり、毎日のようにダーラを殴ったり、ののしったりし、そのことで仲間意識をたしかめあっていた。しかし、デーヴィスのプログラムをはじめてから数年後に、ダーラに対するいじめはやんだ。ソーシャルスキルを身につけたダーラには親しい友だちもできた。その後、その子たちが中学に入学して1年ほどたった頃、ダーラが訪ねてきて、その1年間のできごとを話してくれた。それによると、小学校からのクラスメートたちがずっとダーラの味方になって、友だちを作るのを助けてくれたり、いやがらせをしようとする新しいクラスメートから彼女を守ってくれたりしたのだという。

この一件で、デーヴィスは、いじめっ子の側を変えることにも成功している。じつは、中学に入ってすぐにダーラを助けにまわった生徒の何人かは、小学校のときに彼女をいじめていた子どもたちだったのである。デーヴィスはどのようにしたのだろう。まず、いじめはいけないことを一貫して説きつつ、いじめっ子を人間として否定するのを避ける。いじめっ子を非難するのではなく、むしろ、その子たちが学校に来るたびに、自分はみんなに好かれ、受け入れられていると感じるようにする。

そして、いじめっ子に良い変化がみられたら、かならずそれをほめる。ただしこの場合も、その子をほめるのではなく、その子の努力をほめるようにする。「きみはこのごろ友だちとケンカしてないね。みんなと仲良くしようと頑張っているんだね」。おわかりのように、デーヴィスがやっているのは、子どもたちをしなやかマインドセットに導くことなのだ。**自分は今、努力してどんどん良くなっている、と感じるように仕向けるのである。**最初は、いじめっ子の側に自分を変えるつもりはなくても、そのような働きかけを受けているうちに、努力してみようという気になるかもしれない。

スタン・デーヴィスは、ほめ方、叱り方、マインドセットにかんする私たちの研究を取り入れたプログラムで、素晴らしい成果を上げたのである。彼から次のようなお便りをいただいた。

ドゥエック博士

先生の研究を拝読し、子どもに対する私のアプローチがすっかり変わりました。子どもの行動にフィードバックを与える際の、こちらの言葉の使い方を変えることで、すでに良い成果が表れています。来年は、こうした（マインドセットをしなやかにするような）言葉のかけ方で生徒の意欲を引き出していく取り組みを、学校全体で行なうつもりです。

スタン・デーヴィス

有名な児童心理学者のハイム・ギノットも、教師がいじめっ子にどのように接すれば、友だちをランクづけするのをやめて、相手を思いやり、その向上を願えるようになるかを述べている。次に紹介するのは、ある教師が8歳のクラスのいじめっ子に宛てて書いた手紙である。注目してほしいのは、けっして君は悪い子だと言わずに、優れたリーダーシップを認めてアドバイスを求めることで、その子を尊重する気持ちを示している点である。

ジェイくんへ
アンディのお母さんからうかがったのですが、今年、アンディはとてもつらい思いをしたようです。悪口を言われたり、仲間はずれにされたりして、悲しく寂しい気持ちになったそうです。先生はとても心配です。そこで、クラスのリーダーでみんなのことをよく知っている君に相談することにしました。君は苦しんでいる人の気持ちがわかる子だと思います。どうすればアンディを助けられるか、君の考えを聞かせてくれますか。

先生より

『ニューヨーク・タイムズ』に掲載されたいじめにかんする記事には、エリック・ハリスとディラン・クレボルドのことが「不適応のティーンエージャー」と書かれている。それは間違ってはいない。2人はたしかに学校に適応できていなかった。一方、2人をいじめていた生徒たちが不適応者と呼ばれることはまったくない。実際そのとおりで、彼らは学校の環境にすっかりなじんでいた。それどころか、学校の文化を作り支配していたのは彼らだったとも言える。
一部の人間に、他の人間を残忍に扱う権利があるという考え方はおかしい。スタン・デーヴイスが言うように、私たちの社会はすでに、女性にいやがらせをしたり、黒人を非人間的に扱ったりする権利をきっぱりと否定した。それなのになぜ、子どもに残忍な仕打ちをする者をまだ容認しているのだろう。

それを認めることは、いじめる側の子どもに対する侮辱でもある。彼らには変わっていく力があるとは思えない、と言っているようなもので、彼らが変わっていくのを助ける機会を逃すことにもつながるからだ。

マインドセットをしなやかにするには？

▼あなたは人から冷たく拒絶されると、自分が否定されたように感じて、恨みや復讐心をいだくだろうか。あるいは、傷ついても相手を許そうとし、そこから何かを学んで前向きに歩もうとするだろうか。これまででもっともひどい仕打ちを受けたときのことを思い出してほしい。そのときの感情をすべて再現し、しなやかなマインドセットでそれを見つめてみよう。その経験から何を学んだだろう。自分が人からされたいことと、されたくないことがわかったのではないか。その後の人間関係で役立つことを学んだのではないか。あなたはその相手

を許して、その人の幸せを祈ることができるだろうか。恨みを忘れることができるだろうか。

▼あなたの描く理想のパートナーはどんな人だろう。相性がぴったりの人――考え方がまったく一緒で、妥協も努力もしなくていい相手――だろうか。もう一度考えてみよう。波風の立たない人間関係などありえない。マインドセットをしなやかにして考えてみると、問題が起きたときこそ、理解と親密さを深めあう絶好のチャンスなのだ。パートナーに自分の考えや不満を率直に言ってもらい、それにじっくり耳を傾け、辛抱強く親身になって話しあおう。お互いの距離があまりにも縮まったことにびっくりするかもしれない。

▼あなたはすぐ人のせいにするタイプではないだろうか。パートナーのせいにばかりしていると関係がこじれてしまう。できれば、そこから一歩進んで、人のせいにするクセを直したい。人のあらさがしをして、非難ばかりしているのはもうやめよう。

▼あなたは引っこみ思案な性格だろうか。それならばぜひ、マインドセットをしなやかにしてみよう。そうすれば、内気のままでも、人づきあいに支障をきたすことがなくなってくる。今度人の輪に飛びこんでいくときは、こうに考えよう。ソーシャルスキルは伸ばすことができるし、人づきあいの場は品定めをするところではなく、ともに学び、楽しむための場なんだ、と。いつもそんなふうに考える練習をしよう。

第7章

教育——マインドセットを培う

「うちの子を、勉強嫌いで努力をしたがらない、できない子にするには、今日何をすればいいかしら」。そんなことを思っている親はひとりもいない。普通の親ならば「わが子がシアワセになるためなら、何でもしてやりたい、何でも与えてやりたい」と思っている。ところが、良かれと思ってしたことが往々にして裏目に出てしまう。子どものためを思って発した小言や励ましの言葉が、親の意図とは裏腹のメッセージを伝えている場合が少なくないのである。

実際、どんな言葉も行動も、何らかのメッセージを伝えている。子ども（または生徒）はそのメッセージから、自分がどのように思われているかを感じとる。「おまえの資質はもう変えようがない。私がそれを評価してやろう」という硬直したメッセージの場合もあれば、「あなたはこれからどんどん伸びていく人間。私はその成長ぶりに関心があるのよ」というしなやかなメッセージの場合もある。

子どもたちは、こうしたメッセージに驚くほど敏感で、しかも、そのメッセージに大きな関心を寄せている。1950年代から70年代にかけて活躍した育児の達人、ハイム・ギノットがこんな話を紹介している。

5歳のブルースが、お母さんに連れられて幼稚園の見学に行ったときのこと。部屋に入るなり、ブルースは壁に貼ってある絵を見上げて言った。「あのへたくそな絵はだれがかいたの？」母親があわててたしなめた。「すてきな絵じゃない。へたくそなんて言うんじゃありません」。けれども先生は、ブルースが何を知りたいのかちゃんとわかっていて、こう答えてくれた。「ここでは、じょうずな絵なんて描かなくていいのよ。うまくなくていいから、好きな絵を描いてね」。ブルースは先生に向かってにっこりほほえんだ。絵がじょうずに描けない子はどうなるんだろうという本当の疑問に答えてくれたからだ。

次に、ブルースは壊れた消防車を見つけ、それを拾い上げて、とがめるような口調で言った。「だれ、この消防車をこわしたのは？」またもや母親があわててやってきて、「だれが壊したのかわかっても仕方ないでしょ。知らないお友だちばかりなんだから」

でも、先生はちゃんとわかってくれた。「おもちゃは遊ぶためにあるのよ。だから、ときには壊れちゃうことだってあるわ」。今度も先生は、おもちゃを壊した子はどうなるんだろうという、ブルースの疑問に答えてくれた。

ブルースは元気よく幼稚園に通いはじめた。この幼稚園は自分に優劣の評価を下すような場所ではないとわかって安心したからである。

では、まず最初に、親がわが子に伝えているメッセージについて考えてみよう。それは、教師が生徒に伝えているメッセージにも共通することである。

知っておきたい成功・失敗のメッセージ

成功したときにどんな言葉をかけるか

次の言葉にひそむメッセージを聴きとってほしい。

「そんなにはやく覚えられたなんて、あなたはほんとに頭がいいのね！」

「マーサ、あの絵をごらん。あの子は将来のピカソじゃないだろうか」

「あなたはすごいわ。勉強しなくてもAが取れたんだから」

たいていの親は、こうした言葉を、子どもの自尊心を高める励ましのメッセージと思うだろう。でも、もっと注意深く耳を傾けてほしい。別のメッセージがひそんではいないだろうか。

子どもたちが受けとるのは、次のようなメッセージだ。

・はやく覚えられなければ、頭がよくないんだ。

・なにかむずかしいものを描こうとしないと、ピカソとは思ってもらえないんだ。
・勉強しないほうがいい。さもないと、すごいと思ってもらえない。

第3章で述べたことを思い出してほしい。子どもをほめる親たちはみな、子どもをどんどんほめれば、自信がついて成績も上がると考えていた。頭がいい、才能がある、アスリートの素質十分、等々。

でもちょっと待ってほしい。頭の良し悪しや才能の有無にこだわるのは、硬直マインドセットの子——裏を返せば、挫折しやすい子——ではないだろうか。親がいつもそういうことを口にしていると、子どもはますますそれに取りつかれてしまうのではないだろうか。

私がこの研究をはじめたそもそもの動機はまさにここにある。何百人もの子どもたちを対象に、7回にわたる実験を行なった結果はきわめて明快だった。**頭の良さをほめると、学習意欲が損なわれ、ひいては成績も低下したのである。**

どうしてだろう。ほめられて嬉しくないのだろうか。

もちろん、子どもはほめてもらうのが大好きだ。特に、頭がいい、才能があると言われると、嬉しくて天にも昇る気分。でもそれはほんの一瞬にすぎない。思わぬ障害に出くわしたとたん、それまでの自信はどこへやら、すっかりやる気をなくしてしまう。成功するのは賢いからだとすれば、失敗するのは頭が悪いせい、という硬直マインドセットに縛られてしまうからだ。

励ますつもりで子どもの頭の良さをほめていると、どんなことになるか。ある母親からの報告を紹介しよう。

私の体験をお話しします。うちの小学5年生の息子はとても頭が良く、学校の算数、国語、理科のテストはいつもほとんど満点なのですが、「自尊心」にどうも深刻な問題があります。夫は優秀な人なのですが、自分の両親に一度もほめてもらえなかった不満から、息子のことをやたら「頭がいいね」とほめます。以前から私は、それが息子の問題の原因ではなかろうかと思っています。学校の勉強では楽に良い点数がとれるのに、失敗を恐れて難しい勉強や課題には手をつけようとしないのです。うぬぼればかり強く、(勉強にせよ運動にせよ)やればみんなよりうまいんだと言いながら、実際にやってみようとはしません。失敗したら立ち直れなくなるからでしょう。

コロンビア大学の私の研究室の学生も、子ども時代を振り返ってこう述べている。

頑張ったね、ではなく、頭がいいね、とほめられることが多かったように思います。そのうちにだんだんと、でも着実に、難しい課題に挑戦するのを避けるようになっていきました。何かを学ぼうとするときに最大のネックとなったのは、まさにこの点——つまり、成績の良し悪しで自分の価値が決まってしまうかのように思いこみ、すぐ完璧にできること以外には手を出さず、どうせくだらないことだとバカにしてかかること——でした。

努力と成長に注目したメッセージを送ろう

子どもが何か素晴らしいことをしても、ほめてはいけないのだろうか。ほめたい気持ちをぐっと抑えなければいけないのだろうか。そんなことはない。ただし、ある種のほめ方——知的能力や才能を愛《め》でるほめ方——だけは避けた方がいい。お父さんやお母さんは、自分がどれくらい頑張ったかではなく、自分の頭の良さや才能が自慢なんだ、と子どもに思わせるようなほめ方はやめよう。

しなやかな観点に立ったほめ方はいくらでもある。うまい方法で粘りづよく勉強や練習を重ねて何かを成しとげたことをほめればいい。また、問いかけの仕方を工夫すれば、子どもの努力や選択を評価する気持ちを伝えることができる。

「今日はずいぶん長い時間、一生懸命に宿題をやってたな。集中して終わらせることができてえらいぞ」

「この絵、きれいな色をとてもたくさん使って描いたのね。色の使い方のことを話してくれるかな？」

「この作文には自分の考えがたくさん書いてあるね。シェークスピアが別の角度から見えてくるようだね」

「心をこめて弾いてくれて、ほんとうに嬉しいわ。ピアノを弾いているときってどんな気分？」

最近知って興味をそそられたのだが、子どもの研究に生涯をささげたハイム・ギノットもやはり、「**ほめるときは、子ども自身の特性をではなく、努力して成しとげたことをほめるべきだ**」という結論に達している。

ところで、わが子をほめるときは、しなやかな観点に立ったほめ言葉を心がけているのに、よその子を批評するときの言い方で、それを台無しにしている者もいる。わが子の目の前で友だちのことを「生まれつきの失敗者」「天才児」「頭の足りないおばかさん」などと評する親たちである。自分の親がよその子にこちこちの評価をくだすのを聞かされていると、その子にも硬直マインドセットが伝染してしまう。そして、こう思わずにはいられなくなる。次は自分の番か。

教師もやはり、こうした点に注意する必要がある。私たちはある実験を行なった。数学の授業中、生徒たちに、偉大な数学者の業績と生涯について話して聞かせた。半数の生徒には、その数学者たちはやすやすと数学上の発見をした天才だと紹介した。すると、それだけで生徒たちは硬直マインドセットになってしまった。次のようなメッセージが伝わったのである。「生まれつき数学的能力に優れている人は、何でも簡単にできてしまう。そもそもきみたちとは違うのだ」。残りの半数には、その数学者たちは情熱を傾けて数学と取り組んだ末に偉大な発見をした人たちだと紹介した。すると、生徒たちのマインドセットはしなやかになった。次のようなメッセージが伝わったのである。「一生懸命に努力してこそ、技能をみがき、何かを成しとげることができる」。大人が何げなく発した言葉から、こうしたメッセージを嗅ぎとる子どもたちの敏感さにはまったく驚かされる。

ほめ方について、もうひとつ付け加えておきたいことがある。子どもに「あら、ずいぶんはやくできたのね!」「まあ、ひとつも間違えなかったじゃない!」と言うと、どのようなメッセージが伝わるだろうか。親はスピードや完璧さを高く評価している、というメッセージである。けれども、スピードや完璧さは、難しいことに挑戦する場合の敵。こういうほめ方をすると、**「すばやく完璧にできれば賢いと思われるのなら、難しいことには手を出すまい」**と思うようになる。では、子どもがすばやく完璧に、たとえば数学の問題などを終えたときには何と言えばいいのだろう。ほめずにおいた方がいいのだろうか。そのとおり。そういうとき、私ならこう言う。「あら、簡単すぎたようね。時間をムダにさせちゃったわ。今度はもっと実になるものをやりましょう」

子どもを元気づけるには

テストや何かの発表を前にして緊張している子どもを安心させるには、どうすればいいだろうか。この場合も、今までお話ししてきた考え方が当てはまる。つまり、**頭が良いのだから、才能があるのだからと言って子どもを励まそうとしても、逆効果にしかならない。**ボロを出したらどうしようかと、ますます不安な気持ちにさせてしまうからだ。

クリスティーナはとても聡明な高校生なのだが、試験の結果は惨憺たるものだった。日ごろからきちんと勉強し、内容をしっかり理解しているのに、試験になると緊張して頭が真っ白になってしまうのだ。当然、成績は落ちて、先生を失望させ、両親をがっかりさせてしまう。自分が志望する大学で特に重視されている大学入学資格試験が迫るにつれて、その傾向はひどくなるばかりだった。

これまで、試験の前の晩になるといつも両親は、動揺しきっている娘の姿を見て、何とか自信をつけさせようとした。「ほら、あなたは頭がいいってこと、自分でよくわかっているでしょ。私たちだってわかってるわ。絶対に大丈夫だから、もう心配するのはやめなさい」

両親はあの手この手で励まそうとするのだが、逆効果になるばかり。両親はどんな言い方をすればよかったのだろうか。

「自分がみんなから評価されているのに、自分の力をうまく出せないって思うとつらいわよね。でもけっして、あなたを評価しようとしているわけじゃないのよ。私たちは、あなたが学んで伸びていってくれることを願っているの。あなたがしっかり勉強してることはよくわかってるわ。こつこつと努力を続けているあなたを誇りに思っているのよ」

失敗したときにどんな言葉をかけるか

成功したときにほめるのは、それほど大変なことではない。失敗したときにどんな言葉をかけるかの方がはるかに難しい。子どもはすでにがっくり落ちこんで、傷つきやすくなっているかもしれないからだ。では次に、子どもが失敗したときに、親はどんなメッセージを送ればよいかを考えてみよう。

9歳のエリザベスは、初めての体操競技会に向かうところだった。すらりとして、しなやかで、エネルギッシュなからだは体操選手にぴったりだったし、本人も体操が大好きだった。もちろん、競技に出場することにちょっと不安はあったが、体操は得意なので、きっとうまくできると思っていた。入賞してリボンをもらったら部屋のどこに飾ろうかしら、なんてことまで考えていた。

最初の種目は床運動で、エリザベスは1番目に演技した。なかなか素晴らしい演技だったが、途中で採点方法が変わったりして、入賞をのがしてしまった。他の種目でも健闘したが入賞には手が届かず、結局、1日を終えてリボンをひとつももらえなかったエリザベスはすっかり落ちこんでしまった。

あなたがエリザベスの父（母）親だったらどうするだろうか。

①おまえがいちばんうまいと思う、と言う。
②おまえがリボンをもらうべきなのに判定がおかしい、と言う。
③体操で勝とうが負けようがたいしたことではない、と慰《なぐさ》める。
④おまえには才能があるのだから次はきっと入賞できる、と言う。
⑤おまえには入賞できるだけの力がなかったのだ、と言う。

今の社会では、子どもの自尊心を育むことの重要性ばかりが強調され、さかんに子どもを失敗から守りなさいと言われる。そうすれば、そのときは子どもを落ちこませずにすむかもしれないが、長い目で見た場合には弊害が出てくるおそれがある。なぜだろう。

では、先ほどの5つの反応を、マインドセットの観点からとらえて、そこに潜むメッセージに耳を傾けよう。

①（おまえがいちばんうまいと思う）は、そもそも本心を偽っている。1位でないことは、あなた自身よくわかっているし、子どもだって知っている。こんな言葉をかけても、挫折から立ち直ることもできなければ、上達することもできない。

②（判定がおかしい）は、問題を他人のせいにしてしまっている。入賞できなかったのは本人の演技に問題があったからで、審判のせいではない。わが子が、自分の落ち度を他人になすりつける人間になってもいいのだろうか。

③（体操なんてたいしたことではない）は、少しやってみてうまくできないものは、バカにしてかかることを教えている。子どもに伝えたいのはそんなメッセージだろうか。

④（おまえには才能がある）は、この5つの中でもっとも危険なメッセージかもしれない。才能がありさえすれば、おのずと望むものに手が届くのだろうか。今回の競技会で入賞できなかったエリザベスが、どうして次の試合で勝てるだろうか。

⑤（入賞できるだけの力がなかった）は、この状況で言うにはあまりに冷酷な言葉のようにも思われる。あなたならそんなふうには言わないのではないだろうか。けれども、しなやかマインドセットのこの父親が娘に言ったのは、そういう趣旨のことだった。

実際にはこう言ったのだ。「エリザベス、気持ちはわかるよ。入賞めざして思いっきり演技したのにダメだったんだから、そりゃ悔しいよな。でも、おまえにはまだ、それだけの力がなかったんだ。あそこには、おまえよりも長く体操をやってる子や、もっと懸命に頑張ってきた子が大勢いたんだ。本気で勝ちたいと思うなら、それに向かって本気で努力しなくちゃな」

父親はさらに、楽しむためだけに体操をやりたいのなら、それはそれでかまわないが、競技会でみんなよりも優れた成績を取りたいのなら、もっと頑張る必要がある、ということもエリザベスに言って聞かせた。

その言葉を肝に銘じたエリザベスは、これまでよりもはるかに長い時間をかけて繰り返し繰り返し練習し、特に苦手種目に力をいれて完璧に仕上げた。次の競技会には、その地区の80名の女子が出場したが、エリザベスは種目別で5つのリボンを獲得したほか、総合優勝も果たし、家に大きなトロフィーを持ち帰った。今ではもう、部屋の中がメダルやトロフィーやリボンでいっぱいで、壁が見えないほどだ。

つまり、エリザベスの父親は、娘に本当のことを告げただけでなく、**失敗から何を学ぶべきか、将来成功を勝ち取るには何をしなくてはならないか、**ということも教えたのである。気落ちしている娘を深く思いやりながらも、まやかしのほめ言葉で慰めたりはしなかった。そんなことをしても将来の失望を招くだけだからである。

失敗したときには建設的批判を

建設的批判という言葉をよく耳にする。進歩をうながす前向きの批判という意味だ。ところで、わが子を批判するときはだれでも、建設的な批判だと思って言っているのではないだろうか。役に立たないと思いながら批判する親などいない。けれども実際には、何の役にも立たない批判がごまんとある。それは、子どものことを決めつけてかかるような批判である。それに対して建設的批判とは、子どもが悪い点を改めたり、もっと努力したり、優れた成果を出したりするのをうながすような批判をいう。

ビリーは大急ぎで宿題を終えたものだから、問題をいくつか飛ばしていたり、いいかげんにしか答えていないところがあったり。父親はかんかんに怒った。

「これがおまえの宿題か？　きちんとやりとげることもできないのか？　頭が悪いのか、無責任なやつなのか、どっちなんだ？」

この父親の反応は、息子の知的能力と性格の両方を俎上《そじょう》に載せ、それをもうどうしようもない欠陥のように言っている。

子どもの資質に批判を向けることなく、自分の不満や落胆を伝えるには、どう言えばよかったのだろう。いくつか言い方がある。

「こんないいかげんなやり方をしているなんて、父さんはほんとにショックだよ。どのくらい時間があればきちんとできるのかい？」

「その宿題、わからないところがあるんじゃないか？　いっしょに見てやろうか？」

「せっかくの勉強のチャンスを逃しているなんて、父さんは悲しいよ。これほどためになる課題ってほかにあるかい？」

「たしかにつまらなそうな宿題だな。父さんでもいやになりそうだ。これを面白くやる方法ってないかな？」

「なるべく楽しく、きちんと宿題を終わらせる方法を考えよう。何かいいアイデアはないかな？」

「長たらしくて退屈な課題は、集中力をつける訓練になるって前にも話したろ。これは本当に大変そうだ。集中力を総動員しないとやってられないな。最後まで持ちこたえられるかどうかためしてみよう」

ときには、子どもが自分で自分を値踏みしてレッテルを貼っていることがある。ギノットの話にでてくる14歳の少年、フィリップは、父親と一緒に大工仕事をやっていて、うっかり釘を床にばらまいてしまった。すまなそうに、父の顔を見て言った。

フィリップ　あーあ、ぼくってほんとにドジなんだ。

父　釘をばらまいたからって、そんなことを言うもんじゃない。

フィリップ　じゃあ、なんて言うの？
父　釘をばらまいちゃった。拾って集めよう。そう言えばいい。
フィリップ　それだけ？
父　それだけ。
フィリップ　ありがと、父さん。

メッセージに敏感な子どもたち

硬直マインドセットの子どもたちは、親からひっきりなしに、自分の優劣を評価するメッセージを受けとっており、四六時中、品定めされているような気がしている。こうした生徒たちに一連の質問をしたところ、次のような答えが返ってきた。

Q　お母さんやお父さんが、宿題を見てやろうと言ったとします。どんな気持ちからだと思いますか？
A　宿題をやっているのを見て、ぼくがどれくらい頭がいいか確かめたいから。
Q　あなたが良い成績を取ったのを、お母さんやお父さんが喜んだとします。なぜだと思いますか？

Ａ　ぼくが頭のいい子だとわかったから。

Ｑ　成績が振るわなかった科目について、お母さんやお父さんがあなたと話しあおうとしたとします。どんな気持ちからだと思いますか？

Ａ　ぼくは頭が良くないんじゃないかと心配だから。成績が悪いのは賢くない証拠かもしれないと思っているから。

こうした子どもたちは、言葉をかけられるたび、そこに優劣評価のメッセージを聞きとる。でも、それって普通じゃないの？　子どもに小言を言ったり評価を下したりするのが親だと思われるだろうか。そんなことはない。しなやかマインドセットの生徒たちはそうは考えない。学習意欲を育み、勉強の習慣をつけさせようとしているのだと思っている。しなやかマインドセットの生徒たちに、先ほどと同じ一連の質問をしたところ、こんな答えが返ってきた。

Ｑ　お母さんやお父さんが、宿題を見てやろうと言ったとします。どんな気持ちからだと思いますか？

Ａ　宿題からできるだけたくさんのことを学んでほしいから。

Ｑ　あなたが良い成績を取ったのを、お母さんやお父さんが喜んだとします。なぜだと思いますか？

A　良い成績がとれたのは、一生懸命に頑張った証拠だから。

Q　成績が振るわなかった科目について、お母さんやお父さんがあなたと話しあおうとしたとします。どんな気持ちからだと思いますか？

A　もっとうまい勉強方法を教えてやりたいと思っているから。

品行や人間関係についても、硬直マインドセットの子は、親に評価を下されていると感じ、しなやかマインドセットの子は、親に応援してもらっていると感じていた。

Q　言いつけを守らなかったために、お父さんやお母さんに叱られたときのことを想像してください。なぜ、あなたを叱るのだと思いますか？

硬直マインドセットの子　ぼくが悪い子なのではないかと不安だから。

しなやかマインドセットの子　この次はちゃんとできるようになってほしいから。

悪いことばかりやらかすのが子どもというものだ。調査によると、一般的な幼児は3分に1回、何かしら悪いことをしているという。それを品定めの場にしてしまうか、大事なことを学ばせるチャンスにするか。

Q　お友だちと遊んでいるときに、何かを独り占めして、お父さんやお母さんに叱られたとします。なぜ、あなたを叱るのだと思いますか？

硬直マインドセットの子　独り占めするのは、ぼくが悪い子の証拠だと思ったから。

しなやかマインドセットの子　友だちと仲良くするにはどうすればよいかをわかってほしいと思ったから。

子どもたちは幼い頃からこうした教訓を学んでいる。よちよち歩きの頃からもう、親の発するメッセージを敏感にキャッチしている。そして、間違いをしでかすとダメな子のレッテルを貼られて罰を与えられるんだ、と学んでしまう子もいれば、間違えたときにはアドバイスしてもらえたり正しいことを教えてもらえたりするんだ、と思うようになる子もいる。

相手の反応を見て学んでいくのは、子どもだけではない。親の方も、わが子のちょっとした行動を読みとって、それに応答することを覚えていく。

新米ママが赤ちゃんにおっぱいを飲ませようとしても、赤ちゃんは泣くばかりで、なかなか乳を飲もうとしない。ちょっと吸ってみただけであきらめてしまい、またぎゃーぎゃー泣きだすこともある。

赤ちゃんて、こんなに扱いにくいものなの？　こんなに手がかかるものなの？　それにしても、おっぱいの飲み方なんて、生まれつき知っているんじゃなかったの？　赤ちゃんは、おっぱいを飲む名人のはずじゃないの？　うちの赤ちゃんはどこかおかしいのかしら？

こんなふうにあれこれ悩んだ新米ママが、こんな話をしてくれた。

「初めのうちは本当にいらいらしたのですが、あなたの研究を思い出しては、赤ちゃんにこう語り続けたんです。『あなたもママも、どうすればうまく吸えるか、今、学んでいるところなのよ。おなかがすいたよねえ。つらいよねえ。でも、あなたもママもだんだんうまくなっていくからね』。こんなふうに考えると、いらいらすることもなくなり、うまく飲めるようになるまで落ち着いて導いてやることができました。この考え方は、他のことを教えるときにも応用できて、赤ちゃんのことを理解するのにとても役立ちました」

優劣や善悪の判断をくだすのはやめて、教え導いていこう。今まさに学んでいる最中なのだから。

子どもから子どもにメッセージが伝わる

親からのメッセージを、子どもが敏感にキャッチしていることは、その子がそれを別の子に伝えている様子からもわかる。幼児でさえ、自分が学んだ知恵を、さっそく他の子に伝える。小学2年生の子どもたちに「算数が苦手で困っているクラスの友だちに、あなたならどんなアドバイスをしますか」と質問した。次に載せるのは、しなやかマインドセットの子からのアドバイスである。

ちょっと考えただけであきらめちゃってない？　もしそうだとしたら、もっとじっくり考えてごらんよ。２分間くらい。それでもわからなかったら、もう一度問題を読み直すの。それでもわからなかったら、手を挙げて先生にきくといいよ。

素晴らしいではないか。これ以上のアドバイスはない。けれども、硬直マインドセットの子には、こんな役に立つアドバイスはできない。そもそも苦手を克服する手立てなど持っていないのだから。ある子は、哀れみをこめてひとこと「かわいそうに」と言っただけだった。

乳幼児でさえ、自分が受けとったメッセージを他の子に伝えている。メアリー・メインとキャロル・ジョージは、虐待を受けてきた子どもたち――泣いたり騒いだりしたために、親から悪い子だと言われて、罰を与えられてきた子どもたち――についての調査を行なった。子どもが泣くのは、欲求が満たされていないサインで、命令して泣きやむものではないのだが、子どもを虐待する親はそれを理解していないことが多い。親の言うことを聞かないわがままな子、泣いてばかりいる悪い子だと決めつけてしまう。

メインとジョージは、虐待を受けてきた1歳から3歳の子どもたちを保育所で観察し、他の子が苦しんだり泣いたりしているときにどんな反応を示すかを調べた。虐待を受けてきた子どもたちは、苦しんでいる子を見ると怒りだすことが多く、なかには相手に殴りかかろうとした子もいた。泣く子は悪い子だからお仕置きを受けるべき、というメッセージをすでに受けとっていたのである。

虐待の連鎖が起きるとしたら、それは虐待を受けた子どもが親になった場合だけだと思っている人が多い。けれども驚いたことに、子どもは幼いうちから教訓を学び、それを実行に移すものだということが、この研究から明らかになったのである。

ところで、虐待を受けたことのない子どもたちは、苦しんでいる仲間に対してどんな反応を示しただろうか。彼らが見せたのは、思いやりの情だった。泣いている子のところに行って、どうしたのと尋ね、何とかして助けようとする子が多かった。

それはしつけではないの？

わが子に罰を与える親の多くは、それをしつけだと思っている。「もう絶対に忘れないように思い知らせてやらないと」。ではいったい何を思い知らせ、何を教えこんでいるのだろう。親の決めた規則や価値観に逆らう子は悪い子だから罰を受けることとなる、と教えているのである。自分の力で考え抜いて、倫理にかなった、分別ある決定をくだす方法を教えているわけではない。

また、コミュニケーションの経路は開かれている、ということも教えてはいないと思われる。16歳のアリサが母親のところにやってきて、友だちと一緒にお酒を飲んでみたいと言い出した。「みんなを呼んでカクテルパーティーをやってもいい?」ちょっと聞くと、とんでもないことのように思われるが、アリサが考えているのはこういうことなのだ。友だちとお酒の出るパーティーに行こうと思ったのだが、初めてお酒を試すときは、安心できる場所で試したい。そこで、それぞれの親の許可を得て、大人の監督のもとで飲んでみたいと思ったのだ。

アリサの両親が承諾したかどうかはともかく、ここで重要なのは、親子3人で納得のいくまで話しあったことである。もしも、両親が激怒して、はなから取りあわなかったとしたら、そのような実りのある議論は絶対にできなかっただろう。

しなやかマインドセットの親は、子どもを甘やかして、好き放題にさせているわけではけっしてない。高い基準を設け、どうすればそこに到達できるかを教えようとする。そして、あくまでも子どもを尊重しつつ、公正で思慮に富んだ判断に立って、ダメなときはダメと言う。

あなたが今度、子どもをしつけようと思ったときには、自分が子どもにどんなメッセージを送ろうとしているかをよく考えよう。「優劣や善悪の評価を下して罰を与えてやろう」というメッセージだろうか、それとも「じっくりと考えて何かを学びとることに力を貸してやろう」というメッセージだろうか。

子どもをダメにする親のマインドセット

わが子のためを思ってとった親の行動が、その子を危機に追い込んでしまうことがある。コロンビア大学心理学部の学生課長時代、私は、問題を抱える学生をたくさん見てきた。もう少しで落第するところだったある学生の例を紹介しよう。

サンディは卒業の1週間前になって、私のところにやってきた。専攻を心理学に変えたいというのだ。どうにもめちゃくちゃな話だが、何かせっぱつまったものを感じたので、よく話を聞いてみることにした。成績表を見ると「A+」と「不可」ばかり。いったいどういうことなのだろう。

サンディの両親はずっと、ハーバード大学をめざして娘を育ててきた。硬直マインドセットの両親にとって、サンディの教育目標はただひとつ。ハーバード大学に合格させることによって、娘の（そして、おそらくは自分たち夫婦の）価値と優秀さを証明することだった。ハーバード大学に入るのは、頭の良さを証明するためであって、そこで娘が何を学ぶのか、好きな学問を追求できるのかどうかといったことは、両親にはどうでもいいことだった。

ましてや、社会に貢献ができるかどうかなど、まるで問題ではなかった。重要なのはハーバードのレッテルだけ。ところが、サンディは入学試験に落ちてしまった。それをきっかけに抑うつに陥った彼女は、以来ずっと抑うつに悩まされ続けている。何とか懸命に勉強して「A+」を取ったかと思うと、まるで勉強が手につかなくなって「不可」。その繰り返しなのである。私が援助しないかぎり、サンディは卒業できない。卒業できなければ、両親に顔向けできない。そうなったら、どんなことになるか。

結局、サンディは何とか卒業することができた。それはいいとして、サンディのような可能性あふれる子どもたちが、こうしたレッテルの重みに押しつぶされてゆくのを見るのは本当に悲しい。

子どもの興味や成長や学習意欲を損なうことなく、正しい方向に「ベストを望む」ことがいかに大切かがわかっていただけたらと思う。

間違った方向にベストを望む親

サンディの両親が発していたのはこんなメッセージだった。あなたがどんな人間か、今何に関心があるか、学んで成長できるか、将来どんな人間になれるか、なんてどうでもいい。ハーバード大学に入れた場合にだけ、あなたを愛し、あなたを尊重しよう。

マークの両親も同じような考えだった。マークは、数学がずば抜けて得意な生徒で、中学を卒業したらスタイベサント高校（理数系の強化カリキュラムのあるニューヨークの有名高校）に進学したいと希望を膨らませていた。スタイベサントに行って、最高レベルの教師陣に数学を学び、最高レベルの友人たちと数学について語りあうのが夢だった。スタイベサントには、基礎を終えたらすぐにコロンビア大学の数学のコースを履修できるプログラムもあった。

ところが受験の直前になって、両親が断固反対したのだ。スタイベサント高校からハーバード大学への進学は難しいという噂を耳にしたからだった。両親は彼を別の高校に行かせた。息子が興味のある学問を追求できるかどうか、才能を伸ばすことができるかどうかはどうでもよく、Hではじまる大学に入れるかどうか——それだけが重要だったのである。

このケースでは、おまえの優劣を評価してやろう、と言っているだけではない。おまえを評価して私の期待にかなっていれば愛してやろう、というメッセージを送っている。

私たちが6歳から大学生までの子どもについて調査を行なったところ、硬直マインドセットの子は、自分に対する親の期待を満たさないかぎり、愛されもせず、注目もされないと感じていた。大学生たちはこんなふうに語っている。

「両親の期待に添えなければ、自分の価値を認めてもらえない気がする」

「うちの両親は、何でも好きなことをしていいと口では言っているけれど、実際には、両親が高く評価する職業に就かないかぎり、ぼくを認めてはくれないと思う」

有名なヴァイオリン教師、ドロシー・ディレイは、子どもにプレッシャーをかける親たちを何人も見てきた。わが子の成長を気長に見守るのではなく、才能の有無や評判ばかりを気にする親たちだ。

ある夫婦が8歳の息子をディレイのところに連れてきた。そういうことはしないようにと注意してあったのに、2人は息子にベートーベンのヴァイオリン協奏曲を暗譜させてきた。その子はひとつも間違えずに弾き終えたが、まるでおびえたロボットが弾いているようだった。その夫婦は自分たちの勝手な理想に合わせるために、わが子の演奏を台無しにしていることに気づかない。「うちの8歳の坊やはベートーベンのヴァイオリン協奏曲が弾けるんですのよ。おたくのお子さんは?」

息子をタレント事務所と契約させようとする母親と、何時間もかけて話しあったこともある。その母親はディレイのアドバイスに従っただろうか。

ノー。レパートリーの数がまだ十分ではなく、時期尚早なのでやめた方がいいと、ディレイは何度も説得した。けれども、その母親は専門家のアドバイスになど耳を貸さず、息子の成長を育むことにはまるで無関心だった。レパートリーが少ないくらいのことで、こんな才能のある子がタレント事務所に断られるはずはないと言い張るのだった。

それとまったく対照的なのがユラ・リーの母親だった。リー夫人はユラがレッスンを受けている間、他の親たちのようにピリピリカッカすることもなく、いつもゆったりと腰掛けていた。おだやかな笑顔を浮かべ、音楽に合わせてからだを揺らしながら、自分もその時間を楽しんでいた。そのおかげでユラは、過大な期待を背負わされている子たちのように、無用な不安をつのらせることもなかった。「ヴァイオリンを弾いているときはいつも幸せ」とユラは語る。

理想の子ども像

わが子にはこんな人になってほしいと目標を定めたり、理想を描いたりするのは、親として当然のことではないのだろうか。確かにそうなのだが、子どものためになる理想と、そうでない理想とがある。私たちは大学生たちに、理想の学生とはどのような学生だと思うか、さらに、自分はその理想にかなっていると思うかどうかを尋ねた。

硬直マインドセットの学生の描く理想の学生像は、努力して近づけるようなものではなかった。

「天才的に頭が良くて運動能力抜群の人……それは生まれつきの能力によるものだ」。デキるやつはデキるし、ダメなやつはダメ、というのが彼らの考え方だった。

では、自分はその理想にかなっていると思うかと尋ねると、大多数の学生がノーと答えた。むしろ、そういう理想と自分をひき比べてうつうつとしたり、物事を先送りにしたり、もうダメだとあきらめたり、ストレスに苛まれたりしていた。絶対に手の届かない理想に意気をそがれていたのである。

一方、しなやかマインドセットの学生の描く理想の学生像は、次のようなものだった。

「知識を広げよう、世の中について深く考察する手段を学びとろうとしている学生。良い成績を取るのが目的ではなく、それをもとにさらに伸びていこうとする学生」

「知識を道具として利用するだけではなく、知識そのものを大切にし、社会全体の役に立ちたいと望んでいる学生」

では、自分はその理想にかなっていると思うか、と尋ねると、それに近づこうと努力していると答えた。「できるかぎり理想に近づきたい。それには努力が必要だが」「成績や試験の点数が何より重要だとずっと思っていたが、今は、それ以上に大切なものに向かって進んでいる」。

自分の思い描く理想像が、やる気を奮いたたせてくれていた。

硬直マインドセットの理想を描く親は、自分の子どもが才能あふれる完璧な子でないと気がすまない。そうでなければ、クズだと思ってしまう。だから、子どもには間違いを犯すゆとりもなければ、その子特有の個性――興味、くせ、願望、価値観――が芽生えてくる余地もない。うちの子はちっとも言うことをきかないとか、決められたことができないとか、硬直マインドセットの親たちがいらいらしながら話すのを何度聞いたことかしれない。

ハイム・ギノットが、17歳のニコラスのこんな言葉を紹介している。

父の頭の中には理想の息子像があるんだ。それとぼくをひき比べて、父はひどく落ちこむ。ぼくには父の夢をかなえられるだけの力がないから。幼い頃からぼくは父の失望を感じてきた。父はそれを隠そうとしたけれど、声の調子、言葉づかい、沈黙といったちょっとしたところにしょっちゅう表れた。ぼくを理想像のコピーに仕上げようと頑張ったものの、それは無理だとわかった瞬間に、父はぼくに見切りをつけた。けれど、父が残した深い傷は消えず、自分は失敗者だという思いにつきまとわれている。

子どもの心にしなやかマインドセットの理想を植えつけようとする親は、頑張れば手が届くような目標を子どもに与える。そして、長い目でその成長を見守ろうとする。生き生きと活動しながら社会に貢献できる豊かな人間に成長してくれることを願うのである。

しなやかマインドセットの親が「わが子にがっかりだ」と言うのは聞いたことがない。晴れやかな笑顔を浮かべて、「わが子がこんな人間に成長するなんてびっくりです」と驚きを語る。

これまで親についてお話ししてきたことは、すべて教師にもあてはまる。といっても、教師について語るときには、別の要素も考慮しなくてはならない。教師は、クラスという大勢の生徒の集団を相手にしているが、1人ひとりの技能レベルは異なるし、それまでの学習に自分はタッチしていない。そのような子どもたちを教育するには、どのようなやり方がいちばん良いのだろう。

優れた教師・親とは

到達基準（つまり努力目標）を下げれば、生徒に成功体験をさせて、自尊心を高め、学力を伸ばすことができると考えている教育者が少なくない。これは、子どもの頭の良さをやたらとほめて、やる気を引きだそうとするのと似た考え方だが、そんなことをしても効果はない。お座なりにやってもほめてもらえると高をくくっている学力の低い生徒を増やすだけだ。

シェイラ・シュワルツは35年間にわたり、向上心あふれる国語教師を育ててきた教育者である。次の世代の子どもたちに知識を伝える使命を負っている以上、教師を志す学生には高い到達基準を設けようとしたのだが、学生たちは憤慨した。シュワルツは言う。「文法やスペルの間違いだらけの作文を書いた学生が、ウエストポイントから夫を引きつれて――胸にどっさり勲章をつけた礼装軍服姿の方でしたけどね――私の研究室に抗議にやって来たの。スペルミスを注意され、感情を傷つけられたというのです」

また別の学生は、ハーパー・リーの『アラバマ物語』（偏見や人種差別と闘いながら無実の殺人罪を着せられている黒人を守ろうとして、結局失敗に終わる南部の弁護士の物語）の要旨をまとめるように言われて、「どんな人間も根本は善良である」と書いた。シュワルツにそれはおかしいと言われたその学生が、授業を抜けだして校長に告げ口に行ったものだから、シュワルツは要求水準が高すぎるとの叱責を受けるはめになった。シュワルツは不安に思う。教師を目指す学生の教育基準を下げてしまっては、将来彼らが教職に就いたとき、子どもたちに十分な教育を与えられないのではないか、と。

とはいえ、教育基準を高くするばかりで、そこに至る手段を与えなければ不幸な結果を招いてしまう。心構えやモチベーションに欠ける生徒たちが落ちこぼれていくばかりだからである。基準を高く設定し、なおかつ、生徒をそこに到達させる手立てはあるのだろうか。

第3章では、しなやかマインドセットの教師の指導で、成績不振の生徒の多くが優秀な成績を取るようになったというファルコ・ラインベルクの研究を紹介した。また、ハイメ・エスカランテのしなやかマインドセットの教育で、スラム地区の高校生たちが大学数学をマスターした話や、マーヴァ・コリンズのしなやかマインドセットの教育で、スラム地区の小学生たちがシェークスピアを読めるようになった話も紹介した。本章では、そのような例をもっとたくさん見ていこう。しなやかマインドセットの教え方が子どもの心をどのように解き放っていくかがわかると思う。

ここでは3人の優れた教師を取り上げるが、そのうちの2人は、「恵まれない」境遇にあると思われている子どもたちの教師で、もう1人は、輝かしい才能に恵まれていると思われている子どもたちの教師である。この3人に共通する点は何だろうか。

優れた教師のやり方

優れた教師は、知力や才能は伸ばせると信じており、学ぶプロセスを大切にする。先に登場したマーヴァ・コリンズが教えたシカゴの子どもたちは、レッテルを貼られ、見切りをつけられた子どもたちだった。たらいまわしにされた末にそこにたどり着いた子も多かった。ある少年は、4年間に13の学校を入退学していた。何人もの子を鉛筆で刺して傷つけ、精神保健センターから追いだされてきた子もいた。

ある8歳の子は、鉛筆削りから刃を抜き取っては、クラスメートの上着、帽子、手袋、マフラーを切り裂く常習犯だった。作文や日記を書かせると、必ず自殺をほのめかす子もいた。入学初日に他の子をハンマーで殴った子もいた。こうした子どもたちは、学校できちんと勉強していなかったが、それは本人が悪いのだとみんなから思われていた。けれども、コリンズはそうは考えなかった。

米国CBSのニュースショー番組『60《シックスティ》ミニッツ』がコリンズの学校を取り上げたとき、レポーターのモーリー・セイファーがある子をつかまえて、何とか「学校なんて嫌いだ」と言わせようとした。「ここはとてもつらいだろう。休み時間もないし、体育館もない。1日中勉強させられて、ランチはたったの40分。なんで好きなの？　きつすぎるでしょ」。ところが、その子はこう答えた。「なぜ好きかっていうと、脳が大きくなっていくからだよ」

『シカゴ・サンタイムズ』の記者、ザイ・スミスが取材に訪れたとき、ある子はこう語った。「ここでは、脳の中身をいっぱいにしてるんだ」

コリンズはこの学校を創設した経緯を振り返りながらこう語る。「学ぶことに――新しい何かを発見するプロセスに――ずっと魅せられてきた私は、教え子たちが発見した喜びを他の子にも伝えたいと思ったの」。コリンズは、新しい子が入学してくるとかならず第1日目に、あなたはきっと今までわからなかったことがわかるようになるわ、と約束した。子どもたちと契約を交わしたのである。

「みなさんが名前も書けないのはわかってます。アルファベットも知らない。本も読めない。

同音異義語も、音節の分け方も知らない。でも必ずできるようになります。みなさんはダメな子なんかじゃない。学び方が間違っていたのです。さあ、失敗にさよならしましょう。成功を呼び入れましょう。ここでは難しい本を読んで、それを自分のものにします。毎日作文も書きます……先生はみなさんの手助けをしますから、みなさんも先生に協力するんですよ。ただ与えてもらえると思っていたら大まちがい。成功は待っていてもやってきません。自分でつかみに行くのですよ」

子どもたちが新しいことを学び、成長していく姿を見ることが、コリンズにとって何ものにもまさる喜びだった。入学当初は「表情も硬く、目もうつろ」だった子どもたちに意欲がみなぎってくるのを見て、コリンズは「聖ペテロが私に計画されたことが何であれ、あなたたちは私に地上の天国を与えてくれている」ともらした。

レイフ・エスキスは、犯罪の多発するロサンゼルスの貧困地区で小学5年生を教えている。麻薬やアルコール依存症その他の問題をかかえる家族といっしょに暮らしている子どもがほとんどだ。エスキスは毎日、子どもたちにこう語る。「ぼくはきみたちよりも頭がいいというわけじゃない。ただ経験をたくさん積んできただけなんだ」と。自分だって初めから難しい問題ができたわけではなく、一生懸命に練習してようやくできるようになったのだということを、いつも子どもたちに話して聞かせている。

コリンズやエスキスの学校とは違って、ジュリアード音楽院は世界最高水準の生徒しか受け入れていない。才能に恵まれた生徒たちばかりなら、何の支障もなく知識や技能の習得に専念できるだろうと思うかもしれない。

ところがこの学校では、才能や素質の問題がますます重く生徒にのしかかってくる。実際この音楽院には、手間をかけて育てる気になれない生徒のことははなから相手にしない教師が多かった。しかし、イツァーク・パールマン、五嶋みどり、サラ・チャンを育てた素晴らしいヴァイオリン教師、ドロシー・ディレイはそうではなかった。

やってできないことはないと信じるディレイは、夫からいつも「中西部魂のかたまり」とからかわれていた。「何もない大草原に町を創る」――これこそが教える喜びだとディレイは思う。彼女にとって教育とは、目の前で何かが成長していくのを見守ることだった。その成長をうながしてやれるかどうか。教師としての腕が問われるのはそこだ。生徒がうまく演奏できていないとしたら、それは正しく学べていないからなのである。

ディレイの師でもあり、ジュリアード音楽院の教師仲間でもあったイヴァン・ガラミアンからは、「あの子には耳がない。時間を浪費するのはやめておけ」とよく言われた。それでもディレイは、教え方を変えてみればうまくいくかもしれないと言って譲らず、たいてい何らかの方法で上達させることに成功した。ますます多くの生徒に指導をこわれ、ますます長い時間をこうした努力に「浪費」するようになると、ガラミアンはジュリアード音楽院長にディレイを辞めさせるように進言した。

興味深いことに、才能を重んじる点は、ディレイもガラミアンも共通していたが、ガラミアンが才能は持って生まれたものだと信じていたのに対し、ディレイは努力によって獲得できる資質だと信じていた。「教師たるもの、『この子には天性の素質がないから、私の時間をムダ遣いするのはやめよう』と言ってすませてはいけないと思う。けれども、そう言って自分の無能さを隠している教師がどれほど多いことか」

ディレイは教え子の1人ひとりに全力を投入した。イツァーク・パールマンとその妻のトビーはともにディレイの教え子だが、そのトビーが次のように語っている。

「イツァークのような境遇の生徒を、あのように何から何まで世話する先生なんていないでしょう。でも私もやはりディレイ先生から、イツァーク以上ではないにしても、同じくらいのものを与えてもらった気がしています……きっと大勢の教え子がみんな、そんなふうに感じているんでしょうね」

あるとき、ディレイは別の生徒のことで、「どうしてまるで見込みのない子にそんなに時間をかけるのか」と尋ねられてこう答えた。「あの子には、ほかの子にはない何かがあると思うの……人柄からにじみ出てくるもの、そう気品《キャラクター》のようなものよ」。それが演奏に表れるようにしてやることができたなら、だれにもないものを持ったヴァイオリニストになれるというのである。

高い基準と温かい雰囲気を持つ教師たち

優れた教師は、できる生徒に対してだけでなく、すべての生徒に対して高い基準を設ける。

マーヴァ・コリンズは、最初からきわめて高い基準を設け、児童がまるで理解できない言葉や概念をも取り入れて授業を進めていった。その一方で、入学初日から、愛情に満ちた温かい雰囲気で児童を包み、必ずできるようになるからねと約束した。どうしても努力しようとしない少年には、「あなたのことを大切にするわ……もうすでに大切に思ってます。あなたが自分を愛せないときでも、先生はあなたを愛しますからね」と語りかけた。

教師は生徒全員を愛さなくてはいけないのだろうか。そんなことはない。けれども、どの生徒にも分けへだてなく目を配る必要がある。

硬直マインドセットの教師には、生徒を品定めするような雰囲気がある。実際、こうした教師たちは生徒の最初の成績を見ただけで、この子は賢い、この子は鈍いと決めつけてしまう。そして「鈍い」生徒には見切りをつける。「この子ができなくても私の責任ではない」と。

こうした教師たちはそもそも、子どもは進歩するものだということを信じていないのだ。だから進歩をうながそうともしない。第3章で紹介した、硬直マインドセットの教師たちの言葉を思い出してほしい。

「私の経験では、生徒の成績は1年を通してほとんど変わらない」

「教師としての私が、生徒の知的能力に影響を及ぼすことはない」

そんなふうに考えるのは、固定観念にとらわれているからである。固定観念にとらわれて、この子は頭がいい、この子は頭が悪いと決めつけてしまう。だから、硬直マインドセットの教師は、実際に会いもしないうちから、この子はダメと見切りをつけている。

ベンジャミン・ブルームは、120名にのぼる世界的なピアニスト、彫刻家、水泳選手、テニス選手、数学者、神経学者を調査して、非常に興味深いことを発見した。**彼ら彼女らのほとんどが、驚くほど温かくて度量の大きい教師に最初の手ほどきを受けていたのである。**けっして基準を下げたりしないが、生徒に評価を下すのではなく、信頼しあえる雰囲気で生徒を包みこむ教師たち。「才能を値踏みしてやろう」ではなく、「教え導いていこう」というメッセージを発している教師たちだった。

コリンズやエスキスが生徒たちに——それも全員に——課した目標を知って驚かされる。コリンズは、学校を拡大して幼児も入学させると、9月に入ってきた4歳児全員に、クリスマスまでに本が読めるようになることを求めた。できなかった子はひとりもいなかった。3〜4歳児が『高校生のための語彙』という単語帳を用い、7歳児が『ウォールストリート・ジャーナル』を読んでいた。さらに年長の子たちは、プラトンの『共和国』にはじまって、トックヴィルの『アメリカのデモクラシー』、オーウェルの『動物農場』、マキアヴェリ、さらにシカゴ市議会について話しあった。コリンズの高学年向け必読書リストには、シェークスピアをはじめとして『アントン・チェーホフ戯曲全集』『実験物理学』『カンタベリー物語』などが挙げられていた。初めのうち、飛びだしナイフを向けてきたような少年たちでさえ、シェークスピアが大好きになり、もっと読みたがるようになったという。

その一方で、コリンズはつねに温かい雰囲気を絶やさなかった。規律は厳しいが、愛情にみちた学校だった。子どもの欠点をあげつらうのが仕事のような教師のもとにいた子どもたちだということがわかったコリンズは、とにかくまず、自分は教師として、人間として、徹底的に愛情を注ぐつもりであることを子どもたちに伝えたのである。

エスキスも教育基準を下げることに批判的だ。最近、彼の学校では、全国平均を20点下回るリーディングスコアに大喜びした。前年よりも1、2点上がったからなのだが、彼はそれを嘆いてこう語る。

「良いところを見つけて楽天的になることも大切だろう。でも、真実から目をそむけていても解決にはならない。低い成績に甘んじる教師は、低賃金のバイトに甘んじてしまう昨今の生徒たちの力にはなれない……遅れているならば、その事実を子どもにはっきりと告げて、追いつくための積極的な学習計画を立ててやれる人間が必要なのだ」

エスキスのクラスの小学5年生全員が必読書リストを制覇したが、それには、スタインベックの『二十日鼠と人間』、リチャード・ライトの『アメリカの息子』、ディー・ブラウンの『わが魂を聖地に埋めよ』、エイミー・タンの『ジョイ・ラック・クラブ』、アンネ・フランクの『アンネの日記』、ハーパー・リーの『アラバマ物語』、ジョン・ノウルズの『友だち』などが含まれていた。また、中学2、3年でもほとんどの生徒が落ちる代数の最終試験に、6年生がひとり残らず合格した。しかし、何度も言うが、このような成果はすべて、1人ひとりに対する細やかな愛情と、深い人間的なかかわりの上に達成されたものなのである。

「難しい課題を与えて、惜しみなく愛情を注ぐ」というやり方は、ディレイの教育方法とも共通する。ディレイのかつての教え子がこう述べている。

「ディレイ先生の指導を受けると、だれもが自分の最大限の力を発揮できるような気持ちになってくる――それが先生のすごいところです。可能性の限界に挑戦しようという気にさせる先生などめったにいませんが、ディレイ先生にはそういう才能があります。難しい課題を与えますが、同時に、自分は愛され育まれているという気持ちにさせてくれるのです」

そしてしっかり導く

けれども、課題を与えて愛情を注げばそれでいいのだろうか。

答えはノー。優れた教師たちはみな、いかにすればその高い努力目標に到達できるかをきちんと生徒に教える。コリンズもエスキスも、子どもたちに必読書リストを渡しっぱなしではなかった。コリンズは、『マクベス』をひとくだり読むごとに、それについて話しあいながら授業を進めていった。エスキスは、本のどの部分を授業で取り上げるか、何時間もかけて計画を練った。「あの子なら、このもっとも難解な部分も読みこなせるだろうとか、入ってきたばかりで尻込みしているあの子にもわかる部分を入れておこうとか、いろいろなことを考えあわせて、けっして成り行きまかせにはしない……ものすごいエネルギーを必要としますが、授業中、古典のひとことひとことに耳を傾け、私がやめるともっと読んでとせがんでくる子どもたちのことを考えると、まるで苦にならない」

そのようにして、この教師たちは生徒に何を教えているのだろう。勉強を好きになること。自分の力で学び、自分の力で考えられるようになること。そして基本をおろそかにしないこと、である。エスキスのクラスではよく、始業前や放課後、それから休暇中に集まって、国語や算数の基本を徹底的にマスターする。勉強が難しくなってくると特にひんぱんに行なう。勉強に

「近道はない」というのがエスキスのモットーである。コリンズもまったく同じ趣旨のことを、クラスの子どもたちにこんなふうに伝えている。「ここでは魔法なんて起こりません。先生は魔法使いじゃないから、水の上を歩いたり、海を2つに分けたりはできないわ。ただ、あなたたちが大好きだから、ほかの人よりもよけいに頑張っているだけ。だから、みんなも頑張ってね」

ディレイは生徒に大きな期待をかけるが、同時に、その目標達成に向かってしっかりと教え導く。ほとんどの生徒は、才能という考え方におびえ、硬直マインドセットから抜けだせなくなっている。ディレイは生徒たちに才能の神秘性をはいでみせることもした。たとえば、ある曲をイツァーク・パールマンほどの速度で弾けるわけがないと思いこんでいる生徒には、その曲が完全に仕上がるまでメトロノームを出さなかった。「初めからメトロノームなんて使わせたら、絶対に無理だと思って、やめてしまうに違いないと思いましたから」

また、名ヴァイオリニストたちの奏でる美しい音色にただただ圧倒されていたある生徒は、ディレイからこんな指導を受けた。「先生と一緒に自分の出す音の響きを研究しているとき、ある音を出したところで、ディレイ先生がぼくを止めて、『そう、それが美しい音よ』とおっしゃいました」。ディレイはさらに、どの音にも美しいはじまりと真ん中と終わりとがあり、その終わりが次のはじまりへと続いていかなくてはならないのだと説明した。それを聞いた彼は「そうか！　ひとつできたら、それをすべてに応用すればいいんだ」と思った。突然、パールマンの奏でる美しい音色の秘密がわかり、ただ圧倒されるだけではなくなったのである。

他人にはできるのに、自分にはやり方さえわからないと、その間にはとてつもないへだたりがあるように感じられてしまう。教育者の中には、あなたはそのままで素晴らしいのよと、気休めを言う者もいる。しかし、しなやかマインドセットの教師は生徒に真実を伝えて、さらに、そのへだたりを縮める方法を教える。

マーヴァ・コリンズは、授業中にふざけている少年にこう告げた。「6年生だというのに、あなたのリーディングの得点は1・1です。私はその得点を紙ばさみに隠したりしません。はっきりと言います。あなたが何をすべきかわかるようにね。もうふざけている日は卒業よ」

その日を境に、少年は真剣に勉強に取り組むようになった。

やる気のない生徒の教え方

やる気のない生徒や勉強嫌いの生徒はどうすればいいのだろう。次に示すのは、コリンズとゲーリーのやりとりの一部である。ゲーリーは勉強が大嫌いで、宿題もやってこなければ、授業にも参加しない。コリンズは、何とかして黒板で問題を解かせようとしている。

コリンズ　ゲーリー、これからあなたはどうするの？　人生をムダにするの？
ゲーリー　つまらない勉強なんて絶対にやるもんか。
コリンズ　私はあなたがやる気になるまであきらめません。自分に見切りをつけるようなことはさせないわ。1日中、そうやって壁に寄りかかっていると、一生涯、だれかや何かにすがって生きることになるのよ。あなたは、その優れた頭脳を封じこめたまま、ムダにしようとしているのよ。

そう言われて、ゲーリーは黒板のところまで出ていったが、問題を解こうとはしなかった。しばらくして、コリンズが言った。

「どうしてもやりたくないのなら、お母さんに電話していらっしゃい。『ここは勉強するところで、ふざける場所じゃないってコリンズ先生が言うので、迎えに来てください』って」

ついにゲーリーは黒板に答えを書きはじめた。それをきっかけに、ゲーリーはまじめに授業に参加するようになり、熱心に作文を書くようにもなった。その学年の終わりに、授業でマクベスを取り上げた。誤った考えがマクベスを殺人にかりたてたのだという話になったとき、ゲーリーが口をはさんだ。「先生、ソクラテスがそういうことを言ってたね。マクベスも『正しい心の持ち方をしてこそ、正しい生き方ができる』って知っていればよかったのに」

あるときゲーリーは宿題にこんな詩を書いた。「眠りの神、ソムヌスよ、われらを目覚めさせたまえ。まどろんでいる間に、無知が世界を乗っ取ってしまう……われらをそなたの呪縛から解き放ちたまえ。無知が世界を占領するまでに残された時間はもういくばくもない」

教師が生徒に優劣の評価をくだしていると、生徒は努力を拒むことで教師の邪魔をしようとする。けれども、学校は自分のためにある——自分を成長させてくれるところだ——とわかれば、そんなことはしなくなる。

研究を進める中で私は、腕白坊主たちが、勉強すれば賢くなれると知って涙を流すのを目の当たりにしてきた。学校にそっぽを向いて、やる気のないふりをしている子どもは大勢いる。けれども、そういう子どもたちがみな勉強に関心がないと思ったら、大間違いなのである。

しなやかマインドセットの教師はどんな人か

しなやかマインドセットの教師は、なぜあれほど献身的に、どうしようもない生徒たちに多くの時間をかけられるのだろう。聖人君子なのだろうか。だれでも聖人になれると思っていいのだろうか。

じつは、彼らは特に献身的なわけではない。学ぶことが大好きなのだ。そして、教えることこそが最高の学びの場なのである。教えることを通じ、人間について、人を動かす動機について、自分が教える内容について、自分自身について、そして人生について学び続けるのである。

硬直マインドセットの教師はたいてい自分を完成品のように思っている。そして、自分の役割はたんに知識を分け与えることだと思っている。けれども、毎年毎年同じことを繰り返して飽きないのだろうか。違った顔ぶれを前にして、まったく同じことを伝える。なかなかつらい仕事である。

私の大学院時代の指導教官、セイモア・サラソンは素晴らしい教育者だった。そのサラソン先生がいつも言っていたのは、まず前提を疑ってかかるようにということだった。「学校は生徒が学ぶところだと思われていますが、教師の学びの場でもあるんじゃないかしら」

この言葉を私は忘れたことがない。

マーヴァ・コリンズも、教師の道を歩みだした頃に出会った師のひとりに、やはり同じことを――優れた教師とは、まず何よりも、生徒とともに学び続ける人間だということを――教わった。そして、自分の生徒たちに次のようにもらしている。

「おとなって、私はあんまり好きじゃないの。自分は何でも知っていると思っているから。私は何でも知っているわけじゃないけれど、つねに学び続けることができる人間よ」

ドロシー・ディレイが秀でた教師だったのは、教えることにではなく、学ぶことに関心があったからだと言われている。

では、優れた教師というのは、生まれつきなのだろうか、それとも努力のたまものなのだろうか。だれでもコリンズやエスキスやディレイのようになれるのだろうか。それは、自分と生徒について、しなやかな考え方をしているかどうかで決まる。どの子にも可能性があると単に口先だけで言うのではなく、1人ひとりの心に触れ、それに火を灯《とも》したいという深い思いがあるかどうかなのである。

親も、教師も、人間を育てるという任務を負っており、その使命は代々受け継がれてゆく。その使命を果たす上でも、相手に最大限の潜在能力を発揮させる上でも、マインドセットのしなやかさこそが重要なカギを握っている。

マインドセットをしなやかにするには？

▼親が子どもに対して発する言葉や、取る行動の1つひとつに何らかのメッセージがこめられている。明日、わが子に何かものを言うときは、送っているメッセージにチャンネルを合わせよう。こんなメッセージを送っているのではないか。「おまえの資質はもう変えようがな

い。私がそれを評価してやろう」。それとも、こんなメッセージだろうか。「あなたはこれからどんどん伸びていく人間。私はその成長ぶりに関心があるのよ」

▼子どもをどのようにほめているだろうか。頭の良さや才能をほめてしまいがちだが、そうすると、硬直マインドセットのメッセージを送ることになり、結果として、子どもの自信や意欲をそいでしまう。そのようなほめ方はやめて、どんな方法で、どれだけ努力し、どんな選択をしたかというプロセスに目を向けよう。子どもとのやりとりの中でプロセスをほめる練習をしていこう。

▼子どもがヘマをしたときの、自分の行動や言葉に注意しよう。建設的な批判とは、どうすれば悪いところを直せるかを、子どもに理解させるようなフィードバックである。レッテル貼りや、ただ責めるのとは違う。毎晩床に就く前に、今日1日、わが子にどんな建設的批判（やプロセスをほめる言葉）を与えたかを書きだしてみよう。

▼親ならば、わが子をこんな人間にしたいという目標があるものだ。とはいえ、天賦の才に恵まれた人間を目標にしても意味がない。技能や知識をどんどん習得していくことができる人間に育てよう。わが子をどんな人間にしたいと思っているか、その目標にしっかり注意を払おう。

▼教師の方へ。**到達基準を下げたからといって、生徒の自尊心が高まるわけではない。**しかし、

高い基準を設けるだけで、そこに到達する道筋を教えなければ、やはりうまくいかない。マインドセットをしなやかにすれば、高い基準を設け、なおかつ生徒をそこへ導く方法が見えてくる。生徒の成長を見越して課題を出し、プロセス（どんな方法で、どれだけ努力し、どんな選択をしたか）に対するフィードバックを与えてみよう。きっとうまくいくはずだ。

▼あなたは、のみこみの悪い生徒を、勉強のできない子と決めつけていないだろうか。その生徒自身、自分の頭の悪さは治しようがないと思っていないだろうか。そう考えるのではなく、何がわかっていないのか、勉強の仕方のどこがまずいのかをはっきりさせよう。**優れた教師はみな、才能や知能は必ず伸びると信じており、学びのプロセスをとても大切にする。**

▼親や教師の使命は、1人ひとりの持つ可能性を十分に発揮させること。しなやかマインドセットの教えを忘れずに、その他にもできることを何でも採り入れて、この使命を果たしていってほしい。

第8章 マインドセットをしなやかにしよう

しなやかなマインドセットの根底にあるのは、**「人は変われる」という信念**である。ちなみに、マインドセットについて研究する醍醐味はなんといっても、人間が成長し変化していく様子を目の当たりにできることだと思う。

自分が価値を置くものに向かってこつこつ努力する姿ほど素晴らしいものはない。本章では、大人・子どもを問わず、能力を最大限に発揮できるようになった人を紹介する。それはだれにでも、できることなのだ。

「変わる」とは、どういうことか？

私が小学1年生の中ごろ、うちの一家は引っ越しをした。突然転校するはめになった私は、何から何まで新しい環境に放りこまれた。先生も、友だちも、勉強内容も。特に恐ろしかったのは授業だ。前の学校よりもはるかに進んでいたから――少なくとも私にはそう思えたから――である。字の書き方なんて私はまだ習ったことがないのに、他の子はみんな書いている。どんなことにも決まったルールがあって、みんなはそれを知っているのに、私だけ知らない。だから、先生に「さあ、プリントの正しい場所に自分の名前を書きましょう」と言われても、何をどうすればいいのか、私にはさっぱりわからなかった。

私は泣いた。毎日、どうすればよいのかわからないことばかり。そのたびに途方にくれて、すっかりまいってしまったのだ。でも、なぜひとこと先生に「私はまだ習ってないんです。やり方を教えてくれませんか」と言わなかったのだろう。

私はこれまでの研究の中で、自分と同じような子どもたちをたくさん見てきた。聡明で機転が利きそうなのに、ひとたびつまずくとにっちもさっちもいかなくなる子。ちょっとした行動に出るだけで物事がうまくいくはずなのに、何もしようとしない子。それはみな、マインドセットが硬直した子どもたちなのである。思い通りにいかないと、すぐに無力感や無能感にとらわれてしまうのだ。

私は今でも、何かうまくいかないことがあったり、期待どおりに事が運ばなかったりすると、一瞬、自分はもうダメだと思ってしまう。私は昔と全然変わっていないのだろうか。

そんなことはない。「変わる」といっても、外科手術を受けたように変わるわけではない。

たしかに変化は起きていても、摩耗した膝や腰の関節を新しいものと取り替えるように、古い信念がすぐに一掃されるわけではない。古い信念がまだ残っているところに、新しい信念が芽生え、それがだんだんと強くなるにつれて、今までとは違った考え方や感じ方、ふるまい方ができるようになるのである。

幸福のカギは信念、不幸のカギも信念

1960年代、うつ病患者を診ていた精神科医のアーロン・ベックはあるとき、問題を引き起こしているのは本人の信念であることに気づく。不安や抑うつの波が押し寄せてくる直前に、ある考えが頭をよぎるのである。たとえば「ベック先生は私をダメな人間だと思っている」とか、「こんなセラピーを受けてもムダに決まってる。私は絶対に良くならない」とか。このような信念が、セラピーの最中だけでなく、日常生活の中でも否定的な感情を引き起こしていた。人間はふだん、そのような信念の存在に気づいていない。けれどもベックは、それに注意を払い、耳を傾けるように導けることに気づく。さらに、そのような信念を吟味し、改める方法を教えられることを発見する。こうして生まれた認知療法は、これまでに考案されたさまざまな治療法の中でもっとも効果的な方法のひとつになっている。

意識しているといないとにかかわらず、人間はみな、自分の身に今何が起きているのか、そ

れはどういうことを意味するのか、自分はこれからどうすべきなのかをつねに考え続けている。言いかえると、私たちは絶えず心の中でモニタリングと解釈を行なっているのである。そのおかげで自分を見失わずにいられるのだが、ときとして解釈がおかしな方向に進んでしまうことがある。今起きていることの意味をあまりにも極端に解釈する人は、必要以上に不安や抑うつや怒りの感情をつのらせたり、誤った優越感を抱いたりするはめになる。

解釈を導くマインドセット

頭の中にあるチェックシートの枠組みを形作っているのがマインドセットである。それが解釈全体を一定の方向に導いてゆく。**マインドセットが硬直していると、内なる声は自分や他人の品定めばかりするようになる。**「これは私が敗北者だということだ」「これは私がみんなよりも優れているということだ」「これはぼくが悪い夫だということだ」「これはパートナーが身勝手な人間だということだ」といったぐあいに。

硬直マインドセットの人が、受けとった情報をどのように解釈するかを調べてみたところ、どんな情報に対しても逐一、極端な評価を下していることが明らかになった。良いことが起こると、過度にポジティブなレッテルを貼ってしまうし、逆に、悪いことが起こると、過度にネガティブなレッテルを貼ってしまうのである。

しなやかマインドセットの人も、身に起こることを絶えずモニタリングしている点に変わりはないのだが、内なる対話で問題にするのは、そのような自分や他人の評価ではない。情報がポジティブなものか、ネガティブなものかということも敏感にとらえてはいるが、関心の中心はあくまでも学習や建設的行動に向けられている。**この体験から何を学びとることができるか。どうすれば自分を向上させることができるか。**どんなふうに手助けしたらパートナーがもっと良くなってくれるか、など。

ところで、認知療法の基本は、極端な判断をしないで、穏当な考え方ができるように導いていくことにある。たとえば、試験の出来が悪かったアラナが、「私は頭が悪いんだ」と結論を下したとする。認知療法では、もっと事実に即した見方をするように教える。つまり、その結論に合うような出来事や、結論に反するような出来事を1つひとつ探していくのである。以前に私はこんなこともしたっけ、あんなこともしたっけと、自分の優れた面をたくさん思い出したアラナは、「私はそれほど無能ではないのかもしれない」と思うようになるだろう。

頭が悪いわけではないのに、なぜ試験の出来が悪かったのかについても考えるように仕向けていけば、ますます前向きな考え方ができるようになる。そして、今述べたようなことを自分でできるように指導すれば、今後、ネガティブな判断を下しそうになったとき、自分でそれを修正して、落ちこまずにすむようになる。

このように、事実に即した穏当な判断ができるように援助するのが認知療法である。しかし、硬直マインドセットと品定めの世界に陥っているかぎり、その人を認知療法で救いだすことはできない。なぜかと言うと、その人の根底にある大前提——人間の資質は変えようがない——が変わらないからである。言いかえると、人を品定めの世界から連れだして、成長をめざす世界へと導いてゆく力は、認知療法そのものには存在しないのである。

本章では、絶えず自分を評価しにかかる内なる声を、成長せよと励ます声に変えていくためにはどうすればよいかをお話ししよう。

マインドセットの講義で変わった学生たち

しなやかマインドセットとはどういうものかを知るだけで、自分自身や人生についての考え方が大きく変わることがある。

私は毎年、学部学生にマインドセットについての講義を行なっている。学部の教育課程のテーマの一環だからということもあるが、ここに来る学生たちがどんなプレッシャーを受けているかを私はよく知っているからでもある。毎年、学生たちから寄せられるレポートには、マインドセットについての理解を得たことによって、生活のあらゆる面で自分がどれほど変わったかが綴られている。

次に紹介するのは、作家を志しているマギーのレポートである。

私は芸術的、創造的能力について、マインドセットが硬直していたことに気づきました。その種の才能は生まれつきのもので、努力で伸びるわけがないと信じていましたから。それがいけなかったのです。作家になりたいとずっと思いながら、文章講座を受けることも、書いたものを人に読んでもらうことも怖くてできずにいました。それは私のマインドセットのせいだったんですね。ちょっとでも批判されたら、自分には才能がないんだと思いこんでしまったでしょう。そうなるのが怖くて、ありのままの自分を出せずにいたのです。先生の講義を聴いて、来学期は創作文章講座を受けることに決めました。今まで、長いことあたためてきた夢のために行動を起こそうとしなかったのはなぜか、その理由がよくわかった気がします。お話を聴いて、心の底から力が湧いてきました！

マギーの内なる声はいつもこうささやいていた。「そんなことはやめておけ。文章講座なんて受けるな。人に作品を見せるな。危険を冒すな。夢を打ち砕かれるかもしれないぞ。夢を守るんだ」

ところが今ではこう言っている。「いちかばちかやってみよう。行動に出よう。技能を磨こう。夢を追求するんだ」
次に紹介するのは、スポーツ選手のジェイソンのレポートである。

ぼくは大学でスポーツをやっていますが、これまで完全な硬直マインドセットでした。勝つことしか頭になく、失敗から学ぼうなんて考えもしませんでしたから。けれども、先生の講義を聴いて、それではいけないことに気づき、以来、試合の最中でも学ぶことに努めています。競技しながらでも、絶えず技を磨いていければ、今よりもずっとうまくなれることに気づいたからです。

ジェイソンの内なる声はいつもこうささやいていた。「勝て、勝て、とにかく勝つんだ。自分の力を証明しろ。すべては勝てるかどうかにかかっている」
ところが今ではこう言っている。「よく見て、学んで、技を磨け。もっと良い選手になれ」
最後に紹介するのは、トニー。優等生の彼は、すっかり失っていた自信をようやく取り戻しつつある。

高校時代は、ほんのちょっと勉強しただけでも睡眠不足でも、トップレベルの成績が維持できました。自分は生まれつき優れた理解力と記憶力に恵まれているから、これからもずっとそうだろうと高をくくっていたのですが、1年ちかく睡眠不足の不摂生を続けたせいか、理解力も記憶力も落ちてきました。生まれつきの能力だけを自尊心の拠りどころにしていたので（集中力や決断力、頑張る力なんてバカにしていました）、それがあやしくなって以来ずっと、ぼくは人格の危機に陥っていました。けれども、先日、授業でマインドセットの話を聴いてよくわかりました。今までのぼくは、自分の頭の良さを証明することばかりにこだわり、失敗を避けていたからこうなってしまったのだと。そう気づいたおかげで、ようやく、自滅的なパターンから抜けだすことができました。

トニーの内なる声は最初こうささやいていた。「ぼくは生まれつき頭が良い。勉強する必要もなければ、十分な睡眠を取る必要もない。もともと人より優れているのだから」

それが、「ああ、ぼくはもうダメ。理解できない。憶えられない。今のぼくはいったい何なんだ？」と言いはじめた。

それが、「頭が良いかどうかなんて気にしなくていい。失敗しちゃいけないなんて思わなくていい。そんなことにこだわるから自滅的なパターンに陥るのだ。さあ、しっかり勉強して、十分に睡眠をとって、充実した毎日を送ることを考えよう」と言うようになったのだ。

もちろん、ここに紹介した学生たちだって、やはり挫折感や失望感を味わうだろうし、マインドセットをしなやかに保つのが容易でないときもあるだろう。けれども、マインドセットの存在に気づいたことで、別の生き方への道が開かれたのである。偉大な作家、一流選手、天才科学者の幻想におびえることなく、のびやかな気持ちで自分なりの夢や目標を育むことができるようになった。そして、もっと重要なことに、夢の実現をめざして一歩一歩あゆんでいくことができるようになったのだ。

マインドセットをしなやかにするワークショップ

すでに見てきたとおり、思春期には学校嫌いの子どもがぐんと増える。できるだけ勉強から離れようとして、どっと逃げだす子どもたちの足音が聞こえてくるようだ。この時期は、生徒たちが子ども時代最大の試練にさらされる時期であると同時に、自分はどうせこんなものと決めつけてしまいがちな時期でもある。ちなみに、その原因はたいてい硬直マインドセットにある。**自分はもうダメだと思いこんで逃げだし、意欲も成績もガクンと落ちてしまうのは、硬直マインドセットの生徒たちにほかならない。**

数年前から私たちは、こうした生徒たちのためのワークショップを開いてきた。しなやかマインドセットとは何か、それをどのように勉強に活かせばよいかを教えるワークショップである。まず、生徒たちに次のように説明する。

人間の脳はまだ神秘に包まれており、知能や脳の働きについてはわかっていないことがたくさんあります。知能と言うと、人間には頭の良い人、普通の人、悪い人がいて、一生そのままだと思っている人が大勢いますが、最近の研究でそうではないことがわかってきました。**脳は、筋肉と同じく、使えば使うほど性能がアップするのです。**新しいことを学ぶと脳が成長して、頭が良くなっていくことが科学的に証明されています。

それから、学習や経験によって神経回路網に新たな結合が生まれ、脳が「成長」していく様子を話して聞かせる。

新しいことを学ぶと、実際に、このような脳内の微小な結合の数が増え、結びつきも強くなります。頭を使って勉強すればするほど、脳細胞が成長するので、以前はすごく難しかったことやできるわけがないと思ったことが――外国語を話したり、数学の問題を解いたりすることが――簡単に思えてきます。それは脳の性能がアップしたからなのです。

ここで、赤ちゃんを引き合いに出す。「おしゃべりができないからといって、赤ちゃんをあざ笑ったり、この子はバカだなんて言う人はいませんね。おしゃべりができないのは、まだしゃべり方を知らないからにすぎません」。そして、生まれて間もない赤ちゃんが、ものに注意を払い、周囲を探索し、物事のやり方を習得していくにつれて、脳の神経細胞の結合が密になっていく様子を記録した写真を生徒たちに見せる。

体験学習や話しあいを含めた一連のセッションで、学習スキルを身につけさせるとともに、しなやかマインドセットの教えを学校の勉強や自宅学習にどう活かせばよいかも教えていく。生徒たちは脳の話に大いに興味を示し、活発に意見を述べてくれる。しかし何よりも嬉しいのは、生徒たちの自分に対する見方が変わっていくことだ。第3章で紹介したジミーには、ワークショップの初回からびっくりさせられた。まるでやる気のなかった彼が目に涙を浮かべながら「ぼくはバカだと決まったわけじゃないんだね」と言ったのである。

このようなやる気がないと思われている生徒でも、どうにかしたいという気持ちがないわけではないのだ。どんな人間だって、自分をダメだなんて思いたくはない。ワークショップではジミーにこう告げた。「**あなたは自分の脳の世話係なのよ。正しい使い方をすれば、脳の成長を助けてやることができるわ**」。そして、ワークショップを重ねるうちに、ジミーの担任の先生からこんなコメントをいただいた。

頑張って何かをやりとげたことなどなく、宿題をちゃんと出したこともめったになかったジミーが、夜遅くまで何時間もかけて宿題を仕上げてくるようになったのです。おかげで、私もそれにきちんと目を通して、間違っているところを直してやれるようになりました。ジミーは今回、宿題でB+を取りました。今まではCかそれ以下だったのですが。

先生方は、どの生徒が何のワークショップに参加したか知らされていなかった。にもかかわらず、マインドセットのワークショップに参加しているのはどの子かがだいたいわかり、その子たちの学習意欲や向上心に変化が見られることを指摘した。

＊最近、勉強ができるようになろうとして努力する生徒が出てきました。……Rくんは水準以下の成績で、以前のテストの点数は52点、46点、49点だったのに、最近は67点と71点を取りました。……自分でも数学を頑張ったと言っています。

＊Mさんは水準をはるかに下回る成績でしたが、ここ何週間か、テストで良い成績を取ろうと、昼休みに自分から質問してくるようになりました。見違えるほどの進歩があり、この

前のテストでは84点を取りました。

＊Kさんと J くんは、学習意欲や実際の行動にポジティブな変化が見られます。2人とも地道に努力するようになってきました。

＊昼休みや放課後に、友だち同士で積極的に教えあうようになった生徒もいます。NさんやSくんなどは、わからないところを聞くようになってから、合格点が取れるようになりました。頑張ればできるんだという気持ちが、やる気を生みだしているようです。

ワークショップと生徒の成績との関係を確かめたかった私たちは、学校から許可を得て、生徒たちの学期末の成績を調べた。特に注目したのは数学。新しく習う概念が身についたかどうか、もっとも如実に現れるのが数学の成績だからである。

マインドセットのワークショップに参加した生徒たちは、それまでひどかった数学の成績が、ワークショップに参加するようになってから飛躍的にアップしていた。もう一方のワークショップに参加した生徒たちよりも、明らかに成績が良くなっていたのである。

マインドセットのワークショップは、わずか8回でも、実際に効果があったと言える。生徒の信念のひとつに修正を加えたことで、脳のパワーが解き放たれ、努力して何かをやりとげようとする意欲が湧いてきたのだろう。

もちろん、この研究に協力していただいた学校には、生徒たちの意欲に応えて労をいとわずに生徒をサポートしてくださる先生方がいらしたことも大きいと思う。けれども、それを割り引いてもなお、この結果は、マインドセットを変えることで生まれる素晴らしいパワーを証明するものだと言えるだろう。

もう一方のワークショップに参加した生徒たちの成績は横ばい状態のままだった。学習スキルなどを教える8回の講座を受けたにもかかわらず、まるで進歩が見られなかった。自分の頭脳に対する考え方を改めることを教わらなかったので、せっかく習ったスキルを実践してみようという気が起こらなかったのだ。

マインドセットのワークショップは参加した生徒たちには、**自分の脳は自分で作っていくものなのだ**という気持ちを植えつけた。そうして、硬直マインドセットの呪縛から解き放たれたおかげで、ジミーのような子どもたちは、自分の頭脳の力をもっと自由に、そして十分に発揮できるようになったのである。

対話型プログラム「ブレイノロジー」

このワークショップの難点は、スタッフにかなりの人数が必要で、多数の生徒を対象に実施するのがむずかしいことだった。生徒の学習をサポートしていくという重要な任務のある先生方に、ワークショップまで受けもっていただくわけにはいかない。そこで私たちは、このワークショップを対話型のコンピュータープログラムに組みこみ、それに従って先生方に授業を進めてもらってはどうかと考えた。

そして、教育、メディア、脳科学の専門家の助言を得て開発したのが「ブレイノロジー」プログラムである。アニメ仕立てになっていて、クリスとダリアという2人の中学1年生が主人公として登場する。2人とも学校の勉強は今ひとつだ。ダリアの苦手科目はスペイン語で、クリスは数学。この2人がちょっと風変わり《マッド》な脳科学者、セレブラス博士の研究室を訪ねて、脳のしくみやそのケアの仕方についていろいろ教わるという設定である。どうすれば脳の力を最大限にまで高められるか（十分な睡眠、きちんとした食事、適切な勉強方法など）、また学習によって脳がどれほど成長するかを教わる。

生徒たちは、このプログラムの全編を通して、クリスとダリアが博士の教えを学校の勉強にどう活かすかを見ていく。また、対話型プログラムを利用して、脳の実験に参加したり、悩みや勉強法が自分と似ている生徒のビデオを見たり、クリスとダリアの学習計画を立てたり、自分の問題点や学習計画を日誌につけたりといったこともできるようになっている。

次に紹介するのは、このプログラムで自分がどれほど変わったかを語る中学1年生たちの声である。

＊ブレイノロジーを受けてから、ものごとの見方が変わった。苦手な科目でもあきらめずにチャレンジするようになった。……時間をうまく使って、毎日机に向かい、その日に取ったノートを見直すようにしている。このプログラムに参加したおかげで、脳についていろいろなことがわかって本当に良かった。

＊脳の働きについての考え方が変わり、ものごとに取り組む姿勢が変わってきた。努力すればそれだけ脳の働きが良くなるとわかったので、もっと頑張ろうと思う。

＊ブレイノロジーのおかげで成績が上がった。やるぜ！

＊ブレイノロジーを受けて、脳のしくみを知り、勉強すると脳にどんなことが起こるかがわかってから、学校の勉強の仕方がすこし変わってきた。

＊前よりもよく勉強するようになった。脳の鍛え方を教えてもらえてよかった。ニューロンが伸びて結合を増やしている様子を思い浮かべながら勉強している。

先生方によると、以前はまるでやる気のなかった生徒たちが、ブレイノロジーで教わったことを口にするようになったという。たとえば、短期記憶と長期記憶のこと。しっかり勉強して何かを覚えると、一時的な記憶（短期記憶）から永久的な記憶（長期記憶）へと移されることを教わった生徒たちは、こんなふうに言いあうようになった。「これを長期記憶に移さなくちゃ」「しまった、それはまだ長期記憶に入ってないんだ」

先生方によると、生徒たちは神経細胞の結合を確かなものにするために、反復練習したり、ノートを取ったりするようにもなったという。ある生徒は次のように述べている。

「ブレイノロジー・プログラムにとても助けられた……勉強がいやになったらいつも、そうだ、頑張ればニューロンが成長するんだ、と思うようにしている」

先生方にも変化がみられた。先生方は、生徒たちにどのような効果が現れたかだけでなく、自分自身の考え方がどれだけ深まったかも語ってくれた。とりわけ、次のようなことを理解する上でブレイノロジーは欠かせないという。

「どんな生徒にも学習は可能だ。数学が苦手な子も、セルフコントロールできない子も、やればできる」

「何かを学ぶには長い時間とたくさんの練習が必要なので、私はもっと忍耐強くならなければいけないと思う」

「脳のメカニズムがよく理解できたし、学び方は1人ひとり異なるのだということもわかった。さまざまな学習スタイルの生徒を相手にする上で、ブレイノロジーはたいへん参考になる」

私たちは20校の生徒たちにワークショップを実施した。生徒たちの中には、初めは何だかよくわからなかったけれど一応参加してみたという子もいる。「休み時間に面白い漫画をやっているので行ってみた。話を聞いているうちに、だんだん教わった通りにやるようになっていった」。最終的には、ほとんど全員が有意義でためになったと感想を述べている。

「変わる」ことを恐れない

人間は簡単に変われるものだろうか、それとも、なかなか変われないものだろうか。今までの話を聞いた限りでは、簡単に変われそうな気がする。しなやかマインドセットについて学べば、ただそれだけで、困難なことにも粘り強く立ち向かっていけそうに思える。

先日、以前うちの大学院生だった学生が昔の思い出を語ってくれた。まずはその背景からお話ししよう。私たちの研究分野の場合、提出する研究論文にはたいてい何年間もの研究成果が凝縮されている。提出後、何か月かして審査結果を受けとるのだが、それには十数ページにわたって批判がぎっしりと書きこまれている。しかし、その論文にまだ修正の余地があると編集委員が認めた場合には、すべての批判に応えることができるなら書き直して再提出するように勧められる。

その学生の話を聞いているうちに、私たちの研究分野のトップジャーナルに彼女が論文を提出したときのことが思い出された。審査結果を受け取った彼女は、あまりのショックに打ちのめされてしまった。彼女自身が酷評されていたのだ——この研究には欠陥があり、したがってその著者にも欠陥があると。時がたっても、審査結果を読み返すことも、論文を書き直すこともできずにいた。

そこで私は、彼女のマインドセットを変えようとしてこう言った。「ねえ、ダメだと言われたのは、あなたではなくて、論文の方よ。論文を批判するのが編集委員の仕事なんですから。隅々まであら探しをするのが、彼らの仕事。批判から学んでより良い論文にするのが、あなたの仕事」。彼女は数時間で論文を書き直し、今度はすんなり受理された。彼女はそのときのことを思い返してこう語る。「あれ以来、自分自身に評価が下されたとは思わなくなりました。批判を受けたらいつも『それがあの人たちの仕事なのだから』と自分に言い聞かせて、すぐに自分の仕事に取りかかるんです」

そうは言ってもやはり、自分を変えるのは容易なことではない。

硬直マインドセットにしがみついているのには、たいていそれなりの理由がある。人生のある時点までは、それが良い意味での目標になっていたのだ。自分はどんな人間か、どんな人間になりたいか（頭の良い子とか、才能豊かな子とか）、どうすればそうなれるか（良い成績を取るなど）を示してくれていた。そして、その通りにすることで自尊心が満たされ、人からの愛情や尊敬が得られていたのである。

自分は価値のある人間だ、人から愛される人間だ——そう思えるのでなければ、子どもは生きてゆけない。だから、そのことに確信が持てない子どもは、それを得るための短絡ルートを示してくれる、硬直マインドセットに頼るようになる。

1900年代半ばに活躍した心理学者、カレン・ホーナイとカール・ロジャーズは、子どもの情緒発達にかんする理論を提唱した。彼らによると、両親に受け入れられているという確信が持てない幼児は、強い不安を体験する。わけのわからない世界にひとりぼっちで放りだされたように感じるのだ。生まれてまだ数年の幼児には、親を当てにせずに生きていく力などない。何とかして安心できる方法、親を味方につけられる方法を見つけるほかない。

ホーナイもロジャーズも、子どもはそのための手立てとして、親に好かれそうな別の「自己」を作り上げるのだと考えた。子ども心に、両親から期待されていると思っている自己、両親に受け入れてもらえると思っている自己をこしらえるのである。

このような手立てはたいてい、その時点での家庭の状況にうまく適応しており、子どもにある程度の安心感と希望を与えてくれる。

問題なのは、そのこしらえようとしている自己——全能で、強くて、良い自己——が硬直マインドセットになりがちなことだ。だんだんと、そのような固定的な資質を本来の自分であるかのように思いこみ、それを確認することで自尊心を保とうとするようになる。

マインドセットを変えるにはまず、その自己を返上する必要がある。想像されるとおり、長年、本来の自己だと思っていたもの、自尊心のよりどころとなっていたものを捨て去るのは容易なことではない。特にたいへんなのは、マインドセットを切り替えることによって、それまでずっと恐れてきたもの――チャレンジ、苦闘、批判、挫折――をすべて受け入れざるをえなくなることだ。

また、自分が自分でなくなるような不安にも襲われる。自分を野心・活力・個性にあふれる人間のように感じていたのは、硬直マインドセットのせいにすぎなかったことに気づくと、自分が他の人々と何の変わりもない凡庸な人間になってしまうような気がして恐ろしくなるかもしれない。

けれども、成長をめざして自分の可能性を開いていけば、自分が今より大きくなることはあっても、小さくなることはない。これまで見てきたしなやかマインドセットの科学者、芸術家、アスリート、CEOたちは、完璧にできあがったロボットなどではなく、自分の個性と可能性を最大限まで伸ばした人間であった。

変わろうとしない人たち

世の中が悪い

硬直マインドセットの人の中には、変わるべきなのは自分ではなく、世の中の方だと思っている人が少なくない。自分にはもっと上等なもの――上等な仕事、上等な家、上等な配偶者――が与えられていいはずなのに、私の優れた資質を認めてそれに見合った扱いをしてくれない世の中が悪いのだ、と。

次のような状況に置かれた自分を想像してみよう。

苦しい状況――「こんなくだらない仕事をさせられるなんて屈辱的だ」とあなたは憤慨する。「私ほどの才能のある人間が、こんな仕事をやっていられるか。私には大物たちと肩を並べて上質の人生を歩む資格があるのに」と。上司からは態度がなってないと思われている。責任ある仕事を任せたいとき、あなたには頼まない。昇進を決めるとき、あなたははずされている。

硬直マインドセットの反応――「上司は私を恐れているのだ」とあなたは苦々しく思う。硬直マインドセットがあなたにこう語っているからだ。「私ほどの人間は、もっと高い地位に就いて当然なのに。才能に見合ったものを与えられていいはずなのに。そうでないのはおかしい。なぜ私が変わらなくちゃならないのか。当然のことを求めているだけではないか」

マインドセットをしなやかにして考えてみよう。何か新しい道が開けてくるのではないだろうか。どんなことを心がけながら仕事し、何を学び、どのように行動したらよいかが見えてくるのではないだろうか?

たとえば、もっと熱心に働いて、職場の人たちの役に立とうとか、地位の低さを嘆いている暇があったら、自分に与えられた仕事についてもっと勉強しようとか。

しなやかマインドセットのステップ――まず最初にはっきりさせておこう。あなたがずっと恐れてきたのは、自分が他の人たちよりも優れているとは思えなくなること。ありきたりの凡庸な人間になんてなりたくない、あなたが見下している人たちと同レベルの人間になるなんて絶対にいやだ、そう思ってきた。

しかし、秀でた人びとというのは、惜しみない努力を傾けるからこそ秀でているのだ、ということがあなたにもわかってくる。そして少しずつだが、頑張ってものごとに取り組み、それに見合った成果が得られるかどうかを試してみるようになる。けれども、欲しいのはやはり成果だ。

努力しなければはじまらない、ということはだんだん認められるようになるが、その努力が報われる保証はない、というのはやはり受け入れがたい。一生懸命に仕事に取り組んでいるのに、それでも自分の思い通りにはならないなんて、そんな屈辱的なことはもうたくさん。あまりに理不尽だ。こんなに頑張っているのに、昇進するのはやはり別のやつだなんて。やってられるか。

長い時間をかけてようやく、努力することそのものを楽しめるようになり、長い時間をかけてようやく、学習という視点に立ってものごとを考えられるようになる。会社組織の底辺で働くことが屈辱ではなくなり、下積みのうちに、上に立ったときに役立つ体験をたくさん得ておこうと思えるようになる。現場をよく知ることは、将来、大きな強みとなるかもしれない。

それまで、自分の希望を通すためにしか仕事仲間と話しあったことのなかったあなたが、仲間との語らいを通じて、どうすれば人間関係をうまく育んでいけるか、どうすれば相手の価値観に沿って相手の成長を助けられるかを考えるようになる。そして、そこに新たな喜びを見出せるようになる。

マインドセットがしなやかになるにつれて、意外なことが起こりはじめる。まわりの人々が

あなたを助け、応援してくれるようになるのだ。もう、まわりから敵視され、正当に評価してもらえないということはない。ますます、共通の目標に向かって協力しあえるようになっていく。まわりの反応を変えたいという願いが、自分自身のマインドセットをしなやかにすることでかなえられたのである。

結局、多くの硬直マインドセットの人が気づくのは、自分を特別な存在だと思っていたのはじつは単なる鎧《よろい》――自分は強くて有能なのだと安心するためにこしらえた鎧――にすぎなかったのだということ。たしかに初めのうちは、その鎧が自分を守ってくれるかもしれない。けれども、そのうちに、鎧のせいで成長を阻まれ、自己防衛の闘いにかりだされ、喜びを分かちあう人間関係を築けなくなってしまう。

問題の否認――私の人生は完璧だ

硬直マインドセットの人は、問題があっても直視せずに逃げてしまうことが多い。生活上のトラブルは、自分自身に欠陥がある証拠。すべて順調だと思っていれば、苦しまずにすむからである。次のような状況に置かれた場合を考えてみよう。

苦しい状況――あなたは一見、すべてを手に入れたように見える。やりがいのある仕事、愛情に満ちた結婚生活、優秀な子どもと温かい友人たち——しかし、そのうちのひとつは幻想だ。あなたは気づいていないが、じつは結婚生活は破局の危機にある。その徴候がなかったわけではないのに、目を背けてきたのだ。「男の役割」と「女の役割」について自分の考えを通すことしか頭にないあなたは、話しあいながら分担してやっていきたいというパートナーの声に耳を貸さなかった。やっと目が覚めて過ちに気づいたときにはもう手遅れ。パートナーの心は離れてしまっていた。

硬直マインドセットの反応——あなたはこれまでずっと、離婚した人や相手に見放された人を哀れな人間だと思ってきた。けれども今では自分もその一員。自尊心がずたずたになる。あなたのことをいちばんよく知っているパートナーからそっぽを向かれたのだから。

もう自分はやっていけそうにない。子どもたちだって自分がいない方がいいに決まっている。そう思いながら何か月間も悶々と過ごす。そのうちにようやく、自分にだって何かしら取り柄があると思えるようになる。ちょっと希望が湧いてくる。けれども、そこからが問題。少しばかり自信を取り戻しても、依然として硬直マインドセットのままなので、すぐにまた、ものごとを白か黒かで判断しはじめる。ものごとが順調にいくと「やっぱり自分は間違っていない」と思い、うまくいかなくなると一転して「妻が正しかったのだ」と思いはじめる。初対面の相手に対してもかならず、自分の味方かそうでないかで黒白をつけようとしてしまう。
結婚生活や自分自身、そして自分の人生を、しなやかマインドセットの視点から考え直すにはどうすればよいのだろう。パートナーの声に耳を傾けるのが恐かったのはなぜだろう。あなたはどうすればよかったのだろう。これからどうしたらよいのだろう。

しなやかマインドセットのステップ——まずはっきりさせておきたいのだが、うまくいっていると思っていた結婚生活がいきなり破局を迎えたわけではない。人間関係を育む努力を怠っていたために、少しずつ栄養不足に陥っていったのである。何がいけなかったのか、自分とパートナーの両方を振り返ってみる必要があるが、特によく考えてみなければいけないのは、もっと親密にかかわって人生を共有したいというパートナーの願いに、なぜ耳を傾けられなかったのかという点である。

理由を探っているうちにだんだんとわかってくる。硬直マインドセットのあなたは、パートナーの要求を自分に対する非難と受けとめたのだ。だから、耳をふさぎたくなってしまった。それからもうひとつ、相手が求めているような親密な関係を築いていく自信がなかったということもある。それで、じっくり話しあうことを避けて、そのうち忘れてくれるだろうと期待しながら無視していたのだ。

人間関係がぎくしゃくしてきたら、とにかく、こうしたことをじっくりと検討する必要がある。それは、うまくいかなかった自分たちを裁くためではない。お互いの不安を克服しながら、今後、より良い関係を築き、維持していくのに必要なコミュニケーションスキルを学ぶためなのだ。結局のところ、しなやかなマインドセットは、人を裁いて苦しめるのではなく、私たちに新たな理解とスキルをもたらしてくれる。

まわりのだれかが訴えかけていることに、あなたは耳を閉ざしていないだろうか。マインドセットをしなやかにして、もう一度耳を傾けてみよう。

わが子のマインドセットをしなやかにしよう

子どもは大事なたからもの。なのに、マインドセットがこちこちに硬直している子どもが少なくない。わが子のマインドセットをしなやかにするにはどうすればよいのだろうか。いくつか例を見ていこう。

まだ幼いのに硬直マインドセットの子

子どものマインドセットがこちこちになるとしても、たいていはかなり大きくなってからなのだが、中にはごく幼いうちからそうなってしまう子もいる。

困った問題――ある日、幼い息子が学校から帰ってくるなり、こんなことを言いだした。「学校には頭のいい子と悪い子がいるんだ」。あなたはあぜんとし、学校に文句を言わなくてはと思いながら「だれにそんなことを教わったの」と尋ねる。すると「自分で発見したのさ」と得意げな答え。文字の読み書きや大きな数の足し算ができる子もいれば、できない子もいるのを見てそう思ったらしい。もうすっかりそう信じこんでいる。

あなたの息子はどう見ても、早発性の硬直マインドセットである。まもなくそれが全開するにちがいない。こつこつ努力するのを嫌い、自分の切れる頭にさっさと処理させようとするようになる。たいがい、彼の頭はそれができてしまう。

あっという間にチェスを覚えてしまった息子を見て、父親は、幼いチェス・チャンピオンの映画『ボビー・フィッシャーを探して』を借りてくる。何か刺激になってくれればという思いからだ。ところが、その映画を見て息子が学んだのは、「自分も負けるかもしれない。そうしたら、もうチャンピオンではなくなる」ということ。それでチェスを止めてしまう。「ぼくはチェスのチャンピオンなんだ」とみんなに吹聴するばかりで、絶対にプレイしようとしないチャンピオン。

学校から帰ると、「ぼくにはできたけど、他の子にはできなかったんだ」なんてことばかり言っている。両親が2人して「その子たちは頭が悪いわけじゃなくて、練習が足りないだけなのよ」と言っても信じようとしない。学校でしっかり観察してきて、家で報告する。「先生に教わったばかりのことでも、ぼくはみんなよりよくできるんだ。練習なんてする必要ないよ」

この子のもっぱらの関心は、自分の頭脳をほめそやすことで、頭脳を成長させようという気はさらさらない。あなたがた夫婦はこれまでずっと、大切なのは頭の良し悪しではなく、練習や学習なのだと教えてきたはずなのに、まるで信じようとしない。どうすればいいのだろう。それをわからせる方法が何かほかにあるのだろうか。

しなやかマインドセットのステップ――硬直マインドセットになってはいけないと口で言うよりも、親みずからがしなやかマインドセットのお手本を示すことにする。毎晩、夕食の席で、あなたがたは子どもたちに（または夫婦同士で）こんな質問をする。「今日はどんなことを学んだ？」「何か勉強になるような失敗をした？」「今日はどんなことを努力した？」それぞれの質問に対し、あなたも含めて1人ずつ順番に話していく。どんなやり方で、どんな努力をしたか、どんな失敗をして、そこから何を学んだか。

昨日までできなかったのに、練習して今日はできるようになったことを話して聞かせる。失敗しても挫けずに、それを逆手にとって成功に結びつけた話をミステリー仕立てで話してみる。今、頑張って少しずつ進歩していることがらについて、面白そうに話して聞かせる。するとまもなく、子どもたちは毎晩、待ちきれないように自分のことをしゃべるようになる。そうしたら「へえー、今日は昨日よりも確実に進歩したのね！」と驚いてみせる。

学校の勉強やスポーツのことに限らず、友だちと仲良くなる方法がわかったとか、相手のことを理解して助けるにはどうすればよいかが少しずつわかってきたとか、そういうこともどんどん話すようにさせる。知的能力や運動能力だけに親の関心が向いているわけではないことを伝えたいからだ。

長いこと、マインドセットがこちこちだったあなたの息子。自分は生まれつき特別なのだから何もしなくていいんだと思いたがる。毎日こつこつ努力を重ねて、知識や技能を習得していかなければならないなんて、そんな厄介なことは大嫌い。スターなんだもの。けれども、家族の価値観がしなやかな方向に向かうにつれて、自分もそれに加わりたがるようになる。初めは口ばかりだが、やがて（尻込みしつつ）行動するようになり、しまいにはマインドセットの見張り役になる。家族のだれかが硬直した考え方にはまりそうになると、すかさずそれを捕らえて、やったぜという顔をする。「油断できないわね」と夫婦で笑うことになる。

硬直マインドセットの誘惑は力強い。今のままそこにじっとしていれば、一生、自分の価値と成功と賞賛が保証されるような錯覚を子どもに与えてしまう。だから、硬直マインドセットが根を張っているところに、しなやかマインドセットを植えつけるのは容易なことではないのである。

がむしゃらに頑張る子

ちっとも努力しない子だけが問題なのではない。頑張りすぎる子や、間違った目的のために頑張りすぎる子もやはり問題をかかえている。よく見かけるのが、毎晩深夜まで勉強している子や、クラスメートに差をつけたくて家庭教師についている子。このような子どもたちは、一生懸命に勉強してはいるが、マインドセットがしなやかでない子の典型と言える。学ぶことが好きなのではなく、自分の能力を親に証明しようとしている場合が多い。

そして、親の方も、こうしたがむしゃらな努力の成果――優秀な成績や表彰歴、トップ校への合格――に満足していたりする。次のような場合、あなたならどうするだろうか。

困った問題――あなたの自慢の娘は、クラスのトップで、成績はオールA。フルートも上手で、有名な先生のレッスンを受けている。あなたは、娘が町でいちばんの名門私立高校に合格すると信じている。ところが、毎朝登校前になると胃の調子がおかしくなり、中学を休んでしまう日も出てきた。なるべく胃にやさしいものを食べさせるようにしているのに良くならない。じつは、神経が参っているのだが、あなたにはそんなことは思いもよらない。

胃潰瘍と診断されたときに気づくべきだったのに、あなたもパートナーも消化器の問題だと思いこんだまま。ところが、医者から家族カウンセリングを受けるようにと強く勧められる。娘さんの治療にはそれがどうしても必要です、と言われて、カウンセラーの名刺を渡される。

硬直マインドセットの反応——カウンセラーから「娘さんをあまり追いつめないように。がむしゃらに勉強しなくてもいいのだということを理解させて、十分に睡眠をとらせなさい」とアドバイスを受ける。カウンセラーの指示に忠実なあなたは、毎晩10時には必ず床に就くようにさせる。だが、事態はかえって悪くなるばかり。ますます時間が足りなくなって、娘は自分に期待されていることをこなしきれずに苦しむようになる。

カウンセラーにいろいろアドバイスされるが、あなたにはどうしても呑みこめない。クラスでいちばんじゃなくてもいい、フルートが少々へたでもいい、志望校のランクを落としてもいいのではと言われて、あなたは思う。そんなこと、娘のためになるわけがないじゃないの。

カウンセラーは、このケースは一筋縄ではいかないことに気づく。カウンセラーの目標は、まず第1に、問題の深刻さを親であるあなたによく理解させること。第2に、その問題に対してあなたがどんな役割を果たしているかを理解させることだ。何もかも完璧であってほしいという親の期待が問題を引き起こしていることに、あなたがた夫婦は気づく必要がある。親に認めてもらえなくなるのではという不安におびえていなければ、娘はぼろぼろになるまで自分を追い込んだりはしなかっただろう。そしてカウンセラーの第3の目標は、家族全員でこの問題にどう取り組んでいくか、今後の具体的なプランを立てることである。

娘をマインドセットのしなやかな子にするためには、そして、気持ちを楽にもって、生きることに喜びを感じられる子どもにするためには、具体的にどんな手助けをすればよいのだろう。

しなやかマインドセットのステップ——カウンセラーから、娘が自分のしていることに喜びを感じられるようになるためのプランを示される。フルートのレッスンに通うのは一時中止にする。娘には「純粋に音楽を楽しむためだけに、無理のない範囲で練習しなさい」と伝える。

学校の勉強も、何から何までめいっぱい頭につめこむのではなく、そこから何かを学び取ることを目標にさせる。カウンセラーから紹介された家庭教師が、理解を深めるための勉強法を教えてくれる。その家庭教師の先生とディスカッションしていると、学ぶことが面白く、楽しくなってくる。勉強するってこういうことだったのか。以前は、ひたすら良い点を取って、自分の優秀さと価値を両親に証明するために勉強していた。けれどもしだいに、学んで得た知識をもとにして、さまざまな角度からものごとを考えるために勉強するようになってくる。

学校の先生方にも協力を求めて、娘のマインドセットをしなやかな方向に導いてもらう。テストの結果よりも学習プロセスを話題にしてくれるように頼む（たとえば、「比喩の使い方がよくわかったようね」「インカの人々について本当によく調べたわ。レポートを読んでいると、古代のペルーに来たみたいよ」）。あなたもそういう語りかけ方をするように教わる。

最後に、娘の進学先を、今ねらっているところよりも楽に入れる高校にするようにと、カウンセラーから強く勧められる。成績やテストの点数よりも、学ぶことに重きを置いている優れた学校はまだほかにもいろいろある。娘を連れてそうした学校を1つひとつまわってみた上で、本人がもっとも興味をそそられ、いちばんなじめたのはどの学校か、カウンセラーを交えて親子で話しあう。

あなたはしだいに、自分の要望や期待と娘の希望とを切り離して考えられるようになる。あなたはすべてにナンバーワンの娘を望んでいたかもしれない。だが、娘が望んでいたのはもっと別のことだった。両親に自分を受け入れてもらい、自由な成長を見守ってほしいと願っていたのだ。そのようにしてやると、娘は本心からものごとに取り組むようになる。自分が興味を持ったことをもっと深く学ぶために努力するようになる。

子どもは何か言いたくても、親が耳をふさぎたがっていれば口をつぐんでしまう。こんな広告がある。「わが子が今どこにいるかわかりますか？」わが子が――言葉や行動で――伝えようとしていることに耳を閉ざしてしまうと、わが子の居場所がわからなくなってしまう。マインドセットをしなやかにして、しっかり耳を傾けよう。

怒りのコントロール

怒りをうまくコントロールできなくて悩んでいる人も多い。ちょっとしたことで怒りを爆発させ、言いたい放題のことを言ってしまう。そして毎回のように、もう今度からはこんなことを言うまいと心に誓ったりする。夫婦の間でも、子どもとの間でも、怒りをコントロールするのはなかなかむずかしい。売り言葉に買い言葉で、怒りが怒りを呼ぶからである。次の場合を考えてみよう。

困った問題――あなたは、根はやさしくて思いやりもある。パートナーを愛しているし、結婚して良かったと思っている。けれども、2人で決めたルールを守ってくれないときは別だ。ゴミがあふれるまで相手がゴミ出しをさぼっていたりすると、裏切られたような気がして、相手をなじりはじめる。「何度も言ってるのに」にはじまって、「何ひとつちゃんとやってくれたことがないんだから」。それでも反省の色が見えないと、かっとなって、相手の頭を疑い（「ゴミ出しの日も覚えていられないわけ」)、人格を否定しにかかる(「まったく無責任なんだから」「自分のことしか頭にないんでしょ」)。怒りで煮えくりかえったあなたは、思いつくことを片っ端から口にする。「うちの父だってあなたを信用していなかったんですからね」「部長の言ったとおりだわ、あなたには限界があるって」。相手はもう、まくしたてるあなたに言わせておくほかなくなる。

硬直マインドセットの反応――怒るのが当然だと思っていたあなたも、やがて、言い過ぎてしまったことに気づく。ふと、これまで助けてもらった数々のことが思い出されて、ものすごく申し訳ない気持ちになる。いつも感謝しているのに、ついかっとなって言ってしまったのだ。「今度からは絶対に気をつけよう」とあなたは肝に銘じる。

しかし、漠然とそう心に決めただけで、今度、頭に血が上ったときにどう対処するかは何も考えていない。だから、また同じことを繰り返してしまう。

マインドセットと意志力

しなやかなマインドセットでダイエットや怒りのコントロールをしようとする人たちは、成功のツボを心得ている。効果的な戦略を学んで、それを実行する必要があることを知っているのである。

化学履修コースのしなやかマインドセットの医学生たちもそうだった。彼らは効果的な勉強法を工夫して、念入りに学習プランを立て、意欲の維持と向上に努めていた。つまり、よい結果を得るためにあらゆる手を尽くしていたのだ。

しなやかマインドセットの人は、「年頭の決意」を述べてあとは成り行き任せ、なんてことはしない。ダイエットを成功させるには、それなりの工夫が必要なことをよく知っているからだ。家の中にお菓子を置かないようにするとか、レストランで注文するものをあらかじめ考えておくとか、週に一度だけ好きなものを食べてよいことにするとか、体をもっと動かす生活に変えるとか。

そして、成果を維持する方法もしっかり考える。努力の成果を水の泡にしないためには、どのような生活習慣を身につけたらよいだろうか、と。

それでも、失敗するときは失敗する。しなやかマインドセットの人はそのことを百も承知だ。だから、失敗しても自分を責めたりせずにこう考える。「この失敗から何を学べるだろうか。この教訓を次のときにどう活かそうか」。そうやって少しずつ進歩していけばいいのであって、自分を審判にかける必要はない。

最後の事例の場合、こみあげてきた怒りの感情をどうすればよかったのだろう。まず、あなたはなぜ、あれほど憤慨したのかを考えてみよう。自分がないがしろにされているように感じたからではないだろうか。パートナーが約束を守らずに仕事をさぼると、「おまえなんかの言うことにいちいち煩わされてたまるか」と言われているような気がしたのだ。

そこで、あなたはまず、怒って相手の義務を思い出させ、それから、たたみかけるようにいやみを言った。「自分の方が偉いと思ってるのね。好きにしたらいいわ」

相手は、君をないがしろになんかしてないさとは言わずに、ガミガミ攻撃に備えてじっと身構えてしまった。それを見たあなたは、返事をしないのはやっぱり自分の方が上だと思っている証拠なのだと受け取り、怒りをますますエスカレートさせたのである。

こんなときはどうすればいいのだろう。重要なポイントがいくつかある。まず、相手はなぜ、あなたが怒るのかが理解できていない。だから、何か腹の立つことがあったら、感情的にならずにその理由を説明する必要がある。「あなたにそんなふうにされると、なぜだか、自分がないがしろにされているような気がするの。私にとっては重要なことなのに、そんなことどうでもいいだろって言われているみたいで」

そうすれば、相手も「ないがしろになんかしてないよ」と答えられるし、これからはもっと注意してくれるようになる（「冗談じゃないわ、うちの場合はそんなことしてもムダよ」という声が聞こえてきそうだが、とにかく率直に頼めばいいのだ。「ないがしろになんかしていないと言って。これからはもっと注意すると言って」というふうに)。

怒りが爆発しそうになったら、いったん部屋から出て、まず、言いたい放題のことを書き、それから、なるべく客観的な状況を書いてみる(「ぼくにとってこれがどれほど重要なことか、彼女は理解していないのだ」「私が怒りだしたらどうすればいいか、彼はわかっていないのだ」など)。そして、怒りがおさまって落ち着いてから、部屋に戻るようにする。

ルールをきちんと守ってくれなくても、おおらかな気持ちでいられるようになることも大切だろう。2人で決めたルールは、相手が自分を尊重しているかどうかを試すテストではないのだから。気持ちにだんだんゆとりが出てくると、靴下が脱ぎっぱなしだったり、ゴミの分別がでたらめだったりしても、「これは何でしょうかね」と澄まし顔で言えるようになる。そのうち、笑ってすませられるようになるかもしれない。

意志力が弱いからダメ、人間性に問題があるからダメ、と決めつけてしまうのは硬直マインドセットのしわざなのだ。マインドセットをしなやかにして、セルフコントロールの方法をいろいろと工夫してみよう。しなやかマインドセットの人は、失敗したらもうおしまい、なんて考えない。失敗は、あなたが可能性を秘めた未完成品の証であり、これから伸びていくための手掛かりでもあるのだ。

逆戻りは禁物

マインドセットを変えようとする目的は、人によってさまざまだろう。キャリアを伸ばしたい、喪失の痛手から立ち直りたい、子どもの能力を伸ばしたい、ダイエットを成功させたい、怒りをコントロールしたい等々。いずれにしても、せっかくの変化を逆戻りさせないようにすることが大切だ。残念なことに、問題が改善されたとたんに努力を止めてしまう人が多い。それは、薬のおかげで気分が良くなったとたんに薬を止めてしまうようなものである。

変化はそうすんなりとは進まない。体重が減っても、悩みはいろいろ残っているし、わが子が勉強好きになっても、ずっと安心してはいられない。パートナーとのコミュニケーションが良好になっても、諍いがなくなるわけではない。せっかくの変化を逆戻りさせないための努力を怠れば、瞬く間に元の状態に戻ってしまう。

マインドセットを変えるには、小手先だけのテクニックではダメだ。それどころか、根はまだ硬直マインドセットなのに、うわべだけしなやかに見せかけたりすると、かえってまずい結果を招くこともある。

硬直マインドセットの父親、ウェズは息子のミッキーに手を焼いていた。毎晩、くたくたに疲れて仕事から帰ってくるのに、ミッキーは全然協力してくれない。静かな時間がほしいのにミッキーは騒いでばかり。注意してもまるで意に介さない。なんてわがままなんだ、父さんの言うことが聞けないのか――結局、声を張り上げることになり、いつもミッキーがお仕置きされて終わる。

もう何でもやってみるしかないと思ったウェズは、しなやか流の戦略を試してみた。ミッキーが協力してくれたときは、ミッキーの努力ややり方をほめるようにしたのだ。すると、ミッキーの態度はみるみる変化していった。

ところが、ミッキーに変化が見られるやいなや、ウェズはその戦略を止めてしまった。期待どおりになったので、その成果がずっと続くと思ったのである。ミッキーが良い子にしないと、ウェズは以前にも増して激しく怒り、厳しい罰を与えた。ミッキーはいったん良い子になれるところを見せたものの、もう絶対にそうはしなくなってしまった。

同じようなことが、コミュニケーションに気を配りはじめた硬直マインドセットの夫婦にもよく起こる。マーレンとスコットは口論の絶えない夫婦。「後片づけくらい自分でしたらどうなの」「きみがそんなにガミガミ言わなきゃやるさ」「あなたがやるべきことをちゃんとやってくれれば、言わなくてすむのよ」「ぼくがやるべきことを、なぜきみに決められなくちゃならないんだ」

カウンセリングを受けるようになってから、2人は非難しあうのを止めて、相手がしてくれたことに感謝で報いるようになった。愛情や心づかいを示せば報われる――2人はそう思うようになった。ところが、いったん改めてから、またもとに戻ってしまったのである。硬直マインドセットの2人には、努力なんて不要。りっぱな人は、努力しなくてもりっぱにふるまえるし、相性がよければ、努力しなくてもうまくいくはずなのだから。

ふたたびはじまった口論は、期待を裏切られた分だけ、いっそう凄まじいものになった。

人のマインドセットは、小手先のテクニックで変えられるようなものではない。**マインドセットが変化するということは、ものごとの見方が根底から変化することなのだ。**マインドセットがしなやかになると、夫婦、コーチとアスリート、上司と部下、親子、教師と生徒といった人間関係のあり方が変わってくる。評価する者と評価を下される者という関係から、学ぶ者と学びを助ける者という関係に変わってくるのである。そして、成長という共通の目標をめざすようになるが、成長するためには十分な時間と努力と支えあいがどうしても欠かせない。

自分も学びつつ、学ぶ人を応援する

自分が成長するチャンスも、大切な人の成長をうながすチャンスも日々の暮らしの中にある。どうすればそのようなチャンスを逃さないように心がけていられるだろうか。毎朝、1日がスタートするとき、自分にこう問いかけよう（紙に書いて鏡に貼っておくとよい）。

今日は、私にとって、周囲の人にとって、どんな学習と成長のチャンスがあるだろうか？

そしてチャンスを見つけたら、それを実行する計画を立て、次のように問いかける。

いつ、どこで、どのように実行しようか？

いつ、どこで、どのようにと考えることで計画が具体的なものになる。どうすればうまく実行できるか、順を追って思い描いてみるとよい。

当然、障害には突き当たる。失敗したら、計画を立て直して、次のように問いかけよう。

いつ、どこで、どのように新たな計画を実行しようか？

どんなに落ちこんでいても、**行動に移すことが肝心！**（これも鏡に貼っておこう）

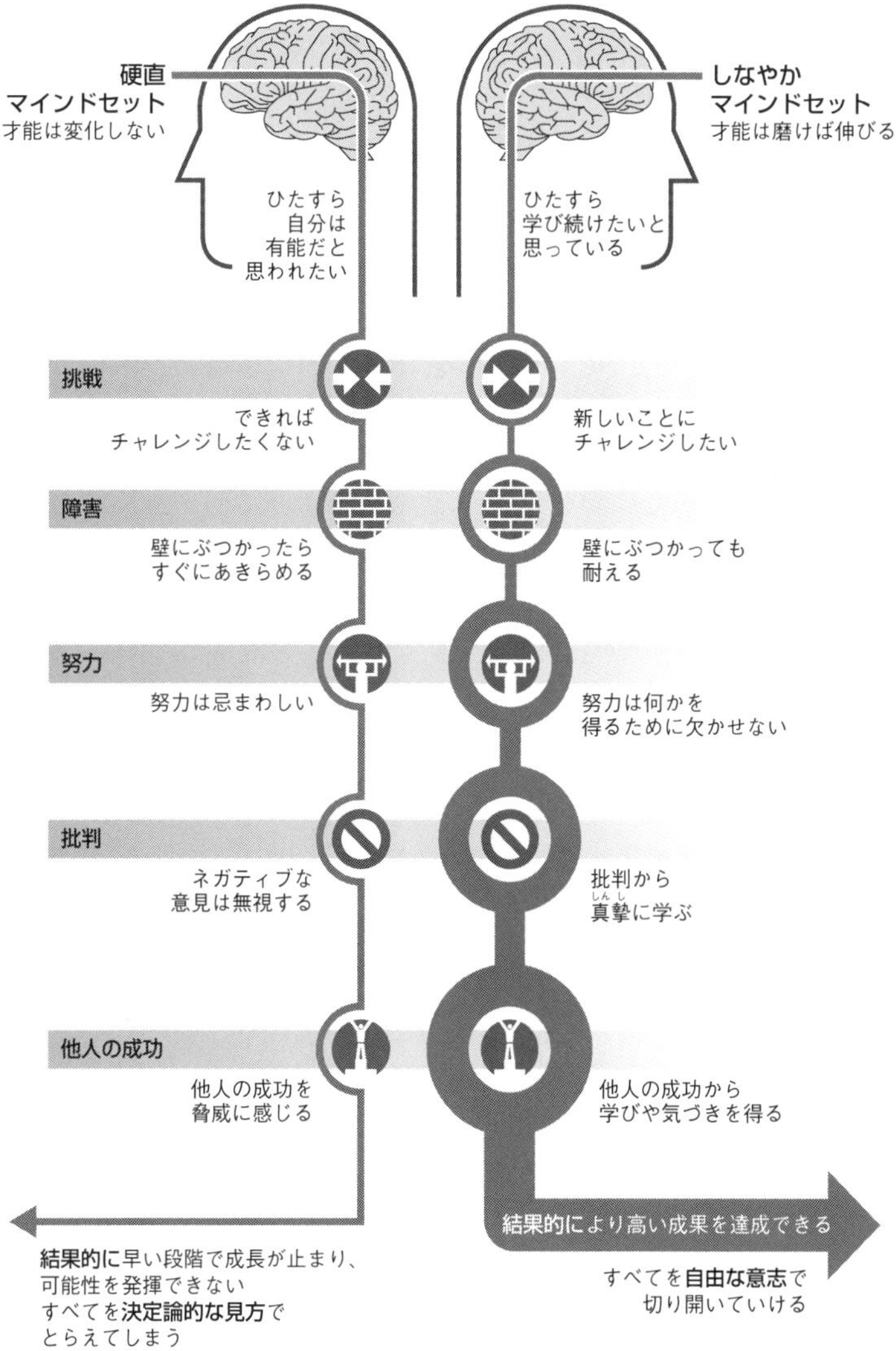

Graphic by NIGEL HOLME

そして、うまくいったら、次のように自問するのを忘れないこと。

逆戻りせずに進歩を続けていくためには、どんなことをする必要があるだろうか？

偉大な野球選手、アレックス・ロドリゲスが言うように、「上り坂か、下り坂か、道はふたつにひとつ」。

どちらの道を行くかは、あなた次第なのだ。

未来に向かって

マインドセットを変えるのは容易なことではないが、変えたのに意味がなかったと言った人はこれまでひとりもいない。つらい目に遭った人が、それも人生のこやしになったと語るように、自分を納得させているだけなのかもしれない。しかし、実際に変化を体験した人は、人生がどれほど素晴らしいものになったかを語って聞かせてくれる。以前のままでいたら、こんなことは成し得なかっただろうし、このような感じ方もできなかっただろう、と。

私自身は、しなやかマインドセットに変わったことで、問題がすべて解決したのだろうか。そんなことはない。けれども、そのおかげで人生の質が変わったのがわかる。以前よりも豊かな人生を送れるようになった。失敗を恐れずに、生き生きと、素直に生きられるようになったのだ。

あなたが今、変わるべきときなのかどうか、それを判断するのはあなた自身だ。変わるべきなのかもしれないし、そうではないのかもしれない。

いずれにしても、しなやかマインドセットのことをぜひ心に留めておいてほしい。そして、何か障害に突き当たったときには、それを頼りにするとよい。しなやかマインドセットはどんなときにもあなたのそばにいて、これから進むべき道を指し示してくれるはずだ。

Schuster, 1994.
Gould, Stephen J. *The Mismeasure of Man.* New York: Norton, 1981.［邦題『人間の測りまちがい—差別の科学史』スティーヴン・J. グールド著、鈴木善次・森脇靖子訳（河出書房新社）1998］
Holt, John. *How Children Fail.* New York: Addison Wesley, 1964/1982.［邦題『教室の戦略—子どもたちはどうして落ちこぼれるか』ジョン・コールドウェル・ホルト著、大沼安史訳（一光社）1987 絶版］
Hyatt, Carole, and Linda Gottlieb. *When Smart People Fail.* New York: Penguin Books, 1987/1993.
Janis, Irving. *Groupthink,* 2nd ed. Boston: Houghton Mifflin, 1972/1982.
Lewis, Michael. *Moneyball: The Art of Winning an Unfair Game.* New York: Norton, 2005.［邦題『マネー・ボール〔完全版〕』マイケル・ルイス著、中山宥訳（ハヤカワ・ノンフィクション文庫）2013］
——. *Coach: Lessons on the Game of Life.* New York: Norton, 2003.［邦題『コーチ』マイケル・ルイス著、中山宥訳（ランダムハウス講談社）2005 絶版］
McCall, Morgan W. *High Flyers: Developing the Next Generation of Leaders.* Boston: Harvard Business School Press, 1998.［邦題『ハイ・フライヤー——次世代リーダーの育成法』モーガン・マッコール著、金井壽宏・リクルートワークス研究所訳（プレジデント社）2002］
McLean, Bethany, and Peter Elkind. *Smartest Guys in the Room: The Amazing Rise and Scandalous Fall of Enron.* New York: Penguin Group, 2003.
Olweus, Dan. *Bullying at School.* Malden, MA: Blackwell, 1993.
Reeve, Christopher, *Nothing Is Impossible: Reflections on a New Life.* New York, Random House, 2002.［邦題『あなたは生きているだけで意味がある』クリストファー・リーヴ著、東本貢司（PHP 研究所）2003］
Sand, Barbara L. *Teaching Genius: Dorothy DeLay and the Making of a Musician.* Portland, OR: Amadeus Press, 2000.
Seligman, Martin E.P. *Learned Optimism: How to Change Your Mind and Your Life.* New York: Knopf, 1991.［邦題『オプティミストはなぜ成功するか［新装版］』マーティン・セリグマン著、山村宜子訳（パンローリング）2013］
Tharp, Twyla. *The Creative Habit: Learn It and Use It for Life.* New York: Simon & Schuster, 2003.［邦題『クリエイティブな習慣—右脳を鍛える 32 のエクササイズ』トワイラ・サープ著、杉田晶子訳（白水社）2007］
Wetzler, Scott. *Is It You or Is It Me?: Why Couples Play the Blame Game.* New York: Harper Collins, 1998.
Wooden, John, with Steve Jamison. *Wooden: A Lifetime of Observations and Reflections On and Off the Court.* Lincolnwood, IL: Contemporary Books, 1997.［邦題『元祖プロ・コーチが教える 育てる技術』ジョン・ウッデン、スティーブ・ジェイミソン著、弓場隆訳（ディスカヴァー・トゥエンティワン）2014］

推奨図書一覧

Beck, Aaron T. *Love is Never Enough.* New York: Harper & ROW, 1988.

——. Prisoners of Hate. New York: HarperCollins, 1999.

Beck, Judith S. *Cognitive Therapy: Basics and beyond.* New York: Guilford Press, 1995. [邦 訳『認知療法実践ガイド基礎から応用まで：ジュディス・ベックの認知療法テキスト』ジュディス・S・ベック著、伊藤絵美・神村栄一・藤澤大介訳（星和書店）2004]

Bennis, Warren, *On Becoming a Leader,* Cambridge, MA: Perseus Publishing, 1989/2003. [邦訳『リーダーになる』ウォレン・ベニス著、伊東奈美子訳（海と月社）2008]

Binet, Alfred (Suzanne Heisler, trans.) *Modern Ideas About Children.* Menlo Park, CA: Suzanne Heisler, 1975 (original work,1909). [邦訳『新しい児童観（世界教育学選集〈第 20〉)』アルフレッド・ビネー著、波多野完治訳（明治図書出版社）1961 絶版]

Bloom, Benjamin S. *Developing Talent in Young People*. New York: Ballantine Books, 1985.

Collins, Jim. *Good to Great: Why Some Companies Make the Leap...And Others Don't.* New York: HarperCollins, 2001. [邦訳『ビジョナリー・カンパニー 2——飛躍の法則』ジム・コリンズ著、山岡洋一訳（日経 BP 社）2001]

Collins, Marva, and Civia Tamarkin. *Marva Collins' Way: Returning to Excellence in Education,* Los Angeles: Jeremy Tarcher, 1982/1990.

Csikszentmihalyi, Mihaly. F*low: The Psychology of Optimal Experience.* New York: Harper & ROW, 1990. [邦訳『フロー体験 喜びの現象学』M. チクセントミハイ著、今村浩明訳（世界思潮社）1996]

Davis, Stan. *Schools Where Everyone Belongs: Practical Strategies for Reducing Bullying.* Wayne, ME: Stop Bullying Now, 2003.

Edwards, Betty. *The New Drawing on the Right side of the Brain.* New York: Tarcher / Putnam, 1979/1999.

Ellis, Albert. *Reason and Emotion in Psychotherapy.* Secaucus, NJ: Citadel, 1962. [邦題『理性感情行動療法』アルバート・エリス著、野口京子訳（金子書房）1999]

Ginott, Haim G. *Between Parent & Child.* NewYork: Avon Books, 1956. [邦題『子どもの話にどんな返事をしてますか？—親がこう答えれば、子どもは自分で考えはじめる』ハイム・G・ギノット著、菅靖彦訳（草思社）2005]

——. *Between Parent & Teenager.* NewYork: Macmillan, 1969. [邦題『子どもに言った言葉は必ず親に返ってくる—思春期の子が素直になる話し方』ハイム・G・ギノット著、菅靖彦訳（草思社）2006]

——. *Teacher and Child.* New York: Macmillan, 1972.

Goleman, Daniel. *Emotional Intelligence: Why It Can Matter More than IQ.* New York: Bantam, 1995. [邦題『EQ こころの知能指数文庫』ダニエル・ゴールマン著、土屋京子訳（講談社＋α文庫）1998]

Gottman, John, with Nan Silver. *Why Marriages Succeed or Fail.* New York: Fireside/Simon &

著者略歴――――
キャロル・S・ドゥエック *Carol S. Dweck, Ph.D.*
スタンフォード大学心理学教授。パーソナリティ、社会心理学、発達心理学における世界的な権威。イエール大学で心理学博士号(Ph.D.)を取得後、コロンビア大学、ハーバード大学で教鞭を執り、現在に至る。人間の思考様式への関心は30年来で、モチベーション、人間関係、メンタルヘルスにかんする研究で大きな業績をあげてきた。

訳者略歴――――
今西康子 いまにし・やすこ
神奈川県生まれ。訳書に『ミミズの話』『ウィルス・プラネット』(いずれも飛鳥新社)、共訳書に『眼の誕生――カンブリア紀大進化の謎を解く』(草思社)などがある。

マインドセット
「やればできる!」の研究

2016年1月21日 第1刷発行
2019年8月16日 第15刷発行

著者 キャロル・S・ドゥエック
訳者 今西康子
装幀者 永井亜矢子(陽々舎)
発行者 藤田 博
発行所 株式会社 草思社
〒160-0022 東京都新宿区新宿1-10-1
電話 営業 03(4580)7676 編集 03(4580)7680

本文組版 株式会社キャップス
印刷所 中央精版印刷株式会社
製本所 加藤製本株式会社

ISBN978-4-7942-2178-0 Printed in Japan 検印省略

http://www.soshisha.com/